Evaluation Report of County Science &
Technology Innovation in Jiangxi Province

江西省
县域科技创新能力评价报告

2019年度

邹 慧 王秋林 陈耀飞 / 著

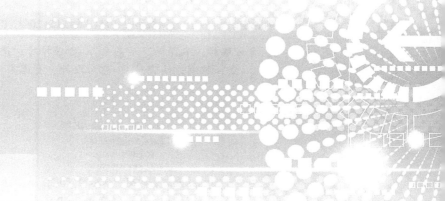

科学出版社

北 京

内 容 简 介

本书在借鉴国内外现有研究成果的基础上，结合江西省情，建立县域科技创新能力评价指标体系，从创新环境、创新投入、创新成效和经济社会发展四个方面全面客观地评价江西全省 100 个县（市、区）科技创新的发展状况，并结合县域实际提出对策建议。

本书可为江西省委、省人民政府及各有关部门清楚地掌握科技创新的"家底"提供参考。另外，书中通过年度对比分析的方式，既能反映各县（市、区）过去一年科技创新做出的成绩，又能帮助其准确找到自身不足，从而更有针对性地推动科技创新工作。

本书适合相关研究人员、科技决策部门管理者和工作人员、广大科技工作者阅读。

审图号：赣S（2021）036号

图书在版编目（CIP）数据

江西省县域科技创新能力评价报告.2019年度/邹慧，王秋林，陈耀飞著.—北京：科学出版社，2021.8
ISBN 978-7-03-044279-6

Ⅰ.①江… Ⅱ.①邹… ②王… ③陈… Ⅲ.①技术革新-研究报告-江西-2019 Ⅳ.①F124.3

中国版本图书馆CIP数据核字（2021）第115420号

责任编辑：朱萍萍 李嘉佳 / 责任校对：严 娜
责任印制：徐晓晨 / 封面设计：有道文化

科学出版社 出版
北京东黄城根北街 16 号
邮政编码：100717
http://www.sciencep.com

北京建宏印刷有限公司 印刷
科学出版社发行 各地新华书店经销
*
2021年8月第 一 版 开本：720×1000 1/16
2021年8月第一次印刷 印张：18 3/4
字数：300 000

定价：168.00 元

（如有印装质量问题，我社负责调换）

P 前 言
REFACE

2020 年 9 月，习近平在科学家座谈会上指出："我国发展面临的国内外环境发生深刻复杂变化……我国经济社会发展和民生改善比过去任何时候都更加需要科学技术解决方案，都更加需要增强创新这个第一动力。"①

加快县域创新驱动发展，是江西省委、省人民政府全面贯彻落实党的十九大精神，牢固树立新发展理念，培育新动能，增强县域经济核心竞争力的重要举措，对于贯彻落实"创新引领、改革攻坚、开放提升、绿色崛起、担当实干、兴赣富民"工作方针，在"十四五"时期坚持把科技创新作为全省高质量跨越式发展的战略支撑，加快迈入创新型省份行列并向更高水平迈进等都具有重要意义。

为贯彻落实《中共江西省委江西省人民政府关于深入实施创新驱动发展战略推进创新型省份建设的意见》（赣发〔2016〕5 号）和《江西省人民政府办公厅关于加快县域创新驱动发展的意见》（赣府厅发〔2018〕4 号）关于开展县域创新能力评价的相关要求，江西省科学院自 2016 年开始结合江西省县域实际在实地调研、专家论证的基础上，完成了《江西省县域科技创新能力评价报告——2015 年度》《江西省县域科技创新能力评价报告——2016 年度》《江西省县域科技创新能力评价报告——2017 年度》《江西省县域科技创新能力评价报告——2018 年度》，四份报告都得到江西省领导、省直相关部门及

---

① 新华社.（权威发布）习近平：在科学家座谈会上的讲话. https://baijiahao.baidu.com/s?id=167754 9460006891757&wfr=spider&for=pc.

部分县（市、区）的肯定，对全省县域科技创新工作起到积极的推动作用。

在江西省财政厅、江西省统计局、中国工程科技知识中心的大力支持下，我们多次赴县（市、区）实地调研，并召开专家论证会对评价报告进一步优化，完成了本书。科技创新能力评价是一项十分复杂的研究与实践工作，虽然我们不断优化，但仍有不足，我们将继续总结完善，使这项工作更科学、更客观、更能如实地反映县域科技发展的现状，服务县域经济社会发展。

《江西省县域科技创新能力评价报告》课题组

2021 年 1 月

C 目 录
CONTENTS

附录1 科技创新能力得分计算方法 / 284

附录2 江西省科学院科技战略研究所 / 286

第一章

江西省县域科技创新能力评价指标体系

第一节　县域与科技创新能力

县域，是以县级行政区划（县、区、县级市）为地理空间，以县级政权为调控主体，具有地域特色和功能完备的区域。

科技创新是原创性科学研究和技术创新的总称，是创造和应用新知识、新技术、新工艺，采用新的生产方式和经营管理模式，开发新产品、提高产品质量、提供新服务的过程，可以分成知识创新、技术创新和管理创新。科技创新能力主要是指一个地区创造新知识的能力、获取一切可用知识的能力、企业自主创新能力、优化创新环境能力和提升创新经济绩效的能力，是区域发展的最主要动力之一。[①]

开展县域科技创新能力评价工作，是对江西省县域科技创新状况的深入摸底调查与动态监测，对县域科技创新能力进行全面系统的分析评判。评价工作分别从创新环境、创新投入、创新成效、经济社会发展等方面，挖掘制约科技创新的因素和根源，为各县（市、区）制定科技政策与发展战略，优化创新环境，提高县域创新能力，为促进科技、经济、社会融合发展提供重要参考。

---

① 雷勇 . 县域科技创新能力评价研究 . 长沙：湖南师范大学，2009：18.

第二节　指标体系组成

本书通过建立适合江西省情的指标评价体系来客观反映江西省各县（市、区）的科技创新能力水平。为此，课题组对国内外现有的相关研究进行分析，深入研究《中国区域科技创新评价报告》（原《全国科技进步统计监测报告》）、《江西省科技进步监测报告》等国家创新指标体系，并通过实地调研、专家咨询会等，结合大数据分析手段进行整理归纳，建立的指标体系如表 1-1 所示。

表 1-1　指标体系

指标		描述
科技创新能力		科技创新能力综合反映创新环境、创新投入、创新成效、经济社会发展的总体状况
一级指标（4项）	创新环境	创新需要一定的基础和环境，创新环境综合反映各县（市、区）的创新基础条件和创新意识
	创新投入	创新投入强度与经济增长存在显著的正相关关系，适度强化的创新投入有助于迅速提升技术水平，通过技术创新促进经济增长，提升竞争力。创新投入是指用于科技创新活动中的各种投入，主要包括各县（市、区）的人力投入和财力投入状况
	创新成效	创新成效是创新活动的直接产出，是区域创新能力的重要衡量指标，包括各县（市、区）的技术创新和产业化水平
	经济社会发展	科技创新活动最终是要服务于社会，造福于社会，促进经济社会和人类生活的共同进步。经济社会发展综合反映经济增长和社会生活水平
二级指标（8项）	创新基础	反映区域开展创新活动的现有状况
	科技意识	反映各县（市、区）政府、企业、民众对科技创新活动的参与度
	人力投入	反映各县（市、区）在开展科技创新活动方面的人力投入状况
	财力投入	反映各县（市、区）在开展科技创新活动方面的经费投入状况
	技术创新	反映各县（市、区）企业在技术改进或创新方面的成效
	产业化水平	反映各县（市、区）在创新成果转化方面的能力
	经济增长	反映各县（市、区）创新活动对推动地方经济增长的成效
	社会生活	反映各县（市、区）创新活动最终对当地社会生活的改善

续表

	指标	描述
三级指标（22项）	万人地区生产总值（GDP）	反映各县（市、区）开展创新活动的经济基础。数据来源于省统计局
	规模以上企业数	创新活动的主体是企业，反映各县（市、区）的企业规模状况。数据来源于省统计局，同时兼顾了各地人口因素的影响
	新增省级及以上人才/平台/载体	反映各县（市、区）新增的人才、平台及载体状况。数据来源于国家级、省级科技/工业和信息化/发展和改革/人力资源和社会保障等部门。人才，①国家级：国家万人计划；②省级：省百千万人才、省"双千计划"科技创业高端人才、省"双千计划"高技能领军人才、省"双千计划"科技创新高端人才等。平台/载体，①国家级：国家级科技企业孵化器、国家级企业技术中心、国家中小企业公共服务示范平台、专精特新"小巨人"企业、国家知识产权强县工程示范县（区）、国家知识产权强县工程试点县（区）、国家知识产权示范企业、国家知识产权优势企业、国家级工业设计中心；②省级：国家级科技创新平台预备队、省重点实验室、省工程技术研究中心、省工程研究中心（发展和改革）、"海智计划"工作站、省级科技企业孵化器、省级众创空间、省级工业设计中心、省级企业技术中心（工业和信息化）、大众创业万众创新示范基地、江西省小型微型企业创业创新示范基地、中小企业公共服务示范平台、"专精特新"中小企业、产业创新服务综合体、产业技术研究院、专业化小巨人企业等
	万人专利申请量	注重发明创造、有较强的专利意识，可以侧面反映区域创新活动现状。[①] 数据来源于省市场监督管理局
	开展 R&D 活动的企业占比	开展 R&D（即研究与发展，或科学研究与试验发展，下同）活动的企业占比可以反映本地区企业开展技术创新活动的活跃程度。[②] 数据来源于省统计局
	人均科普经费投入	反映政府当年对科技宣传、科学普及的重视程度。数据来源于省科学技术协会
	万人 R&D 人员数	R&D 人员的数量和质量是衡量地区创新能力的主要指标，万人 R&D 人员数可以反映各县（市、区）R&D 活动的人力投入水平。数据来源于省统计局，为规模以上企业的相关数据
	研究人员占 R&D 人员比	研究人员是指 R&D 人员中从事新知识、新产品、新工艺、新方法、新系统的构想或创造的专业人员及课题的高级管理人员 [③]，研究人员占 R&D 人员比反映开展科技创新活动的核心人员现状。数据来源于省统计局，为规模以上企业的相关数据

---

①② 全国科技进步统计监测及综合评价课题组 . 2014 全国科技进步统计监测报告 .

③ 王秋林，万玲，邹慧 . 江西省科技进步监测指标体系修订的设想 . 南昌工程学院学报，2015，34(6)：55-59.

续表

指标		描述
三级指标（22项）	R&D 人员全时当量	全时当量是全时人员数加非全时人员数按工作量折算为全时人员数的总和，反映各县（市、区）当年 R&D 活动的人力时间投入。数据来源于省统计局，为规模以上企业的相关数据
	R&D 经费投入占 GDP 百分比	R&D 经费投入占 GDP 百分比是衡量国家或区域科技投入强度最为重要、最为综合的指标。[①]数据来源于省统计局，包括数值、增幅两方面
	企业 R&D 经费投入占主营业务收入比	企业 R&D 经费投入占主营业务收入比是衡量企业科技经费投入的重要指标。[②]数据来源于省统计局，为规模以上企业的相关数据，包括数值、增幅两方面
	企业技术获取和改造费用占主营业务收入比	企业技术升级改造对于增强企业的竞争力发挥积极的作用，企业技术获取和改造费用包括技术引进经费、消化吸收经费、技术改造经费和购买国内技术经费，其占主营业务收入比也是衡量企业创新能力和创新投入水平的重要指标。[③]数据来源于省统计局，为规模以上企业的相关数据
	高新技术产业增加值占规模以上工业增加值比	与一般产业相比，高新技术产业的科技含量更高，附加值更高，对科技创新的要求也更高，所以用高新技术产业增加值占规模以上工业增加值比来反映科技创新附加值水平和对产业结构的优化程度。数据来源于省统计局，包括数值、增幅两方面
	新增高新技术企业数	反映区域当年新增高新技术企业的规模状况。数据来源于省科技厅
	入库科技型中小企业数	科技型中小企业是推动产业转型升级的重要力量，也是科技创新梯次培育（科技型中小企业—高新技术企业—瞪羚企业—独角兽企业）的后备力量，以当年入库科技型中小企业数来反映企业的技术创新。数据来源于省科技厅
	新产品销售收入占主营业务收入比	新产品销售收入占主营业务收入比反映工业企业采用新技术原理、新设计构思研制生产的全新产品，或在结构、材质、工艺等某一方面比原有产品有明显改进，从而显著提高了产品的性能或扩大了使用功能的产品对主营业务收入的贡献。[④]数据来源于省统计局，为规模以上企业的相关数据
	万人发明专利授权量	专利数量是反映地区科技活动质量的重要指标，发明专利数量又是其中更为重要的指标。[⑤]以万人发明专利授权量来反映一定时期发明专利产生的数量，是科技创新的成果之一，侧面反映区域的原始创新能力。数据来源于省市场监督管理局
	技术合同成交额	技术市场的发展和技术成果交易的繁荣，对科技创新成果迅速转化为生产力具有十分重要的作用。[⑥]本指标主要反映各县（市、区）成果转化的现状。数据来源于省科技厅

---

①②③④⑤⑥　全国科技进步统计监测及综合评价课题组 .2014 全国科技进步统计监测报告 .

续表

	指标	描述
三级指标 （22 项）	GDP 较上一年 增长	区域内 GDP 较上一年增长百分比，反映地方经济发展状况。数据来源于省 统计局
	万人财政收入	从地方财政收入状况，来反映当地经济发展。数据来源于省统计局
	居民人均可支配 收入	从当地百姓经济收入水平来反映当地的社会生活。数据来源于省统计局
	万人社会消费品 零售额	从当地消费支出来反映当地的社会生活。数据来源于省统计局

第三节　指标体系构架

江西省县域科技创新能力评价指标体系架构如表 1-2 所示。

表 1-2　江西省县域科技创新能力评价指标体系架构

总得分	一级指标	二级指标	三级指标（22 项）	备注
科技创新能力	创新环境	创新基础	万人 GDP（亿元）	
			规模以上企业数（个）	
			新增省级及以上人才／平台／载体（个）	国家级
				省级
		科技意识	万人专利申请量（件）	
			开展 R&D 活动的企业占比（%）	
			人均科普经费投入（元）	
	创新投入	人力投入	万人 R&D 人员数（人）	
			研究人员占 R&D 人员比（%）	
			R&D 人员全时当量（人·年）	
		财力投入	R&D 经费投入占 GDP 百分比（%）	数值
				增幅
			企业 R&D 经费投入占主营业务收入比（%）	数值
				增幅
			企业技术获取和改造费用占主营业务收入比（%）	

续表

总得分	一级指标	二级指标	三级指标（22 项）	备注
科技创新能力	创新成效	技术创新	高新技术产业增加值占规模以上工业增加值比（%）	数值
				增幅
			新增高新技术企业数（家）	
			入库科技型中小企业数（家）	
		产业化水平	新产品销售收入占主营业务收入比（%）	
			万人发明专利授权量（件）	
			技术合同成交额（万元 / 万人）	
	经济社会发展	经济增长	GDP 较上一年增长（%）	
			万人财政收入（亿元）	
		社会生活	居民人均可支配收入（元）	
			万人社会消费品零售额（亿元）	

第二章

江西省县域科技创新能力得分评价

第一节 江西省县域科技创新能力总体评价

2019 年江西省县域科技创新能力总得分，最高分为青山湖区（93.71分，南昌市），最低分为鄱阳县（57.42 分，上饶市）。全省平均得分为 69.23分，略低于全省的县级市平均水平（69.86 分），且远低于全省的区平均水平（74.96 分）。根据各县（市、区）科技创新能力总得分情况，将全省 100 个县（市、区）划分为以下几类（表 2-1、图 2-1、图 2-2）。

表 2-1 江西省 2019 年 100 个县（市、区）创新能力总得分划分类别

类别	描述
第一类	创新能力总得分 80.00 分及以上地区有 6 个，为青山湖区（南昌市）、青云谱区（南昌市）、章贡区（赣州市）、珠山区（景德镇市）、南昌县（南昌市）和昌江区（景德镇市）。与上一年相比，前六名中渝水区（新余市）退出、南昌县（南昌市）进入
第二类	创新能力总得分 73.00（含）～80.00 分的地区有湾里区（南昌市）和渝水区（新余市）等 12 个
第三类	创新能力总得分 69.23（含）～73.00 分的地区有临川区（抚州市）等 18 个。全省平均水平之上的县（市、区）共有 36 个，较上一年减少 10 个
第四类	创新能力总得分 65.00（含）～69.23 分的地区有奉新县（宜春市）等 40 个
第五类	创新能力总得分 60.00（含）～65.00 分的地区有婺源县（上饶市）等 22 个
第六类	创新能力总得分 60.00 分以下的地区只有 2 个，即都昌县（九江市）和鄱阳县（上饶市）

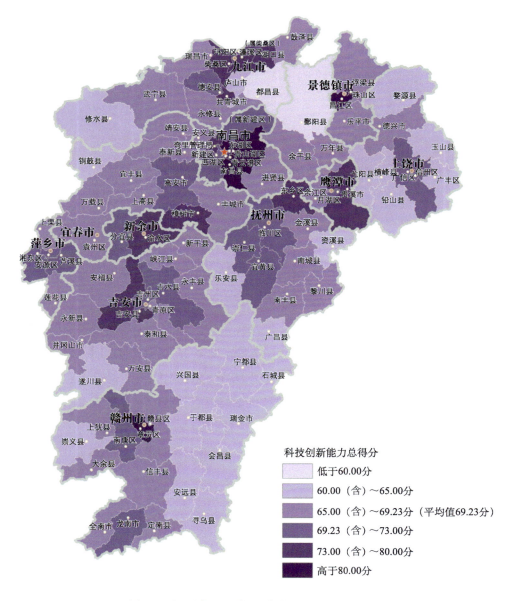

图 2-1   江西省 2019 年县域科技创新能力分布图

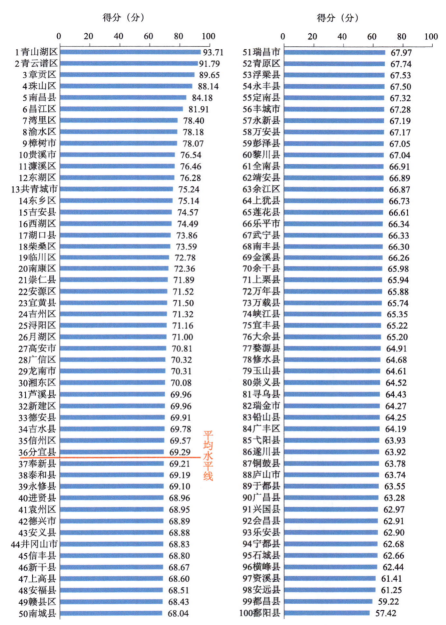

图 2-2 江西省 2019 年县域科技创新能力总得分

从具体分值来看，2018 年第一名为青云谱区（97.82 分），第二名为青山湖区（91.75 分），第三名为珠山区（84.92 分），第四名为章贡区（83.79 分）。2019 年第一名青山湖区（93.71 分）与第二名（青云谱区，91.79 分）、第三名

（章贡区，89.65分）、第四名（珠山区，88.14分）之间的差距较2018年缩小。与2018年相比，前四名的四个地区没变化，但在排名位次上有变化。

最高分与最低分比值为1.63，较2018年（2.01）差距缩小。

第二节　江西省县域科技创新能力分类比较

江西省目前共有100个县（市、区），其中县61个、县级市12个、区27个。为了能更公平公正客观地评价江西省县域科技创新能力，根据《江西省人民政府关于印发江西省主体功能区规划的通知》（赣府发〔2013〕4号）和产业发展情况及江西省委办公厅、省人民政府办公厅《关于印发〈2019年度江西省高质量发展考核评价实施意见〉的通知》（赣办字〔2019〕33号），本报告将江西省所有的县（市、区）分为三类：一类为重点开发区（34个）；二类为农业主产区（33个）；三类为重点生态区（33个），进行分类比较。

一、重点开发区（一类）

重点开发区的34个县（市、区）中，科技创新能力总得分最高的三个地区分别是青山湖区（南昌市）、青云谱区（南昌市）和章贡区（赣州市），得分最低的三个地区分别是彭泽县（九江市）、乐平市（景德镇市）和广丰区（上饶市）。重点开发区中科技创新能力平均得分为74.64分，高于全省平均[①]、二类县（市、区）、三类县（市、区）和全省县级市平均水平，略低于全省所有区的平均水平。根据各县（市、区）创新能力得分情况，将重点开发区划分为以下几类（表2-2、图2-3）。

表2-2　江西省2019年县域重点开发区（一类）创新能力划分类别

类别	描述
第一类	科技创新能力总得分80.00分及以上的地区有6个，即青山湖区、青云谱区、章贡区、珠山区、南昌县和昌江区
第二类	科技创新能力总得分74.64（含）～80.00分的地区有6个，即渝水区、樟树市、贵溪市、濂溪区、东湖区和共青城市。重点开发区平均水平以上的地区共有12个

---

① 此处指江西全省100个县（市、区）的科技创新能力的平均得分，具体得分数据在第7页。

续表

类别	描述
第三类	创新能力总得分 70.00（含）～74.64 分的地区有吉安县等 13 个
第四类	创新能力总得分低于 70.00 分的地区有新建区等 9 个

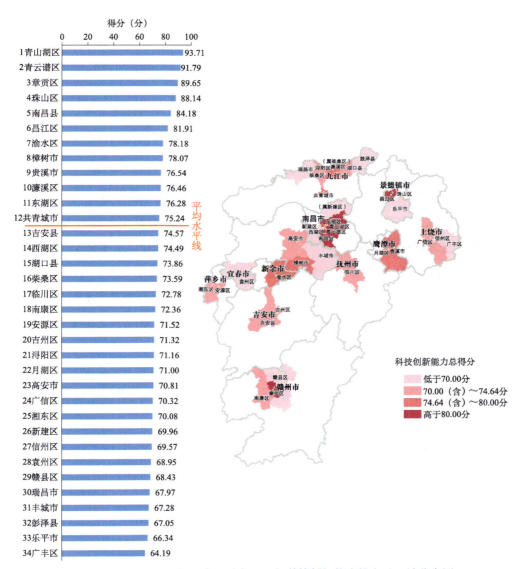

图 2-3　江西省 2019 年一类县（市、区）科技创新能力排名及区域分布图

所以从具体分值来看，2018 年，重点开发区中第一名为青云谱区（97.82 分），第二名为青山湖区（91.75 分），第三名为珠山区（84.92 分），第四名为章贡区（83.79 分）。2019 年第一名青山湖区（93.71 分）与第二名（青云谱区，91.79 分）、第三名（章贡区，89.65 分）、第四名（珠山区，88.14 分）之间的差距较 2018 年缩小。与 2018 年相比，前四名的四个地区没变，但在排名位次上有改变。

重点开发区 34 个县（市、区）中，最高分（93.71 分）与最低分（64.19 分）的比值为 1.46，较 2018 年的 1.76 下降，显示各地区创新能力的差距进一步缩小。

二、农业主产区（二类）

农业主产区的 33 个县（市、区）中，科技创新能力总得分最高的三个地区分别是东乡区（抚州市）、崇仁县（抚州市）和德安县（九江市），得分最低的三个地区分别是宁都县（赣州市）、都昌县（九江市）和鄱阳县（上饶市）。农业主产区的科技创新能力平均得分为 66.36 分，低于全省平均[①]、一类县（市、区）、三类县（市、区）、全省所有区、全省县级市的平均水平。根据各县（市、区）创新能力得分情况，将农业主产区划分为以下几类（表 2-3、图 2-4）。

表 2-3　江西省 2019 年县域农业主产区（二类）创新能力划分类别

类别	描述
第一类	科技创新能力总得分 70.00 分及以上的地区有 2 个，即东乡区、崇仁县
第二类	科技创新能力总得分 66.36（含）～70.00 分的地区有德安县等 13 个。农业主产区平均水平以上的地区共有 15 个
第三类	科技创新能力总得分 60.00（含）～66.36 分的地区有金溪县等 16 个
第四类	科技创新能力总得分低于 60.00 分的地区有 2 个，即都昌县和鄱阳县

---

① 此处指江西全省所有区的平均水平，为全省 27 个区的科技创新能力的平均得分。

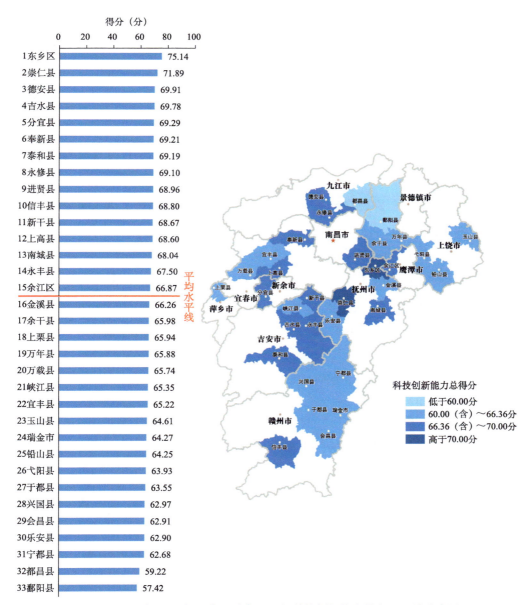

图 2-4 江西省 2019 年二类县（市、区）科技创新能力排名及区域分布图

　　2018 年，农业主产区的前四名是泰和县（67.65 分）、崇仁县（67.64 分）、上高县（66.48 分）和德安县（64.98 分）。从分值来看，2019 年第一名东乡区（75.14 分）与第二名崇仁县（71.89 分）、第三名德安县（69.91 分）、第四

名吉水县（69.78分）之间的差距较2018年扩大。农业主产区33个县（市、区）中，创新能力最高分与最低分的比值为1.31，较2018年的1.39下降，表明农业主产区的各地创新能力的差距也在进一步缩小。

三、重点生态区（三类）

重点生态区的33个县（市、区）中，科技创新能力总得分最高的三个地区分别是湾里区（南昌市）、宜黄县（抚州市）和龙南市（赣州市），得分最低的三个地区分别是横峰县（上饶市）、资溪县（抚州市）和安远县（赣州市）。重点生态区科技创新能力平均得分为66.52分，低于全省平均[①]、一类县（市、区）、全省所有区、全省县级市的平均水平，略高于二类县（市、区）。根据各县（市、区）科技创新能力得分情况，将重点区划分为以下几类（表2-4、图2-5）。

表2-4　江西省2019年县域重点生态区（三类）创新能力划分类别

类别	描述
第一类	科技创新能力总得分70.00分及以上的地区有3个，即湾里区、宜黄县、龙南市
第二类	科技创新能力总得分66.52（含）～70.00分的地区有芦溪县等15个。重点生态区平均水平以上的地区共有18个
第三类	科技创新能力总得分62.00（含）～66.52分的地区有武宁县等13个
第四类	科技创新能力总得分低于62.00分的地区有资溪县和安远县2个

2018年，重点生态区中前三名分别为湾里区（74.36分）、定南县（69.54分）和芦溪县（69.26分），2019年的前三名分别为湾里区、宜黄县、龙南市。从分值上看，第一名湾里区（78.40分）与第二名宜黄县（71.50分）、第三名龙南市（70.31分）的差距较2018年扩大。重点生态区的33个县（市、区）中，科技创新能力最高分与最低分的比值为1.28，较2018年的1.45下降，说明重点生态区各地创新能力的差距也在进一步缩小。

---

① 此处指江西全省县级市的平均水平，为全省12个县级市的科技创新能力的平均得分。

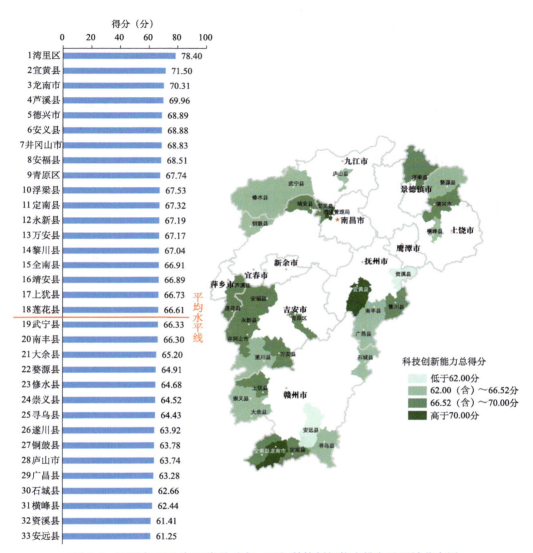

图 2-5 江西省 2019 年三类县（市、区）科技创新能力排名及区域分布图

第三节 区与县级市

目前，全省共有 27 个区、12 个县级市。为更细致地了解各地区 2019 年

度科技创新能力在全省的状况，报告将区、县级市进行了单独分类比较。

一、区

全省 27 个区中，科技创新能力总得分最高的三个区分别是青山湖区、青云谱区和章贡区，得分最低的三个区分别是青原区、余江区和广丰区（表2-5）。全省所有区科技创新能力平均得分 74.96 分，高于全省一类县（市、区）平均水平和县级市平均水平，表明全省所有区的科技创新能力总体上要强于县、县级市等。

表 2-5　江西省 27 个区科技创新能力评价排名

地区	科技创新能力	创新环境	创新投入	创新成效	经济社会发展
青山湖区	1	4	2	4	10
青云谱区	2	10	1	5	4
章贡区	3	1	19	1	8
珠山区	4	25	3	2	11
昌江区	5	3	20	3	9
湾里区	6	6	23	6	2
渝水区	7	8	4	8	16
濂溪区	8	7	6	16	7
东湖区	9	18	9	7	1
东乡区	10	5	8	17	19
西湖区	11	20	5	18	3
柴桑区	12	12	11	14	15
临川区	13	13	7	15	25
南康区	14	2	26	9	21
安源区	15	21	12	21	12
吉州区	16	23	14	12	13
浔阳区	17	16	15	26	5
月湖区	18	14	17	24	6
广信区	19	27	10	11	26

续表

地区	科技创新能力	创新环境	创新投入	创新成效	经济社会发展
湘东区	20	19	13	19	27
新建区	21	15	24	10	14
信州区	22	11	16	27	17
袁州区	23	17	21	20	18
赣县区	24	9	25	25	22
青原区	25	22	18	23	24
余江区	26	24	22	22	20
广丰区	27	26	27	13	23

创新环境方面，得分最高的三个区分别是章贡区、南康区和昌江区；得分最低的三个区分别是珠山区、广丰区和广信区。

创新投入方面，得分最高的三个区分别是青云谱区、青山湖区和珠山区；得分最低的三个区分别是赣县区、南康区和广丰区。

创新成效方面，得分最高的三个区分别是章贡区、珠山区和昌江区；得分最低的三个区分别是赣县区、浔阳区和信州区。

经济社会发展方面，得分最高的三个区分别是东湖区、湾里区和西湖区；得分最低的三个区分别是临川区、广信区和湘东区。

二、县级市

全省 12 个县级市中，科技创新能力总得分最高的三个市分别是樟树市、贵溪市、共青城市，最低的三个市分别是乐平市、瑞金市和庐山市（表2-6）。全省所有县级市科技创新能力平均得分为 69.86 分，略高于全省平均水平，且低于区的平均水平。

表 2-6　全省 12 个县级市科技创新能力评价排名

地区	科技创新能力	创新环境	创新投入	创新成效	经济社会发展
樟树市	1	1	4	3	6
贵溪市	2	2	1	1	4

地区	科技创新能力	创新环境	创新投入	创新成效	经济社会发展
共青城市	3	3	2	6	1
高安市	4	7	5	5	11
龙南市	5	4	10	4	8
德兴市	6	5	8	7	2
井冈山市	7	9	3	11	7
瑞昌市	8	8	6	8	3
丰城市	9	12	9	2	12
乐平市	10	10	7	9	9
瑞金市	11	6	12	10	10
庐山市	12	11	11	12	5

创新环境方面，得分最高的三个市分别是樟树市、贵溪市和共青城市；得分最低的三个市分别是乐平市、庐山市和丰城市。

创新投入方面，得分最高的三个市分别是贵溪市、共青城市和井冈山市；得分最低的三个市分别是龙南市、庐山市和瑞金市。

创新成效方面，得分最高的三个市分别是贵溪市、丰城市和樟树市；得分最低的三个市分别是瑞金市、井冈山市和庐山市。

经济社会发展方面，得分最高的三个市分别是共青城市、德兴市和瑞昌市；得分最低的三个市分别是瑞金市、高安市和丰城市。

第四节　贫困县

2017年9月，江西省委办公厅、江西省人民政府办公厅联合下发了《关于深入推进脱贫攻坚工作的意见》的通知，就推进脱贫攻坚工作再深入提出了具体意见。继2017年井冈山市、吉安县率先脱贫摘帽，2018年8月瑞金市、万安县、永新县、广昌县、上饶县[①]、横峰县6个县（市）地宣布退出贫

---

① 2019年7月撤销上饶县设立上饶市广信区。

困县序列，2019 年 4 月底会昌县、寻乌县、安远县、上犹县、石城县、南康区、遂川县、余干县、乐安县、莲花县 10 个县（区）正式退出贫困县序列，截至 2019 年 12 月，江西全省贫困县数目下降为 7 个。

全省 7 个贫困县中，科技创新能力总得分最高的三个地区分别是赣县区、修水县和于都县；总得分最低的三个地区分别是宁都县、都昌县和鄱阳县（表 2-7）。

表 2-7　贫困县科技创新能力评价排名

地区	科技创新能力	创新环境	创新投入	创新成效	经济社会发展
赣县区	1	1	2	1	1
修水县	2	3	1	2	2
于都县	3	2	6	4	3
兴国县	4	4	3	5	4
宁都县	5	5	4	3	5
都昌县	6	6	7	6	6
鄱阳县	7	7	5	7	7

创新环境方面，得分最高的三个地区分别是赣县区、于都县和修水县；得分最低的三个地区分别是宁都县、都昌县和鄱阳县。

创新投入方面，得分最高的三个地区分别是修水县、赣县区和兴国县；得分最低的三个地区分别是鄱阳县、于都县和都昌县。

创新成效方面，得分最高的三个地区分别是赣县区、修水县和宁都县；得分最低的三个地区分别是兴国县、都昌县和鄱阳县。

经济社会发展方面，得分最高的三个地区分别是赣县区、修水县和于都县；得分最低的三个地区分别是宁都县、都昌县和鄱阳县。

第三章
江西省各县（市、区）科技创新能力水平分析

第一节　南昌市

一、东湖区

东湖区，江西省南昌市市辖区、中心城区。2019 年，该区常住人口为 48.2 万人，地区 GDP 为 366.69 亿元。居民人均可支配收入 45 941 元，排在全省一类县（市、区）第 1 位，排在南昌市第 1 位。万人 GDP 为 7.61 亿元，排在全省一类县（市、区）第 15 位，排在南昌市第 6 位。GDP 较上一年增长 7.50%，排在全省一类县（市、区）第 23 位，排在南昌市第 6 位。新增省级及以上人才 / 平台 / 载体 3 个，排在全省一类县（市、区）第 31 位，排在南昌市第 9 位。万人专利申请量 31.74 件，排在全省一类县（市、区）第 11 位，排在南昌市第 5 位。万人发明专利授权量 0.75 件，排在全省一类县（市、区）第 8 位，排在南昌市第 4 位。新增高新技术企业 24 家，排在全省一类县（市、区）第 15 位，排在南昌市第 5 位。人均科普经费投入 0.96 元，排在全省一类县（市、区）第 10 位，排在南昌市第 7 位。万人财政收入 1.69 亿元，排在全省一类县（市、区）第 3 位，排在南昌市第 3 位。万人社会消费品零售额 7.34 亿元，排在全省一类县（市、区）第 3 位，排在南昌市第 3 位（表 3-1）。

表 3-1　东湖区（一类）科技创新能力评价指标得分与位次

指标名称	得分（分）	全省一类县（市、区）排名		本市排名	
	2019 年	2019 年	2018 年	2019 年	2018 年
科技创新能力		11	33	5	9
创新环境		22	33	7	9
创新基础					
万人 GDP	5.47	15	6	6	2
规模以上企业数	4.62	21	34	5	9
新增省级及以上人才 / 平台 / 载体	3.89	31		9	
科技意识					
万人专利申请量	5.48	11	18	5	7
开展 R&D 活动的企业占比	3.27	31	34	6	9
人均科普经费投入	4.96	10	5	7	4
创新投入		10	34	4	9
人力投入					
万人 R&D 人员数	3.80	33	34	9	9
研究人员占 R&D 人员比	10.03	1	34	1	9
R&D 人员全时当量	3.89	34	34	8	9
财力投入					
R&D 经费投入占 GDP 百分比	3.86	33	34	9	9
企业 R&D 经费投入占主营业务收入比	3.80	31	34	8	9
企业技术获取和改造费用占主营业务收入比	4.09	31	32	7	8
创新成效		12	34	5	9
技术创新					
高新技术产业增加值占规模以上工业增加值比	3.43	31	33	7	8
新增高新技术企业数	5.11	15		5	
入库科技型中小企业数	6.07	5		3	
产业化水平					
新产品销售收入占主营业务收入比	4.01	33	33	8	8
万人发明专利授权量	4.83	8	16	4	6

续表

指标名称	得分（分）	全省一类县（市、区）排名		本市排名	
	2019 年	2019 年	2018 年	2019 年	2018 年
技术合同成交额	5.98	3	6	3	6
经济社会发展		1	2	1	2
经济增长					
GDP 较上一年增长	3.76	23	27	6	8
万人财政收入	6.90	3	3	3	3
社会生活					
居民人均可支配收入	7.30	1	1	1	1
万人社会消费品零售额	8.23	3	3	3	3

如表 3-1，东湖区科技创新能力排在全省一类县（市、区）第 11 位，比上一年提升了 22 位，排在南昌市第 5 位，比上一年提升了 4 位。在一级指标中，经济社会发展排在全省一类县（市、区）第 1 位，排在南昌市第 1 位，都比上一年提升了 1 位；创新投入排在全省一类县（市、区）第 10 位，比上一年提升了 24 位，排在南昌市第 4 位，比上一年提升了 5 位；创新成效排在全省一类县（市、区）第 12 位，比上一年提升了 22 位，排在南昌市第 5 位，比上一年提升了 4 位；创新环境排在全省一类县（市、区）第 22 位，比上一年提升了 11 位，排在南昌市第 7 位，比上一年提升了 2 位。

综上所述，东湖区研究人员占 R&D 人员比、居民人均可支配收入排名居全省一类县（市、区）首位，万人财政收入、万人社会消费品零售额在全省一类县（市、区）排名靠前，但在新增省级及以上人才/平台/载体、开展 R&D 活动的企业占比、企业技术获取和改造费用占主营业务收入比、高新技术产业增加值占规模以上工业增加值比、新产品销售收入占主营业务收入比等方面排名靠后。建议该区加大科研投入，鼓励企业自主研发、提高产品性能，积极培养和引进人才，因地制宜筛选和培育战略性新兴企业，优化创新环境，不断提高科技创新竞争力。

二、西湖区

西湖区，江西省南昌市市辖区、中心城区。2019 年，该区常住人口为 49.56 万人，地区 GDP 为 614.56 亿元。居民人均可支配收入 45 277 元，排在全省一类县（市、区）第 2 位，排在南昌市第 2 位。万人 GDP 为 12.40 亿元，排在全省一类县（市、区）第 3 位，排在南昌市第 1 位。GDP 较上一年增长 5.00%，排在全省一类县（市、区）第 34 位，排在南昌市第 9 位。新增省级及以上人才／平台／载体 3 个，排在全省一类县（市、区）第 26 位，排在南昌市第 6 位。开展 R&D 活动的企业占比 24.76%，排在全省一类县（市、区）第 33 位，排在南昌市第 8 位。万人专利申请量 12.69 件，排在全省一类县（市、区）第 26 位，排在南昌市第 7 位。万人发明专利授权量 0.52 件，排在全省一类县（市、区）第 14 位，排在南昌市第 6 位。新增高新技术企业 24 家，排在全省一类县（市、区）第 15 位，排在南昌市第 5 位。人均科普经费投入 1.01 元，排在全省一类县（市、区）第 7 位，排在南昌市第 5 位。研究人员占 R&D 人员比为 68.20%，排在全省一类县（市、区）第 2 位，排在南昌市第 2 位。万人财政收入 2.24 亿元，排在全省一类县（市、区）第 1 位，排在南昌市第 2 位。万人社会消费品零售额 8.66 亿元，排在全省一类县（市、区）第 1 位，排在南昌市第 1 位（表 3-2）。

表 3-2 西湖区（一类）科技创新能力评价指标得分与位次

指标名称	得分（分）	全省一类县（市、区）排名		本市排名	
	2019 年	2019 年	2018 年	2019 年	2018 年
科技创新能力		14	14	6	6
创新环境		25	15	8	6
创新基础					
万人 GDP	7.30	3	5	1	1
规模以上企业数	4.35	26	33	7	8
新增省级及以上人才／平台／载体	4.13	26		6	
科技意识					
万人专利申请量	4.05	26	20	7	8

续表

指标名称	得分（分）	全省一类县（市、区）排名		本市排名	
	2019 年	2019 年	2018 年	2019 年	2018 年
开展 R&D 活动的企业占比	2.81	33	16	8	2
人均科普经费投入	5.07	7	5	5	4
创新投入		6	29	3	7
人力投入					
万人 R&D 人员数	3.98	28	33	7	8
研究人员占 R&D 人员比	7.87	2	4	2	4
R&D 人员全时当量	4.20	27	33	6	8
财力投入					
R&D 经费投入占 GDP 百分比	5.05	8	33	4	8
企业 R&D 经费投入占主营业务收入比	4.82	4	28	1	8
企业技术获取和改造费用占主营业务收入比	4.09	31	29	7	7
创新成效		24	27	7	8
技术创新					
高新技术产业增加值占规模以上工业增加值比	3.43	31	33	7	8
新增高新技术企业数	5.11	15		5	
入库科技型中小企业数	4.68	15		5	
产业化水平					
新产品销售收入占主营业务收入比	4.01	33	33	8	8
万人发明专利授权量	4.56	14	3	6	1
技术合同成交额	5.82	4	3	4	4
经济社会发展		2	1	3	1
经济增长					
GDP 较上一年增长	0.09	34	29	9	9
万人财政收入	8.20	1	1	2	1
社会生活					
居民人均可支配收入	7.20	2	2	2	2
万人社会消费品零售额	9.10	1	1	1	1

　　如表 3-2，西湖区科技创新能力排在全省一类县（市、区）第 14 位，排在南昌市第 6 位，都与上一年位次相同。在一级指标中，经济社会发展排在全省一类县（市、区）第 2 位，比上一年下降 1 位，排在南昌市第 3 位，比上一年下降了 2 位；创新投入排在全省一类县（市、区）第 6 位，比上一年提升了 23 位，排在南昌市第 3 位，比上一年提升了 4 位；创新成效排在全省一类县（市、区）第 24 位，比上一年提升了 3 位，排在南昌市第 7 位，比上一年提升了 1 位；创新环境排在全省一类县（市、区）第 25 位，比上一年下降了 10 位，排在南昌市第 8 位，比上一年下降了 2 位。

　　综上所述，西湖区万人财政收入、万人社会消费品零售额排名居全省一类县（市、区）首位，万人 GDP、研究人员占 R&D 人员比、企业 R&D 经费投入占主营业务收入比、技术合同成交额排名靠前，但在开展 R&D 活动的企业占比、高新技术产业增加值占规模以上工业增加值比、GDP 较上一年增长等方面排名较后。建议该区增强科技创新意识，营造良好的科技创新氛围，支持鼓励企业开展高质量的科研活动，加大对新产品研发投产的支持力度，进一步提高科技创新竞争力。

三、青云谱区

　　青云谱区，江西省南昌市市辖区、中心城区，位于南昌市区的南部。2019 年，该区常住人口为 33.05 万人，地区 GDP 为 366.51 亿元。居民人均可支配收入 44 431 元，排在全省一类县（市、区）第 3 位，排在南昌市第 3 位。万人 GDP 为 11.09 亿元，排在全省一类县（市、区）第 5 位，排在南昌市第 3 位。GDP 较上一年增长 6.50%，排在全省一类县（市、区）第 33 位，排在南昌市第 8 位。新增省级及以上人才 / 平台 / 载体 7 个，排在全省一类县（市、区）第 10 位，排在南昌市第 4 位。开展 R&D 活动的企业占比 38.33%，排在全省一类县（市、区）第 19 位，排在南昌市第 3 位。万人专利申请量 40.73 件，排在全省一类县（市、区）第 5 位，排在南昌市第 2 位。万人发明专利授权量 3.60 件，排在全省一类县（市、区）第 3 位，排在南昌市第 1 位。新增高新技术企业 30 家，排在全省一类县（市、区）第 7 位，排在南昌市第

3 位。人均科普经费投入 0.76 元，排在全省一类县（市、区）第 14 位，排在南昌市第 8 位。万人 R&D 人员数 215.40 人，排在全省一类县（市、区）第 2 位，排在南昌市第 2 位。研究人员占 R&D 人员比为 51.43%，排在全省一类县（市、区）第 4 位，排在南昌市第 3 位。万人财政收入 1.46 亿元，排在全省一类县（市、区）第 6 位，排在南昌市第 5 位。万人社会消费品零售额 7.61 亿元，排在全省一类县（市、区）第 2 位，排在南昌市第 2 位（表 3-3）。

表 3-3　青云谱区（一类）科技创新能力评价指标得分与位次

指标名称	得分（分）	全省一类县（市、区）排名		本市排名	
	2019 年	2019 年	2018 年	2019 年	2018 年
科技创新能力		2	1	2	1
创新环境		12	8	4	5
创新基础					
万人 GDP	6.80	5	8	3	3
规模以上企业数	4.20	30	31	8	6
新增省级及以上人才 / 平台 / 载体	4.86	10		4	
科技意识					
万人专利申请量	6.15	5	2	2	1
开展 R&D 活动的企业占比	4.09	19	11	3	1
人均科普经费投入	4.55	14	5	8	4
创新投入		1	1	1	1
人力投入					
万人 R&D 人员数	10.07	2	1	2	1
研究人员占 R&D 人员比	6.44	4	2	3	2
R&D 人员全时当量	7.17	2	3	2	2
财力投入					
R&D 经费投入占 GDP 百分比	6.40	1	1	1	1
企业 R&D 经费投入占主营业务收入比	4.67	6	2	2	1
企业技术获取和改造费用占主营业务收入比	7.68	2	3	1	1
创新成效		6	8	3	2

续表

指标名称	得分（分）	全省一类县（市、区）排名		本市排名	
	2019 年	2019 年	2018 年	2019 年	2018 年
技术创新					
高新技术产业增加值占规模以上工业增加值比	2.99	34	32	9	7
新增高新技术企业数	5.60	7	3		
入库科技型中小企业数	4.60	17	6		
产业化水平					
新产品销售收入占主营业务收入比	4.90	4	2	1	1
万人发明专利授权量	8.33	3	4	1	2
技术合同成交额	7.40	2	4	2	5
经济社会发展		3	3	4	3
经济增长					
GDP 较上一年增长	2.30	33	22	8	7
万人财政收入	6.35	6	6	5	5
社会生活					
居民人均可支配收入	7.08	3	3	3	3
万人社会消费品零售额	8.41	2	2	2	2

如表 3-3，青云谱区科技创新能力排在全省一类县（市、区）第 2 位，排在南昌市第 2 位，都比上一年下降了 1 位。在一级指标中，经济社会发展排在全省一类县（市、区）第 3 位，与上一年位次相同，排在南昌市第 4 位，比上一年下降了 1 位；创新投入排在全省一类县（市、区）第 1 位，排在南昌市第 1 位，都与上一年位次相同；创新成效排在全省一类县（市、区）第 6 位，比上一年提升了 2 位，排在南昌市第 3 位，比上一年下降了 1 位；创新环境排在全省一类县（市、区）第 12 位，比上一年下降了 4 位，排在南昌市第 4 位，比上一年提升了 1 位。

综上所述，青云谱区 R&D 经费投入占 GDP 百分比、技术合同成交额、企业技术获取和改造费用占主营业务收入比及万人社会消费品零售额等均排在全省一类县（市、区）前列，但在规模以上企业数、高新技术产业增加值占规模以上工业增加值比和 GDP 较上一年增长等方面排名靠后。建议该区支持鼓励企业做大做强，提升区域科技创新竞争力，助推经济跨越式发展。

四、湾里区

湾里区，江西省南昌市市辖区，位于南昌市西郊，距市中心约 18 千米。2019 年，该区常住人口为 7.00 万人，地区 GDP 为 64.30 亿元。居民人均可支配收入 32 423.43 元，排在全省三类县（市、区）第 1 位，排在南昌市第 6 位。万人 GDP 为 9.19 亿元，排在全省三类县（市、区）第 1 位，排在南昌市第 4 位。GDP 较上一年增长 8.70%，排在全省三类县（市、区）第 4 位，排在南昌市第 1 位。开展 R&D 活动的企业占比 20.97%，排在全省三类县（市、区）第 33 位，排在南昌市第 9 位。万人专利申请量 58.57 件，排在全省三类县（市、区）第 1 位，排在南昌市第 1 位。万人发明专利授权量 3.57件，排在全省三类县（市、区）第 1 位，排在南昌市第 2 位。人均科普经费投入 4.00 元，排在全省三类县（市、区）第 1 位，排在南昌市第 1 位。万人R&D 人员数 15.29 人，排在全省三类县（市、区）第 20 位，排在南昌市第 6位。研究人员占 R&D 人员比为 37.38%，排在全省三类县（市、区）第 3 位，排在南昌市第 5 位。新增高新技术企业 8 家，排在全省三类县（市、区）第20 位，排在南昌市第 9 位。万人财政收入 2.47 亿元，排在全省三类县（市、区）第 1 位，排在南昌市第 1 位（表 3-4）。

表 3-4　湾里区（三类）科技创新能力评价指标得分与位次

指标名称	得分（分）	全省三类县（市、区）排名		本市排名	
	2019 年	2019 年	2018 年	2019 年	2018 年
科技创新能力		1	1	4	3
创新环境		1	1	3	3
创新基础					
万人 GDP	6.07	1	1	4	4
规模以上企业数	4.47	4	32	6	6
新增省级及以上人才 / 平台 / 载体	4.13	12		6	

续表

指标名称	得分（分）	全省三类县（市、区）排名		本市排名	
	2019年	2019年	2018年	2019年	2018年
科技意识					
万人专利申请量	7.50	1	1	1	2
开展R&D活动的企业占比	2.45	33	33	9	8
人均科普经费投入	11.21	1	1	1	1
创新投入		13	9	8	4
人力投入					
万人R&D人员数	4.07	20	23	6	7
研究人员占R&D人员比	5.23	3	1	5	1
R&D人员全时当量	3.78	32	33	9	7
财力投入					
R&D经费投入占GDP百分比	4.48	12	33	6	7
企业R&D经费投入占主营业务收入比	3.90	31	21	6	3
企业技术获取和改造费用占主营业务收入比	4.09	21	25	7	8
创新成效		1	5	4	6
技术创新					
高新技术产业增加值占规模以上工业增加值比	5.08	5	16	2	5
新增高新技术企业数	3.81	20		9	
入库科技型中小企业数	4.08	24		9	
产业化水平					
新产品销售收入占主营业务收入比	4.01	33	31	7	7
万人发明专利授权量	8.30	1	1	2	3
技术合同成交额	8.20	1	1	1	1
经济社会发展		1	1	2	4
经济增长					
GDP较上一年增长	5.53	4	4	1	2
万人财政收入	8.74	1	1	1	2
社会生活					

指标名称	得分（分）	全省三类县（市、区）排名		本市排名	
	2019 年	2019 年	2018 年	2019 年	2018 年
居民人均可支配收入	5.32	1	1	6	5
万人社会消费品零售额	4.30	7	8	8	8

如表3-4，湾里区科技创新能力排在全省三类县（市、区）第1位，与上一年位次相同，排在南昌市第4位，比上一年下降了1位。在一级指标中，经济社会发展排在全省三类县（市、区）第1位，与上一年位次相同，排在南昌市第2位，比上一年提升了2位；创新投入排在全省三类县（市、区）第13位，排在南昌市第8位，都比上一年下降了4位；创新成效排在全省三类县（市、区）第1位，比上一年提升了4位，排在南昌市第4位，比上一年提升了2位；创新环境排在全省三类县（市、区）第1位，排在南昌市第3位，都与上一年位次相同。

综上所述，湾里区科技创新能力居全省三类县（市、区）首位，其中万人GDP、万人专利申请量、人均科普经费投入、万人发明专利授权量、技术合同成交额等指标排名前列，具有较大优势，但在开展R&D活动的企业占比、R&D人员全时当量、企业R&D经费投入占主营业务收入比、新产品销售收入占主营业务收入比、入库科技型中小企业数、新增高新技术企业数等方面仍存在明显短板。建议该区持续加大对科技型中小企业、高新技术企业的培育支持力度，鼓励企业加大研发投入，支持对新产品的研发投产，提高产品性能，促进经济高质量发展。

五、青山湖区

青山湖区，江西省南昌市市辖区，位于南昌市城东。2019年，该区常住人口为64.00万人，地区GDP为530.12亿元。居民人均可支配收入43 195.01元，排在全省一类县（市、区）第4位，排在南昌市第4位。万人GDP为8.28亿元，排在全省一类县（市、区）第12位，排在南昌市第5

位。GDP 较上一年增长 7.30%，排在全省一类县（市、区）第 26 位，排在南昌市第 7 位。新增省级及以上人才 / 平台 / 载体 9 个，排在全省一类县（市、区）第 9 位，排在南昌市第 3 位。万人专利申请量 33.67 件，排在全省一类县（市、区）第 9 位，排在南昌市第 4 位。万人发明专利授权量 1.53 件，排在全省一类县（市、区）第 5 位，排在南昌市第 3 位。新增高新技术企业 48 家，排在全省一类县（市、区）第 2 位，排在南昌市第 2 位。人均科普经费投入 0.69 元，排在全省一类县（市、区）第 16 位，排在南昌市第 9 位。万人 R&D 人员数 224.02 人，排在全省一类县（市、区）第 1 位，排在南昌市第 1 位。研究人员占 R&D 人员比为 32.34%，排在全省一类县（市、区）第 15 位，排在南昌市第 7 位。R&D 人员全时当量 8880 人·年，排在全省一类县（市、区）第 1 位，排在南昌市第 1 位。万人财政收入 1.05 亿元，排在全省一类县（市、区）第 12 位，排在南昌市第 6 位。万人社会消费品零售额 3.99 亿元，排在全省一类县（市、区）第 9 位，排在南昌市第 4 位（表 3-5）。

表 3-5　青山湖区（一类）科技创新能力评价指标得分与位次

指标名称	得分（分）	全省一类县（市、区）排名		本市排名	
	2019 年	2019 年	2018 年	2019 年	2018 年
科技创新能力		1	2	1	2
创新环境		6	3	2	2
创新基础					
万人 GDP	5.73	12	11	5	6
规模以上企业数	9.26	1	2	1	1
新增省级及以上人才 / 平台 / 载体	5.11	9		3	
科技意识					
万人专利申请量	5.62	9	5	4	4
开展 R&D 活动的企业占比	2.95	32	25	7	7
人均科普经费投入	4.41	16	5	9	4
创新投入		2	2	2	2
人力投入					

续表

指标名称	得分（分）	全省一类县（市、区）排名		本市排名	
	2019 年	2019 年	2018 年	2019 年	2018 年
万人 R&D 人员数	10.33	1	2	1	2
研究人员占 R&D 人员比	4.80	15	3	7	3
R&D 人员全时当量	11.76	1	1	1	1
财力投入					
R&D 经费投入占 GDP 百分比	5.61	3	3	2	2
企业 R&D 经费投入占主营业务收入比	3.96	29	10	5	2
企业技术获取和改造费用占主营业务收入比	5.42	7	9	2	2
创新成效		5	9	2	5
技术创新					
高新技术产业增加值占规模以上工业增加值比	4.58	18	11	6	3
新增高新技术企业数	7.07	2		2	
入库科技型中小企业数	8.76	2		1	
产业化水平					
新产品销售收入占主营业务收入比	4.49	13	14	2	3
万人发明专利授权量	5.79	5	6	3	4
技术合同成交额	5.39	6	2	5	3
经济社会发展		10	10	5	5
经济增长					
GDP 较上一年增长	3.47	26	9	7	3
万人财政收入	5.39	12	12	6	6
社会生活					
居民人均可支配收入	6.90	4	4	4	4
万人社会消费品零售额	6.00	9	9	4	4

如表 3-5，青山湖区科技创新能力排在全省一类县（市、区）第 1 位，排在南昌市第 1 位，都比上一年提升了 1 位。在一级指标中，经济社会发展排在全省一类县（市、区）第 10 位，排在南昌市第 5 位，都与上一年位次相同；创新投入排在全省一类县（市、区）第 2 位，排在南昌市第 2 位，都与

上一年位次相同；创新成效排在全省一类县（市、区）第 5 位，比上一年提升了 4 位，排在南昌市第 2 位，比上一年提升了 3 位；创新环境排在全省一类县（市、区）第 6 位，比上一年下降了 3 位，排在南昌市第 2 位，和上一年位次相同。

综上所述，青山湖区规模以上企业数、万人 R&D 人员数和 R&D 人员全时当量排在全省一类县（市、区）首位，新增高新技术企业数、入库科技型中小企业数和居民人均可支配收入等方面均排在全省一类县（市、区）前列，但在开展 R&D 活动的企业占比、企业 R&D 经费投入占主营业务收入比及 GDP 较上一年增长等方面排名靠后。建议该区加大科普宣传力度，提升企业及民众创新意识，支持引导企业加大科研经费投入强度，促进经济高质量发展。

六、新建区

新建区，原新建县，2015 年 8 月，撤销新建县设立新建区，位于江西省南昌市中心城区西北。2019 年，该区常住人口为 68.68 万人，地区 GDP 为 375.14 亿元。居民人均可支配收入 30 892.93 元，排在全省一类县（市、区）第 20 位，排在南昌市第 7 位。万人 GDP 为 5.46 亿元，排在全省一类县（市、区）第 22 位，排在南昌市第 7 位。GDP 较上一年增长 8.50%，排在全省一类县（市、区）第 9 位，排在南昌市第 2 位。新增省级及以上人才 / 平台 / 载体 14 个，排在全省一类县（市、区）第 8 位，排在南昌市第 2 位。开展 R&D 活动的企业占比 35.80%，排在全省一类县（市、区）第 21 位，排在南昌市第 4 位。万人专利申请量 12.25 件，排在全省一类县（市、区）第 27 位，排在南昌市第 8 位。万人发明专利授权量 0.22 件，排在全省一类县（市、区）第 26 位，排在南昌市第 7 位。新增高新技术企业 30 家，排在全省一类县（市、区）第 7 位，排在南昌市第 3 位。人均科普经费投入 1.00 元，排在全省一类县（市、区）第 8 位，排在南昌市第 6 位。万人 R&D 人员数 11.27 人，排在全省一类县（市、区）第 30 位，排在南昌市第 8 位。R&D 人员全时当量 581 人·年，排在全省一类县（市、区）第 26 位，排在南昌市第 5 位。新产品销售收入占主营业务收入比 4.55%，排在全省一类县（市、区）第 28

位，排在南昌市第6位。万人财政收入0.90亿元，排在全省一类县（市、区）第15位，排在南昌市第7位。万人社会消费品零售额1.53亿元，排在全省一类县（市、区）第21位，排在南昌市第6位（表3-6）。

表3-6　新建区（一类）科技创新能力评价指标得分与位次

指标名称	得分（分）	全省一类县（市、区）排名		本市排名	
	2019 年	2019 年	2018 年	2019 年	2018 年
科技创新能力		26	13	7	5
创新环境		17	7	6	4
创新基础					
万人 GDP	4.65	22	15	7	7
规模以上企业数	5.12	14	12	4	3
新增省级及以上人才/平台/载体	5.23	8		2	
科技意识					
万人专利申请量	4.02	27	12	8	6
开展 R&D 活动的企业占比	3.85	21	20	4	4
人均科普经费投入	5.06	8	3	6	3
创新投入		30	28	9	6
人力投入					
万人 R&D 人员数	3.95	30	26	8	5
研究人员占 R&D 人员比	5.15	13	12	6	7
R&D 人员全时当量	4.23	26	26	5	5
财力投入					
R&D 经费投入占 GDP 百分比	4.10	26	29	7	5
企业 R&D 经费投入占主营业务收入比	3.73	32	25	9	6
企业技术获取和改造费用占主营业务收入比	4.37	16	16	3	3
创新成效		15	6	6	1
技术创新					
高新技术产业增加值占规模以上工业增加值比	4.78	11	7	3	2
新增高新技术企业数	5.60	7		3	
入库科技型中小企业数	4.80	9		4	

续表

指标名称	得分（分）	全省一类县（市、区）排名		本市排名	
	2019 年	2019 年	2018 年	2019 年	2018 年
产业化水平					
新产品销售收入占主营业务收入比	4.15	28	23	6	5
万人发明专利授权量	4.18	26	27	7	7
技术合同成交额	4.66	10	12	7	9
经济社会发展		16	17	7	7
经济增长					
GDP 较上一年增长	5.23	9	3	2	1
万人财政收入	5.04	15	14	7	7
社会生活					
居民人均可支配收入	5.10	20	20	7	7
万人社会消费品零售额	4.36	21	21	6	6

如表 3-6，新建区科技创新能力排在全省一类县（市、区）第 26 位，比上一年下降了 13 位，排在南昌市第 7 位，比上一年下降了 2 位。在一级指标中，经济社会发展排在全省一类县（市、区）第 16 位，比上一年提升了 1 位，排在南昌市第 7 位，与上一年位次相同；创新投入排在全省一类县（市、区）第 30 位，比上一年下降了 2 位，排在南昌市第 9 位，比上一年下降了 3 位；创新成效排在全省一类县（市、区）第 15 位，比上一年下降了 9 位，排在南昌市第 6 位，比上一年下降了 5 位；创新环境排在全省一类县（市、区）第 17 位，比上一年下降了 10 位，排在南昌市第 6 位，比上一年下降了 2 位。

综上所述，新建区新增省级及以上人才 / 平台 / 载体、人均科普经费投入、新增高新技术企业数、入库科技型中小企业数和 GDP 较上一年增长在全省一类县（市、区）排名相对靠前，但万人 R&D 人员数、企业 R&D 经费投入占主营业务收入比和新产品销售收入占主营业务收入比等方面排名均较上一年有所下降。建议该区加大科研经费投入，鼓励企业自主研发，提高产品性能，积极引进和培养人才，进一步提高科技竞争力。

七、南昌县

南昌县，位于江西省南昌市南部。2019 年，该县常住人口为 92.09 万人，地区 GDP 为 1027.76 亿元。居民人均可支配收入 32 800.99 元，排在全省一类县（市、区）第 15 位，排在南昌市第 5 位。万人 GDP 为 11.16 亿元，排在全省一类县（市、区）第 4 位，排在南昌市第 2 位。GDP 较上一年增长 8.00%，排在全省一类县（市、区）第 16 位，排在南昌市第 5 位。新增省级及以上人才/平台/载体 21 个，排在全省一类县（市、区）第 4 位，排在南昌市第 1 位。开展 R&D 活动的企业占比 44.38%，排在全省一类县（市、区）第 10 位，排在南昌市第 1 位。万人专利申请量 35.93 件，排在全省一类县（市、区）第 6 位，排在南昌市第 3 位。万人发明专利授权量 0.66 件，排在全省一类县（市、区）第 12 位，排在南昌市第 5 位。新增高新技术企业 93 家，排在全省一类县（市、区）第 1 位，排在南昌市第 1 位。人均科普经费投入 1.57 元，排在全省一类县（市、区）第 1 位，排在南昌市第 2 位。万人 R&D 人员数 43.15 人，排在全省一类县（市、区）第 14 位，排在南昌市第 3 位。R&D 人员全时当量 2545 人·年，排在全省一类县（市、区）第 6 位，排在南昌市第 3 位。新产品销售收入占主营业务收入比 13.67%，排在全省一类县（市、区）第 17 位，排在南昌市第 4 位。万人财政收入 1.48 亿元，排在全省一类县（市、区）第 5 位，排在南昌市第 4 位。万人社会消费品零售额 2.44 亿元，排在全省一类县（市、区）第 14 位，排在南昌市第 5 位（表 3-7）。

表 3-7 南昌县（一类）科技创新能力评价指标得分与位次

指标名称	得分（分）	全省一类县（市、区）排名		本市排名	
	2019 年	2019 年	2018 年	2019 年	2018 年
科技创新能力		5	12	3	4
创新环境		4	2	1	1
创新基础					
万人 GDP	6.83	4	10	2	5
规模以上企业数	6.08	5	3	2	2

续表

指标名称	得分（分）	全省一类县（市、区）排名		本市排名	
	2019 年	2019 年	2018 年	2019 年	2018 年
新增省级及以上人才 / 平台 / 载体	6.57	4		1	
科技意识					
万人专利申请量	5.79	6	7	3	5
开展 R&D 活动的企业占比	4.66	10	17	1	3
人均科普经费投入	6.23	1	1	2	2
创新投入		17	19	5	3
人力投入					
万人 R&D 人员数	4.90	14	22	3	3
研究人员占 R&D 人员比	5.39	10	6	4	5
R&D 人员全时当量	6.01	6	13	3	3
财力投入					
R&D 经费投入占 GDP 百分比	4.08	27	24	8	4
企业 R&D 经费投入占主营业务收入比	4.09	22	23	4	4
企业技术获取和改造费用占主营业务收入比	4.24	22	24	5	5
创新成效		3	17	1	7
技术创新					
高新技术产业增加值占规模以上工业增加值比	4.77	12	21	4	6
新增高新技术企业数	10.73	1		1	
入库科技型中小企业数	6.35	4		2	
产业化水平					
新产品销售收入占主营业务收入比	4.43	17	25	4	6
万人发明专利授权量	4.73	12	15	5	5
技术合同成交额	4.91	8	7	6	7
经济社会发展		11	15	6	6
经济增长					
GDP 较上一年增长	4.50	16	12	5	5
万人财政收入	6.41	5	5	4	4

续表

指标名称	得分（分）	全省一类县（市、区）排名		本市排名	
	2019 年	2019 年	2018 年	2019 年	2018 年
社会生活					
居民人均可支配收入	5.38	15	16	5	6
万人社会消费品零售额	4.96	14	14	5	5

如表 3-7，南昌县科技创新能力排在全省一类县（市、区）第 5 位，比上一年提升了 7 位，排在南昌市第 3 位，比上一年提升了 1 位。在一级指标中，经济社会发展排在全省一类县（市、区）第 11 位，比上一年提升了 4 位，排在南昌市第 6 位，与上一年位次相同；创新投入排在全省一类县（市、区）第 17 位，比上一年提升了 2 位，排在南昌市第 5 位，比上一年下降了 2 位；创新成效排在全省一类县（市、区）第 3 位，比上一年提升了 14 位，排在南昌市第 1 位，比上一年提升了 6 位；创新环境排在全省一类县（市、区）第 4 位，比上一年下降了 2 位，排在南昌市第 1 位，与上一年位次相同。

综上所述，南昌县人均科普经费投入、新增高新技术企业数排名居全省一类县（市、区）首位，在万人 GDP、规模以上企业数及新增省级及以上人才 / 平台 / 载体等方面均排在全省一类县（市、区）前列，但在 R&D 经费投入占 GDP 百分比、企业 R&D 经费投入占主营业务收入比及企业技术获取和改造费用占主营业务收入比等方面排名相对靠后。建议该县加大财政科技投入，鼓励企业自主研发，提高产品性能，积极孵化和培育战略性新兴产业，提升企业技术创新能力与成果转化水平。

八、安义县

安义县，位于江西省中北部，是南昌市下辖县。2019 年，该县常住人口为 20.15 万人，地区 GDP 为 83.66 亿元。居民人均可支配收入 27 063.96 元，排在全省三类县（市、区）第 8 位，排在南昌市第 9 位。万人 GDP 为 4.15 亿元，排在全省三类县（市、区）第 14 位，排在南昌市第 8 位。GDP 较上一年增长 8.40%，排在全省三类县（市、区）第 12 位，排在南昌市第 3 位。新增高新技术企业 20 家，排在全省三类县（市、区）第 5 位，排在南昌市第 7 位。开展 R&D 活动的企业占比 35.71%，排在全省三类县（市、区）第 29 位，排在南昌市第 5 位。万人专利申请量 29.68 件，排在全省三类县（市、区）第 6 位，排在南昌市第 6 位。万人发明专利授权量 0.15 件，排在全省三类县（市、区）第 17 位，排在南昌市第 8 位。人均科普经费投入 1.54 元，排在全省三类县（市、区）第 2 位，排在南昌市第 3 位。万人 R&D 人员数 24.07 人，排在全省三类县（市、区）第 11 位，排在南昌市第 4 位。R&D 人员全时当量 339 人·年，排在全省三类县（市、区）第 13 位，排在南昌市第 7 位。新产品销售收入占主营业务收入比 14.94%，排在全省三类县（市、区）第 15 位，排在南昌市第 3 位。万人财政收入 0.90 亿元，排在全省三类县（市、区）第 3 位，排在南昌市第 8 位。万人社会消费品零售额 1.30 亿元，排在全省三类县（市、区）第 13 位，排在南昌市第 9 位（表 3-8）。

表 3-8　安义县（三类）科技创新能力评价指标得分与位次

指标名称	得分（分）	全省三类县（市、区）排名		本市排名	
	2019 年	2019 年	2018 年	2019 年	2018 年
科技创新能力		6	8	9	7
创新环境		7	9	5	7
创新基础					
万人 GDP	4.15	14	2	8	8
规模以上企业数	5.81	1	1	3	4
新增省级及以上人才/平台/载体	4.01	16	8		
科技意识					
万人专利申请量	5.32	6	2	6	3
开展 R&D 活动的企业占比	3.84	29	29	5	6
人均科普经费投入	6.16	2	17	3	8
创新投入		12	22	7	8
人力投入					

续表

指标名称	得分（分）	全省三类县（市、区）排名		本市排名	
	2019 年	2019 年	2018 年	2019 年	2018 年
万人 R&D 人员数	4.33	11	12	4	4
研究人员占 R&D 人员比	4.34	10	16	9	8
R&D 人员全时当量	4.01	13	23	7	6
财力投入					
R&D 经费投入占 GDP 百分比	5.01	6	16	5	3
企业 R&D 经费投入占主营业务收入比	3.86	32	24	7	5
企业技术获取和改造费用占主营业务收入比	4.11	13	13	6	6
创新成效		11	3	8	3
技术创新					
高新技术产业增加值占规模以上工业增加值比	4.67	13	14	5	4
新增高新技术企业数	4.79	5		7	
入库科技型中小企业数	4.18	12		8	
产业化水平					
新产品销售收入占主营业务收入比	4.47	15	11	3	2
万人发明专利授权量	4.10	17	27	8	9
技术合同成交额	4.22	19	2	8	2
经济社会发展		3	12	8	8
经济增长					
GDP 较上一年增长	5.09	12	17	3	6
万人财政收入	5.02	3	3	8	8
社会生活					
居民人均可支配收入	4.53	8	8	9	9
万人社会消费品零售额	4.20	13	12	9	9

如表 3-8，安义县科技创新能力排在全省三类县（市、区）第 6 位，比上一年提升了 2 位，排在南昌市第 9 位，比上一年下降了 2 位。在一级指标中，经济社会发展排在全省三类县（市、区）第 3 位，比上一年提升了 9 位，

排在南昌市第 8 位，与上一年位次相同；创新投入排在全省三类县（市、区）第 12 位，比上一年提升了 10 位，排在南昌市第 7 位，比上一年提升了 1 位；创新成效排在全省三类县（市、区）第 11 位，比上一年下降了 8 位，排在南昌市第 8 位，比上一年下降了 5 位；创新环境排在全省三类县（市、区）第 7 位，排在南昌市第 5 位，都比上一年提升了 2 位。

综上所述，安义县科技创新能力居全省三类县（市、区）上游，在规模以上企业数、万人专利申请量、人均科普经费投入、新增高新技术企业数、万人财政收入等方面具有较大优势，但在开展 R&D 活动的企业占比、企业 R&D 经费投入占主营业务收入比、技术合同成交额、新增省级及以上人才 / 平台 / 载体等方面排名靠后。建议该县加速科技创新平台 / 载体建设，加大对企业开展科研活动、创新投入的补贴支持力度，强化科技成果转移转化意识，提高科技对高质量经济发展的贡献度。

九、进贤县

进贤县，位于江西省中部偏北，是南昌市下辖县。2019 年，该县常住人口为 72.20 万人，地区 GDP 为 238.73 亿元。居民人均可支配收入 29 360.73 元，排在全省二类县（市、区）第 1 位，排在南昌市第 8 位。万人 GDP 为 3.31 亿元，排在全省二类县（市、区）第 23 位，排在南昌市第 9 位。GDP 较上一年增长 8.1%，排在全省二类县（市、区）第 16 位，排在南昌市第 4 位。新增省级及以上人才 / 平台 / 载体 6 个，排在全省二类县（市、区）第 15 位，排在南昌市第 5 位。入库科技型中小企业 32 家，排在全省二类县（市、区）第 13 位，排在南昌市第 7 位。开展 R&D 活动的企业占比 42.53%，排在全省二类县（市、区）第 16 位，排在南昌市第 2 位。万人发明专利授权量 0.07 万件，排在全省二类县（市、区）第 23 位，排在南昌市第 9 位。技术合同成交额为 21.69 元 / 人，排在全省二类县（市、区）第 33 位，排在南昌市第 9 位。万人 R&D 人员数 23.70 人，排在全省二类县（市、区）第 13 位，排在南昌市第 5 位。研究人员占 R&D 人员比为 28.76%，排在全省二类县（市、区）第 11 位，排在南昌市第 8 位。R&D 人员全时当量 1359 人·年，排在全省二类县（市、区）第 3 位，排在南昌市第 4 位。新产品销售收入占主营业务收入比 12.61%，排在全省二类县（市、区）第 13 位，排在南昌市第 5 位。万人财政收入 0.49 亿元，排在全省二类县（市、区）第 17 位，排在南昌市第 9 位。万人社会消费品零售额 1.52 亿元，排在全省二类县（市、区）第 8 位，排在南昌市第 7 位（表 3-9）。

表 3-9　进贤县（二类）科技创新能力评价指标得分与位次

指标名称	得分（分）	全省二类县（市、区）排名		本市排名	
	2019 年	2019 年	2018 年	2019 年	2018 年
科技创新能力		9	7	8	8
创新环境		16	18	9	8
创新基础					
万人 GDP	3.82	23	5	9	9
规模以上企业数	4.12	19	8	9	5
新增省级及以上人才 / 平台 / 载体	4.25	15	5		
科技意识					
万人专利申请量	4.01	14	16	9	9
开展 R&D 活动的企业占比	4.49	16	25	2	5
人均科普经费投入	5.39	2	29	4	9
创新投入		7	17	6	5
人力投入					
万人 R&D 人员数	4.32	13	16	5	6
研究人员占 R&D 人员比	4.49	11	3	8	6
R&D 人员全时当量	4.94	3	2	4	4
财力投入					
R&D 经费投入占 GDP 百分比	5.25	5	28	3	6
企业 R&D 经费投入占主营业务收入比	4.63	14	28	3	7
企业技术获取和改造费用占主营业务收入比	4.26	9	13	4	4
创新成效		11	3	9	4

续表

指标名称	得分（分）	全省二类县（市、区）排名		本市排名	
	2019 年	2019 年	2018 年	2019 年	2018 年
技术创新					
高新技术产业增加值占规模以上工业增加值比	5.12	5	1	1	1
新增高新技术企业数	4.54	9		8	
入库科技型中小企业数	4.27	13		7	
产业化水平					
新产品销售收入占主营业务收入比	4.40	13	14	5	4
万人发明专利授权量	4.00	23	21	9	8
技术合同成交额	3.89	33	4	9	8
经济社会发展		8	10	9	9
经济增长					
GDP 较上一年增长	4.65	16	8	4	4
万人财政收入	4.06	17	20	9	9
社会生活					
居民人均可支配收入	4.87	1	1	8	8
万人社会消费品零售额	4.35	8	8	7	7

如表 3-9，2019 年，进贤县科技创新能力排在全省二类县（市、区）排第 9 位，比上一年下降了 2 位，排在南昌市第 8 位，与上一年位次相同。在一级指标中，经济社会发展排在全省二类县（市、区）第 8 位，比上一年提升了 2 位，排在南昌市第 9 位，与上一年位次相同；创新投入排在全省二类县（市、区）第 7 位，比上一年提升了 10 位，排在南昌市第 6 位，比上一年下降了 1 位；创新成效排在全省二类县（市、区）第 11 位，比上一年下降 8 位，排在南昌市第 9 位，比上一年下降 5 位；创新环境排在全省二类县（市、区）第 16 位，比上一年提升了 2 位，排在南昌市第 9 位，比上一年降低了 1 位。

综上所述，进贤县科技创新能力本市排名总体与上一年持平，位于全省二类县（市、区）中前列，其中 R&D 人员全时当量、人均科普经费投入、居民人均可支配收入、R&D 经费投入占 GDP 百分比等指标排名靠前，具有一定优势，但在万人 GDP、规模以上企业数、技术合同成交额、万人发明专利授权量等方面排名靠后。建议该县加大对企业的支持力度，鼓励企业自主创新，加速技术成果转移转化，提高综合竞争力。

第二节　景德镇市

一、昌江区

　　昌江区，景德镇市市辖区。2019 年，该区常住人口为 16.55 万人，地区 GDP 为 231.97 亿元。居民人均可支配收入 38 078.17 元，排在全省一类县（市、区）第 9 位，排在景德镇市第 2 位。万人 GDP 为 14.02 亿元，排在全省一类县（市、区）第 1 位，排在景德镇市第 1 位。GDP 较上一年增长 7.60%，排在全省一类县（市、区）第 21 位，排在景德镇市第 4 位。新增省级及以上人才 / 平台 / 载体 5 个，排在全省一类县（市、区）第 23 位，排在景德镇市第 1 位。万人专利申请量 62.11 件，排在全省一类县（市、区）第 2 位，排在景德镇市第 1 位。万人发明专利授权量 3.81 件，排在全省一类县（市、区）第 2 位，排在景德镇市第 1 位。人均科普经费投入 1.33 元，排在全省一类县（市、区）第 3 位，排在景德镇市第 2 位。万人 R&D 人员数 52.99 人，排在全省一类县（市、区）第 11 位，排在景德镇市第 2 位。R&D 人员全时当量 634 人·年，排在全省一类县（市、区）第 25 位，排在景德镇市第 3 位。新增高新技术企业 9 家，排在全省一类县（市、区）第 31 位，排在景德镇市第 3 位。新产品销售收入占主营业务收入比 4.19%，排在全省一类县（市、区）第 29 位，排在景德镇市第 4 位。万人财政收入 1.10 亿元，排在全省一类县（市、区）第 10 位，排在景德镇市第 1 位。万人社会消费品零售额 5.44 亿元，排在全省一类县（市、区）第 4 位，排在景德镇市第 1 位（表 3-10）。

表 3-10　昌江区（一类）科技创新能力评价指标得分与位次

指标名称	得分（分）	全省一类县（市、区）排名		本市排名	
	2019 年	2019 年	2018 年	2019 年	2018 年
科技创新能力		6	5	2	2
创新环境		5	5	1	1
创新基础					
万人 GDP	7.92	1	1	1	1
规模以上企业数	5.13	13	27	1	3
新增省级及以上人才 / 平台 / 载体	4.37	23		1	
科技意识					
万人专利申请量	7.76	2	3	1	1
开展 R&D 活动的企业占比	4.39	14	13	1	2
人均科普经费投入	5.73	3	17	2	3
创新投入		25	10	2	2
人力投入					
万人 R&D 人员数	5.20	11	4	2	1
研究人员占 R&D 人员比	4.34	24	14	2	3
R&D 人员全时当量	4.28	25	19	3	2
财力投入					
R&D 经费投入占 GDP 百分比	4.15	24	14	2	2
企业 R&D 经费投入占主营业务收入比	3.99	27	16	3	4
企业技术获取和改造费用占主营业务收入比	4.86	8	11	2	2
创新成效		4	3	2	1
技术创新					
高新技术产业增加值占规模以上工业增加值比	3.99	27	19	4	3
新增高新技术企业数	3.89	31		3	
入库科技型中小企业数	4.28	26		2	
产业化水平					
新产品销售收入占主营业务收入比	4.14	29	13	4	2
万人发明专利授权量	8.59	2	2	1	1

续表

指标名称	得分（分）	全省一类县（市、区）排名		本市排名	
	2019 年	2019 年	2018 年	2019 年	2018 年
技术合同成交额	12.00	1	1	1	1
经济社会发展		9	12	1	2
经济增长					
GDP 较上一年增长	3.91	21	33	4	4
万人财政收入	5.49	10	10	1	1
社会生活					
居民人均可支配收入	6.15	9	9	2	2
万人社会消费品零售额	6.96	4	6	1	1

如表 3-10，昌江区科技创新能力排在全省一类县（市、区）第 6 位，比上一年下降了 1 位，排在景德镇市第 2 位，与上一年位次相同。在一级指标中，经济社会发展排在全省一类县（市、区）第 9 位，比上一年提升了 3 位，排在景德镇市第 1 位，比上一年提升了 1 位；创新投入排在全省一类县（市、区）第 25 位，比上一年下降了 15 位，排在景德镇市第 2 位，与上一年位次相同；创新成效排在全省一类县（市、区）第 4 位，排在景德镇市第 2 位，都比上一年下降了 1 位；创新环境排在全省一类县（市、区）第 5 位，排在景德镇市第 1 位，都与上一年位次相同。

综上所述，昌江区万人 GDP 和技术合同成交额均居全省一类县（市、区）首位，优势明显，但在新增高新技术企业数、新产品销售收入占主营业务收入比和高新技术产业增加值占规模以上工业增加值比等方面排名相对靠后。建议该区加大对高新技术企业的培育力度，支持企业对新产品的研发投产，促进经济高质量发展。

二、珠山区

珠山区，位于江西省东北部，景德镇市中心城区。2019 年，该区常住人口为 33.95 万人，地区 GDP 为 218.05 亿元。居民人均可支配收入 42 271 元，

排在全省一类县（市、区）第 5 位，排在景德镇市第 1 位。万人 GDP 为 6.42
亿元，排在全省一类县（市、区）第 18 位，排在景德镇市第 2 位。GDP 较
上一年增长 7.70%，排在全省一类县（市、区）第 20 位，排在景德镇市第 3
位。新增省级及以上人才 / 平台 / 载体 3 个，排在全省一类县（市、区）第
26 位，排在景德镇市第 3 位。开展 R&D 活动的企业占比 32.09%，排在全省
一类县（市、区）第 29 位，排在景德镇市第 4 位。万人专利申请量 22.71 件，
排在全省一类县（市、区）第 15 位，排在景德镇市第 3 位。万人发明专利授
权量 2.44 件，排在全省一类县（市、区）第 4 位，排在景德镇市第 2 位。新
增高新技术企业 5 家，排在全省一类县（市、区）第 34 位，排在景德镇市第
4 位。人均科普经费投入 0.61 元，排在全省一类县（市、区）第 18 位，排在
景德镇市第 4 位。万人 R&D 人员数 57.53 人，排在全省一类县（市、区）第
10 位，排在景德镇市第 1 位。研究人员占 R&D 人员比为 54.02%，排在全省
一类县（市、区）第 3 位，排在景德镇市第 1 位。R&D 人员全时当量 1707
人·年，排在全省一类县（市、区）第 11 位，排在景德镇市第 1 位。万人财
政收入 0.66 亿元，排在全省一类县（市、区）第 22 位，排在景德镇市第 2
位。万人社会消费品零售额 4.11 亿元，排在全省一类县（市、区）第 8 位，
排在景德镇市第 2 位（表 3-11）。

表 3-11　珠山区（一类）科技创新能力评价指标得分与位次

指标名称	得分（分）	全省一类县 （市、区）排名		本市排名	
	2019 年	2019 年	2018 年	2019 年	2018 年
科技创新能力		4	3	1	1
创新环境		30	25	3	3
创新基础					
万人 GDP	5.02	18	17	2	2
规模以上企业数	3.78	34	32	4	4
新增省级及以上人才 / 平台 / 载体	4.13	26		3	
科技意识					
万人专利申请量	4.80	15	14	3	2

续表

指标名称	得分（分）	全省一类县（市、区）排名		本市排名	
	2019 年	2019 年	2018 年	2019 年	2018 年
开展 R&D 活动的企业占比	3.50	29	12	4	1
人均科普经费投入	4.26	18	29	4	4
创新投入		3	3	1	1
人力投入					
万人 R&D 人员数	5.33	10	6	1	2
研究人员占 R&D 人员比	6.66	3	1	1	1
R&D 人员全时当量	5.25	11	7	1	1
财力投入					
R&D 经费投入占 GDP 百分比	4.35	16	4	1	1
企业 R&D 经费投入占主营业务收入比	9.66	1	1	1	1
企业技术获取和改造费用占主营业务收入比	4.15	25	32	4	4
创新成效		2	5	1	2
技术创新					
高新技术产业增加值占规模以上工业增加值比	4.45	22	3	3	1
新增高新技术企业数	3.56	34		4	
入库科技型中小企业数	4.24	28		3	
产业化水平					
新产品销售收入占主营业务收入比	13.99	1	3	1	1
万人发明专利授权量	6.91	4	5	2	2
技术合同成交额	4.36	17	16	2	2
经济社会发展		12	6	2	1
经济增长					
GDP 较上一年增长	4.06	20	25	3	3
万人财政收入	4.45	22	21	2	2
社会生活					
居民人均可支配收入	6.76	5	5	1	1
万人社会消费品零售额	6.07	8	8	2	2

如表 3-11，珠山区科技创新能力排在全省一类县（市、区）第 4 位，比上一年下降了 1 位，排在景德镇市第 1 位，与上一年位次相同。在一级指标中，经济社会发展排在全省一类县（市、区）第 12 位，比上一年下降了 6 位，排在景德镇市第 2 位，比上一年下降了 1 位；创新投入排在全省一类县（市、区）第 3 位，排在景德镇市第 1 位，都与上一年位次相同；创新成效排在全省一类县（市、区）第 2 位，比上一年提升了 3 位，排在景德镇市第 1 位，比上一年提升了 1 位；创新环境排在全省一类县（市、区）第 30 位，比上一年下降了 5 位，排在景德镇市第 3 位，与上一年位次相同。

综上所述，珠山区新产品销售收入占主营业务收入比居全省一类县（市、区）首位，研究人员占 R&D 人员比和万人发明专利授权量排在全省前列，但在规模以上企业数、新增高新技术企业数及开展 R&D 活动的企业占比等方面排名靠后。建议该区做大做强优势产业，积极引导高校技术企业申请认定，提高企业及民众科技意识，进一步提升区域科技竞争力。

三、浮梁县

浮梁县，位于江西省东北部，隶属景德镇市。2019 年，该县常住人口为 31.95 万人，地区 GDP 为 136.09 亿元。居民人均可支配收入 25 289 元，排在全省三类县（市、区）第 10 位，排在景德镇市第 4 位。万人 GDP 为 4.26 亿元，排在全省三类县（市、区）第 13 位，排在景德镇市第 3 位。GDP 较上一年增长 7.90%，排在全省三类县（市、区）第 24 位，排在景德镇市第 1 位。开展 R&D 活动的企业占比 40.00%，排在全省三类县（市、区）第 24 位，排在景德镇市第 3 位。万人专利申请量 30.80 件，排在全省三类县（市、区）第 5 位，排在景德镇市第 2 位。万人发明专利授权量 0.78 件，排在全省三类县（市、区）第 4 位，排在景德镇市第 3 位。人均科普经费投入 1.03 元，排在全省三类县（市、区）第 9 位，排在景德镇市第 3 位。万人 R&D 人员数 23.10 人，排在全省三类县（市、区）第 12 位，排在景德镇市第 3 位。研究人员占 R&D 人员比为 18.97%，排在全省三类县（市、区）第 24 位，排在景德镇市第 4 位。万人财政收入 0.40 亿元，排在全省三类县（市、区）第 27

位，排在景德镇市第4位。万人社会消费品零售额0.95亿元，排在全省三类县（市、区）第24位，排在景德镇市第4位（表3-12）。

表 3-12　浮梁县（三类）科技创新能力评价指标得分与位次

指标名称	得分（分）	全省三类县（市、区）排名		本市排名	
	2019 年	2019 年	2018 年	2019 年	2018 年
科技创新能力		10	19	3	4
创新环境		10	15	2	2
创新基础					
万人 GDP	4.19	13	15	3	3
规模以上企业数	4.27	10	9	2	2
新增省级及以上人才／平台／载体	4.25	10		2	
科技意识					
万人专利申请量	5.41	5	18	2	3
开展 R&D 活动的企业占比	4.25	24	26	3	3
人均科普经费投入	5.11	9	2	3	1
创新投入		30	15	4	4
人力投入					
万人 R&D 人员数	4.30	12	9	3	3
研究人员占 R&D 人员比	3.65	24	8	4	2
R&D 人员全时当量	4.21	9	10	4	4
财力投入					
R&D 经费投入占 GDP 百分比	3.67	32	23	4	4
企业 R&D 经费投入占主营业务收入比	3.90	30	17	4	2
企业技术获取和改造费用占主营业务收入比	4.24	8	12	3	3
创新成效		3	17	3	4
技术创新					
高新技术产业增加值占规模以上工业增加值比	6.08	1	23	1	4
新增高新技术企业数	4.46	6		2	
入库科技型中小企业数	4.40	5		1	

续表

指标名称	得分（分）	全省三类县（市、区）排名		本市排名	
	2019 年	2019 年	2018 年	2019 年	2018 年
产业化水平					
新产品销售收入占主营业务收入比	4.44	16	13	2	3
万人发明专利授权量	4.87	4	4	3	3
技术合同成交额	4.26	17	31	3	3
经济社会发展		22	31	4	4
经济增长					
GDP 较上一年增长	4.35	24	25	1	2
万人财政收入	3.84	27	27	4	4
社会生活					
居民人均可支配收入	4.27	10	10	4	4
万人社会消费品零售额	3.97	24	24	4	4

如表 3-12，浮梁县科技创新能力排在全省三类县（市、区）第 10 位，比上一年提升了 9 位，排在景德镇市第 3 位，比上一年提升了 1 位。在一级指标中，经济社会发展排在全省三类县（市、区）第 22 位，比上一年提升了 9 位，排在景德镇市第 4 位，与上一年位次相同；创新投入排在全省三类县（市、区）第 30 位，比上一年下降了 15 位，排在景德镇市第 4 位，与上一年位次相同；创新成效排在全省三类县（市、区）第 3 位，比上一年提升了 14 位，排在景德镇市第 3 位，比上一年提升了 1 位；创新环境排在全省三类县（市、区）第 10 位，比上一年提升了 5 位，排在景德镇市第 2 位，与上一年位次相同。

综上所述，浮梁县科技创新能力居全省三类县（市、区）中上游，在万人专利申请量、高新技术产业增加值占规模以上工业增加值比、新增高新技术企业数、入库科技型中小企业数、万人发明专利授权量等方面具有一定优势，但在 R&D 经费投入占 GDP 百分比、企业 R&D 经费投入占主营业务收入比、研究人员占 R&D 人员比、开展 R&D 活动的企业占比等方面排名靠后。建议该县加大财政科技投入，支持鼓励企业增加科研支出比例，鼓励企业开展自主研发，加速人才的培养引进，提高科技成果转移转化能力，提高经济增长质量。

四、乐平市

乐平市，位于江西省东北部，是景德镇市下辖县级市。2019 年，该市常住人口为 85.60 万人，地区 GDP 为 340.00 亿元。居民人均可支配收入 29 231.94 元，排在全省一类县（市、区）第 22 位，排在景德镇市第 3 位。万人 GDP 为 3.97 亿元，排在全省一类县（市、区）第 30 位，排在景德镇市第 4 位。GDP 较上一年增长 7.80%，排在全省一类县（市、区）第 17 位，排在景德镇市第 2 位。新增省级及以上人才 / 平台 / 载体 3 个，排在全省一类县（市、区）第 31 位，排在景德镇市第 4 位。开展 R&D 活动的企业占比 41.04%，排在全省一类县（市、区）第 16 位，排在景德镇市第 2 位。万人专利申请量 3.56 件，排在全省一类县（市、区）第 34 位，排在景德镇市第 4 位。万人发明专利授权量 0.13 件，排在全省一类县（市、区）第 30 位，排在景德镇市第 4 位。人均科普经费投入 1.46 元，排在全省一类县（市、区）第 2 位，排在景德镇市第 1 位。R&D 人员全时当量 648 人·年，排在全省一类县（市、区）第 24 位，排在景德镇市第 2 位。企业技术获取和改造费用占主营业务收入比 0.43%，排在全省一类县（市、区）第 5 位，排在景德镇市第 1 位。新增高新技术企业 19 家，排在全省一类县（市、区）第 20 位，排在景德镇市第 1 位。新产品销售收入占主营业务收入比 8.29%，排在全省一类县（市、区）第 23 位，排在景德镇市第 3 位。万人财政收入 0.54 亿元，排在全省一类县（市、区）第 28 位，排在景德镇市第 3 位。万人社会消费品零售额 1.39 亿元，排在全省一类县（市、区）第 22 位，排在景德镇市第 3 位（表 3-13）。

表 3-13　乐平市（一类）科技创新能力评价指标得分与位次

指标名称	得分（分）	全省一类县（市、区）排名		本市排名	
	2019 年	2019 年	2018 年	2019 年	2018 年
科技创新能力		33	29	4	3

续表

指标名称	得分（分）	全省一类县（市、区）排名		本市排名	
	2019年	2019年	2018年	2019年	2018年
创新环境		31	28	4	4
创新基础					
万人GDP	4.08	30	29	4	4
规模以上企业数	4.00	33	21	3	1
新增省级及以上人才/平台/载体	3.89	31		4	
科技意识					
万人专利申请量	3.36	34	34	4	4
开展R&D活动的企业占比	4.35	16	27	2	4
人均科普经费投入	6.01	2	3	1	2
创新投入		29	17	3	3
人力投入					
万人R&D人员数	3.94	31	28	4	4
研究人员占R&D人员比	4.21	26	22	3	4
R&D人员全时当量	4.29	24	25	2	3
财力投入					
R&D经费投入占GDP百分比	4.00	30	22	3	3
企业R&D经费投入占主营业务收入比	4.00	25	11	2	3
企业技术获取和改造费用占主营业务收入比	5.75	5	6	1	1
创新成效		29	25	4	3
技术创新					
高新技术产业增加值占规模以上工业增加值比	4.87	9	18	2	2
新增高新技术企业数	4.70	20		1	
入库科技型中小企业数	4.16	32		4	
产业化水平					
新产品销售收入占主营业务收入比	4.26	23	20	3	4
万人发明专利授权量	4.07	30	31	4	4

续表

指标名称	得分（分）	全省一类县（市、区）排名		本市排名	
	2019 年	2019 年	2018 年	2019 年	2018 年
技术合同成交额	3.89	33	34	4	4
经济社会发展		28	25	3	3
经济增长					
GDP 较上一年增长	4.20	17	20	2	1
万人财政收入	4.18	28	27	3	3
社会生活					
居民人均可支配收入	4.85	22	22	3	3
万人社会消费品零售额	4.27	22	22	3	3

如表 3-13，乐平市科技创新能力排在全省一类县（市、区）第 33 位，比上一年下降了 4 位，排在景德镇市第 4 位，比上一年下降了 1 位。在一级指标中，经济社会发展排在全省一类县（市、区）第 28 位，比上一年下降了 3 位，排在景德镇市第 3 位，与上一年位次相同；创新投入排在全省一类县（市、区）第 29 位，比上一年下降了 12 位，排在景德镇市第 3 位，与上一年位次相同；创新成效排在全省一类县（市、区）第 29 位，比上一年下降了 4 位，排在景德镇市第 4 位，比上一年下降了 1 位；创新环境排在全省一类县（市、区）第 31 位，比上一年下降了 3 位，排在景德镇市第 4 位，与上一年位次相同。

综上所述，乐平市人均科普经费投入、企业技术获取和改造费用占主营业务收入比和高新技术产业增加值占规模以上工业增加值比在全省一类县（市、区）排名前列，但在规模以上企业数、万人专利申请量、技术合同成交额及万人 R&D 人员数等排名靠后。建议该市鼓励支持企业做大做强做优，同时加强科技成果转移转化能力，有效发挥科技促进经济发展的作用。

第三节　萍乡市

一、安源区

安源区，位于江西省西部，是萍乡市市辖区。2019 年，该区常住人口为 47.72 万人，地区 GDP 为 221.39 亿元。居民人均可支配收入 40 853.56 元，排在全省一类县（市、区）第 7 位，排在萍乡市第 1 位。万人 GDP 为 4.64亿元，排在全省一类县（市、区）第 24 位，排在萍乡市第 1 位。GDP 较上一年增长 7.20%，排在全省一类县（市、区）第 30 位，排在萍乡市第 3 位。新增省级及以上人才 / 平台 / 载体 10 个，排在全省一类县（市、区）第 12位，排在萍乡市第 2 位。开展 R&D 活动的企业占比 42.67%，排在全省一类县（市、区）第 12 位，排在萍乡市第 5 位。万人专利申请量 20.39 件，排在全省一类县（市、区）第 17 位，排在萍乡市第 2 位。万人发明专利授权量0.31 件，排在全省一类县（市、区）第 22 位，排在萍乡市第 5 位。新增高新技术企业 12 家，排在全省一类县（市、区）第 27 位，排在萍乡市第 2 位。人均科普经费投入 0.24 元，排在全省一类县（市、区）第 32 位，排在萍乡市第 5 位。万人 R&D 人员数 41.53 人，排在全省一类县（市、区）第 15 位，排在萍乡市第 1 位。研究人员占 R&D 人员比为 17.96%，排在全省一类县（市、区）第 33 位，排在萍乡市第 5 位。R&D 人员全时当量 1468 人·年，排在全省一类县（市、区）第 17 位，排在萍乡市第 1 位。万人财政收入 0.95亿元，排在全省一类县（市、区）第 13 位，排在萍乡市第 1 位。万人社会消费品零售额 3.62 亿元，排在全省一类县（市、区）第 11 位，排在萍乡市第 1 位（表 3-14）。

表 3-14 安源区（一类）科技创新能力评价指标得分与位次

指标名称	得分（分）	全省一类县（市、区）排名		本市排名	
	2019 年	2019 年	2018 年	2019 年	2018 年
科技创新能力		19	7	1	1
创新环境		26	17	3	2
创新基础					
万人 GDP	4.33	24	18	1	1
规模以上企业数	4.31	28	20	3	2
新增省级及以上人才 / 平台 / 载体	4.74	12		2	
科技意识					
万人专利申请量	4.63	17	16	2	2
开展 R&D 活动的企业占比	4.50	12	10	5	3
人均科普经费投入	3.49	32	19	5	3
创新投入		15	7	1	1
人力投入					
万人 R&D 人员数	4.86	15	15	1	1
研究人员占 R&D 人员比	3.57	33	31	5	5
R&D 人员全时当量	5.04	17	11	1	1
财力投入					
R&D 经费投入占 GDP 百分比	4.79	9	15	2	3
企业 R&D 经费投入占主营业务收入比	4.22	17	7	3	4
企业技术获取和改造费用占主营业务收入比	6.91	4	1	1	1
创新成效		27	11	3	2
技术创新					
高新技术产业增加值占规模以上工业增加值比	4.45	23	16	4	4
新增高新技术企业数	4.13	27		2	
入库科技型中小企业数	4.78	11		1	
产业化水平					
新产品销售收入占主营业务收入比	4.67	6	9	1	1
万人发明专利授权量	4.30	22	25	5	4

续表

指标名称	得分（分）	全省一类县（市、区）排名		本市排名	
	2019 年	2019 年	2018 年	2019 年	2018 年
技术合同成交额	4.41	16	14	4	4
经济社会发展		13	8	1	1
经济增长					
GDP 较上一年增长	3.29	30	15	3	2
万人财政收入	5.14	13	13	1	1
社会生活					
居民人均可支配收入	6.56	7	7	1	1
万人社会消费品零售额	5.75	11	11	1	1

如表 3-14，安源区科技创新能力排在全省一类县（市、区）第 19 位，比上一年下降了 12 位，排在萍乡市第 1 位，与上一年位次相同。在一级指标中，经济社会发展排在全省一类县（市、区）第 13 位，比上一年下降了 5 位，排在萍乡市第 1 位，与上一年位次相同；创新投入排在全省一类县（市、区）第 15 位，比上一年下降了 8 位，排在萍乡市第 1 位，与上一年位次相同；创新成效排在全省一类县（市、区）第 27 位，比上一年下降了 16 位，排在萍乡市第 3 位，比上一年下降了 1 位；创新环境排在全省一类县（市、区）第 26 位，比上一年下降了 9 位，排在萍乡市第 3 位，比上一年下降了 1 位。

综上所述，安源区企业技术获取和改造费用占主营业务收入比、新产品销售收入占主营业务收入比和居民人均可支配收入排在全省一类县（市、区）相对靠前的位置，但在人均科普经费投入、研究人员占 R&D 人员比、GDP 较上一年增长等方面排名靠后。建议该区加大科普宣传力度，加强人才引进与培养，积极营造科技创新创业的良好氛围。

二、湘东区

湘东区，位于江西省西部，萍乡市市辖区。2019 年，该区常住人口为 37.28 万人，地区 GDP 为 121.26 亿元。居民人均可支配收入 32 526.52 元，排在全省一类县（市、区）第17位，排在萍乡市第2位。万人GDP为3.25亿元，排在全省一类县（市、区）第34位，排在萍乡市第4位。GDP较上一年增长6.90%，排在全省一类县（市、区）第32位，排在萍乡市第4位。新增省级及以上人才/平台/载体8个，排在全省一类县（市、区）第20位，排在萍乡市第3位。开展R&D活动的企业占比60.00%，排在全省一类县（市、区）第2位，排在萍乡市第1位。万人专利申请量9.58件，排在全省一类县（市、区）第29位，排在萍乡市第4位。万人发明专利授权量0.38件，排在全省一类县（市、区）第19位，排在萍乡市第4位。万人R&D人员数35.30人，排在全省一类县（市、区）第20位，排在萍乡市第3位。研究人员占R&D人员比为23.18%，排在全省一类县（市、区）第28位，排在萍乡市第3位。R&D人员全时当量998人·年，排在全省一类县（市、区）第22位，排在萍乡市第3位。新增高新技术企业11家，排在全省一类县（市、区）第29位，排在萍乡市第3位。新产品销售收入占主营业务收入比13.65%，排在全省一类县（市、区）第18位，排在萍乡市第3位。万人财政收入0.57亿元，排在全省一类县（市、区）第26位，排在萍乡市第3位。万人社会消费品零售额1.68亿元，排在全省一类县（市、区）第19位，排在萍乡市第3位（表3-15）。

表3-15　湘东区（一类）科技创新能力评价指标得分与位次

指标名称	得分（分）	全省一类县（市、区）排名		本市排名	
	2019年	2019年	2018年	2019年	2018年
科技创新能力		25	19	2	3
创新环境		23	18	2	3
创新基础					
万人GDP	3.80	34	22	4	3
规模以上企业数	4.05	31	23	4	4
新增省级及以上人才/平台/载体	4.50	20		3	
科技意识					
万人专利申请量	3.81	29	21	4	3
开展R&D活动的企业占比	6.14	2	2	1	1

续表

指标名称	得分（分）	全省一类县（市、区）排名		本市排名	
	2019 年	2019 年	2018 年	2019 年	2018 年
人均科普经费投入	3.66	23	31	4	5
创新投入		18	26	2	5
人力投入					
万人 R&D 人员数	4.67	20	20	3	3
研究人员占 R&D 人员比	4.01	28	18	3	4
R&D 人员全时当量	4.61	22	22	3	3
财力投入					
R&D 经费投入占 GDP 百分比	5.75	2	25	1	5
企业 R&D 经费投入占主营业务收入比	5.07	2	13	2	5
企业技术获取和改造费用占主营业务收入比	4.09	31	15	5	2
创新成效		25	12	2	3
技术创新					
高新技术产业增加值占规模以上工业增加值比	4.63	17	14	2	2
新增高新技术企业数	4.05	29		3	
入库科技型中小企业数	4.12	34		3	
产业化水平					
新产品销售收入占主营业务收入比	4.43	18	24	3	3
万人发明专利授权量	4.37	19	19	4	2
技术合同成交额	5.54	5	9	1	2
经济社会发展		32	19	2	3
经济增长					
GDP 较上一年增长	2.93	32	15	4	2
万人财政收入	4.25	26	26	3	3
社会生活					
居民人均可支配收入	5.34	17	15	2	2
万人社会消费品零售额	4.46	19	18	3	3

如表 3-15，湘东区科技创新能力排在全省一类县（市、区）第 25 位，比

上一年下降了6位，排在萍乡市第2位，比上一年提升了1位。在一级指标中，经济社会发展排在全省一类县（市、区）第32位，比上一年下降了13位，排在萍乡市第2位，比上一年提升了1位；创新投入排在全省一类县（市、区）第18位，比上一年提升了8位，排在萍乡市第2位，比上一年提升了3位；创新成效排在全省一类县（市、区）第25位，比上一年下降了13位，排在萍乡市第2位，比上一年提升了1位；创新环境排在全省一类县（市、区）第23位，比上一年下降了5位，排在萍乡市第2位，比上一年提升了1位。

综上所述，湘东区开展R&D活动的企业占比、R&D经费投入占GDP百分比、企业R&D经费投入占主营业务收入比排在全省一类县（市、区）前列，具有一定优势，但在万人GDP、规模以上企业数、入库科技型中小企业数、GDP较上一年增长等方面排名靠后。建议该区加速对科技型中小企业的培育，鼓励企业做大做强，进一步提升区域科技竞争力。

三、莲花县

莲花县，位于江西省西部，萍乡市南部，是萍乡市下辖县。2019年，该县常住人口为24.67万人，地区GDP为60.70亿元。居民人均可支配收入19 546.72元，排在全省三类县（市、区）第27位，排在萍乡市第5位。万人GDP为2.46亿元，排在全省三类县（市、区）第32位，排在萍乡市第5位。GDP较上一年增长8.60%，排在全省三类县（市、区）第6位，排在萍乡市第1位。开展R&D活动的企业占比53.03%，排在全省三类县（市、区）第8位，排在萍乡市第3位。万人专利申请量10.58件，排在全省三类县（市、区）第24位，排在萍乡市第3位。万人发明专利授权量0.69件，排在全省三类县（市、区）第5位，排在萍乡市第2位。人均科普经费投入0.56元，排在全省三类县（市、区）第24位，排在萍乡市第2位。万人R&D人员数14.88人，排在全省三类县（市、区）第22位，排在萍乡市第5位。研究人员占R&D人员比为31.34%，排在全省三类县（市、区）第7位，排在萍乡市第1位。新产品销售收入占主营业务收入比5.04%，排在全省三类县（市、区）第26位，排在萍乡市第5位。万人财政收入0.41亿元，排在全省三类县（市、区）第 25 位，排在萍乡市第 5 位。万人社会消费品零售额 1.13 亿元，排在全省三类县（市、区）第 17 位，排在萍乡市第 5 位（表 3-16）。

表 3-16　莲花县（三类）科技创新能力评价指标得分与位次

指标名称	得分（分）	全省三类县（市、区）排名		本市排名	
	2019 年	2019 年	2018 年	2019 年	2018 年
科技创新能力		18	14	4	4
创新环境		22	25	5	5
创新基础					
万人 GDP	3.50	32	28	5	5
规模以上企业数	3.60	31	19	5	5
新增省级及以上人才 / 平台 / 载体	4.13	12		4	
科技意识					
万人专利申请量	3.89	24	26	3	5
开展 R&D 活动的企业占比	5.48	8	17	3	4
人均科普经费投入	4.15	24	33	2	4
创新投入		8	3	3	2
人力投入					
万人 R&D 人员数	4.06	22	14	5	5
研究人员占 R&D 人员比	4.71	7	7	1	1
R&D 人员全时当量	3.91	24	14	5	5
财力投入					
R&D 经费投入占 GDP 百分比	4.68	9	4	3	2
企业 R&D 经费投入占主营业务收入比	5.27	6	2	1	1
企业技术获取和改造费用占主营业务收入比	4.10	16	25	4	5
创新成效		19	14	4	4
技术创新					
高新技术产业增加值占规模以上工业增加值比	4.50	19	9	3	1
新增高新技术企业数	3.56	26		4	
入库科技型中小企业数	4.00	32		5	
产业化水平					

续表

指标名称	得分（分）	全省三类县（市、区）排名		本市排名	
	2019 年	2019 年	2018 年	2019 年	2018 年
新产品销售收入占主营业务收入比	4.16	26	25	5	4
万人发明专利授权量	4.76	5	12	2	5
技术合同成交额	4.78	6	7	2	3
经济社会发展		19	25	3	5
经济增长					
GDP 较上一年增长	5.45	6	23	1	4
万人财政收入	3.86	25	25	5	5
社会生活					
居民人均可支配收入	3.43	27	27	5	5
万人社会消费品零售额	4.09	17	7	5	4

如表 3-16，莲花县科技创新能力排在全省三类县（市、区）第 18 位，比上一年下降了 4 位，排在萍乡市第 4 位，与上一年位次相同。在一级指标中，经济社会发展排在全省三类县（市、区）第 19 位，比上一年提升了 6 位，排在萍乡市第 3 位，比上一年提升了 2 位；创新投入排在全省三类县（市、区）第 8 位，比上一年下降了 5 位，排在萍乡市第 3 位，比上一年下降了 1 位；创新成效排在全省三类县（市、区）第 19 位，比上一年下降了 5 位，排在萍乡市第 4 位，与上一年位次相同；创新环境排在全省三类县（市、区）第 22 位，比上一年提升了 3 位，排在萍乡市第 5 位，与上一年位次相同。

综上所述，莲花县科技创新能力居全省三类县（市、区）中游，在开展 R&D 活动的企业占比、研究人员占 R&D 人员比、企业 R&D 经费投入占主营业务收入比、万人发明专利授权量、技术合同成交额等方面排名靠前，但在万人 GDP、规模以上企业数、入库科技型中小企业数、新增高新技术企业数等方面短板较明显。建议该县加速传统企业转型升级，鼓励企业通过创新做大做强，加速对高新技术企业、科技型中小企业的培育工作，促进经济高质量发展。

四、上栗县

上栗县，位于江西省西部，萍乡市北部，是萍乡市下辖县。2019 年，该县常住人口为 45.95 万人，地区 GDP 为 163.38 亿元。居民人均可支配收入 27 972.78 元，排在全省二类县（市、区）第 6 位，排在萍乡市第 4 位。万人 GDP 为 3.56 亿元，排在全省二类县（市、区）第 17 位，排在萍乡市第 3 位。GDP 较上一年增长 7.22%，排在全省二类县（市、区）第 31 位，排在萍乡市第 2 位。入库科技型中小企业数 11 家，排在全省二类县（市、区）第 25 位，排在萍乡市第 4 位。开展 R&D 活动的企业占比 49.70%，排在全省二类县（市、区）第 8 位，排在萍乡市第 4 位。万人专利申请量 8.25 件，排在全省二类县（市、区）第 22 位，排在萍乡市第 5 位。万人发明专利授权量 0.46 件，排在全省二类县（市、区）第 5 位，排在萍乡市第 3 位。人均科普经费投入 0.63 元，排在全省二类县（市、区）第 15 位，排在萍乡市第 1 位。万人 R&D 人员数 40.83 人，排在全省二类县（市、区）第 2 位，排在萍乡市第 2 位。研究人员占 R&D 人员比为 22.28%，排在全省二类县（市、区）第 26 位，排在萍乡市第 4 位。R&D 人员全时当量 1404 人·年，排在全省二类县（市、区）第 2 位，排在萍乡市第 2 位。新产品销售收入占主营业务收入比 8.10%，排在全省二类县（市、区）第 21 位，排在萍乡市第 4 位。万人财政收入 0.55 亿元，排在全省二类县（市、区）第 13 位，排在萍乡市第 4 位。万人社会消费品零售额 1.78 亿元，排在全省二类县（市、区）第 3 位，排在萍乡市第 2 位（表 3-17）。

表 3-17　上栗县（二类）科技创新能力评价指标得分与位次

指标名称	得分（分）	全省二类县（市、区）排名		本市排名	
	2019 年	2019 年	2018 年	2019 年	2018 年
科技创新能力		18	14	5	5
创新环境		15	13	4	4
创新基础					
万人 GDP	3.92	17	11	3	4

续表

指标名称	得分（分）	全省二类县（市、区）排名		本市排名	
	2019 年	2019 年	2018 年	2019 年	2018 年
规模以上企业数	4.62	10	3	1	1
新增省级及以上人才 / 平台 / 载体	3.76	25		5	
科技意识					
万人专利申请量	3.71	22	15	5	4
开展 R&D 活动的企业占比	5.17	8	24	4	5
人均科普经费投入	4.29	15	5	1	1
创新投入		13	3	4	3
人力投入					
万人 R&D 人员数	4.83	2	7	2	4
研究人员占 R&D 人员比	3.94	26	4	4	2
R&D 人员全时当量	4.98	2	3	2	2
财力投入					
R&D 经费投入占 GDP 百分比	4.58	11	2	4	1
企业 R&D 经费投入占主营业务收入比	4.18	21	12	5	3
企业技术获取和改造费用占主营业务收入比	4.10	27	22	3	4
创新成效		25	22	5	5
技术创新					
高新技术产业增加值占规模以上工业增加值比	4.37	14	18	5	5
新增高新技术企业数	3.56	31		4	
入库科技型中小企业数	4.02	25		4	
产业化水平					
新产品销售收入占主营业务收入比	4.26	21	30	4	5
万人发明专利授权量	4.47	5	3	3	3
技术合同成交额	4.34	9	15	5	5
经济社会发展		17	15	4	4
经济增长					
GDP 较上一年增长	3.36	31	24	2	5

续表

指标名称	得分（分）	全省二类县（市、区）排名		本市排名	
	2019 年	2019 年	2018 年	2019 年	2018 年
万人财政收入	4.20	13	14	4	4
社会生活					
居民人均可支配收入	4.67	6	6	4	4
万人社会消费品零售额	4.52	3	3	2	2

如表 3-17，上栗县科技创新能力排在全省二类县（市、区）第 18 位，比上一年下降了 4 位，排在萍乡市第 5 位，与上一年位次相同。在一级指标中，经济社会发展排在全省二类县（市、区）第 17 位，比上一年下降了 2 位，排在萍乡市第 4 位，与上一年位次相同；创新投入排在全省二类县（市、区）第 13 位，比上一年下降了 10 位，排在萍乡市第 4 位，比上一年下降 1 位；创新成效排在全省二类县（市、区）第 25 位，比上一年下降了 3 位，排在萍乡市第 5 位，与上一年位次相同；创新环境排在全省二类县（市、区）第 15 位，比上一年下降了 2 位，排在萍乡市第 4 位，与上一年位次相同。

综上所述，上栗县科技创新能力位于全省二类县（市、区）中游，其中 R&D 人员全时当量、万人发明专利授权量、万人社会消费品零售额、居民人均可支配收入等方面表现较优，但在新增省级及以上人才 / 平台 / 载体、研究人员占 R&D 人员比、企业技术获取和改造费用占主营业务收入比、新增高新技术企业数、GDP 较上一年增长等方面得分较低。建议该县加大科技经费投入，加强人才支持，加大高新技术企业培育支持力度，建设创新平台。

五、芦溪县

芦溪县，位于江西省西部，萍乡市东部，是萍乡市下辖县。2019 年，该县常住人口为 26.99 万人，地区 GDP 为 108.67 亿元。居民人均可支配收入 28 670.23 元，排在全省三类县（市、区）第 5 位，排在萍乡市第 3 位。万人 GDP 为 4.03 亿元，排在全省三类县（市、区）第 16 位，排在萍乡市第 2

位。GDP 较上一年增长 6.69%，排在全省三类县（市、区）第 33 位，排在萍乡市第 5 位。新增高新技术企业 15 家，排在全省三类县（市、区）第 7 位，排在萍乡市第 1 位。开展 R&D 活动的企业占比 54.55%，排在全省三类县（市、区）第 5 位，排在萍乡市第 2 位。万人专利申请量 21.79 件，排在全省三类县（市、区）第 13 位，排在萍乡市第 1 位。万人发明专利授权量 1.37 件，排在全省三类县（市、区）第 3 位，排在萍乡市第 1 位。人均科普经费投入 0.56 元，排在全省三类县（市、区）第 25 位，排在萍乡市第 3 位。万人 R&D 人员数 32.83 人，排在全省三类县（市、区）第 4 位，排在萍乡市第 4 位。研究人员占 R&D 人员比为 27.09%，排在全省三类县（市、区）第 9 位，排在萍乡市第 2 位。R&D 人员全时当量 687 人·年，排在全省三类县（市、区）第 5 位，排在萍乡市第 4 位。企业技术获取和改造费用占主营业务收入比 0.02%，排在全省三类县（市、区）第 10 位，排在萍乡市第 2 位。万人财政收入 0.65 亿元，排在全省三类县（市、区）第 9 位，排在萍乡市第 2 位。万人社会消费品零售额 1.38 亿元，排在全省三类县（市、区）第 10 位，排在萍乡市第 4 位（表 3-18）。

表 3-18 芦溪县（三类）科技创新能力评价指标得分与位次

指标名称	得分（分）	全省三类县（市、区）排名		本市排名	
	2019 年	2019 年	2018 年	2019 年	2018 年
科技创新能力		4	3	3	2
创新环境		6	4	1	1
创新基础					
万人 GDP	4.10	16	6	2	2
规模以上企业数	4.39	5	7	2	3
新增省级及以上人才/平台/载体	4.98	2		1	
科技意识					
万人专利申请量	4.73	13	7	1	1
开展 R&D 活动的企业占比	5.62	5	16	2	2
人均科普经费投入	4.14	25	15	3	2

续表

指标名称	得分（分）	全省三类县（市、区）排名		本市排名	
	2019 年	2019 年	2018 年	2019 年	2018 年
创新投入		9	6	5	4
人力投入					
万人 R&D 人员数	4.59	4	1	4	2
研究人员占 R&D 人员比	4.35	9	9	2	3
R&D 人员全时当量	4.33	5	2	4	4
财力投入					
R&D 经费投入占 GDP 百分比	4.56	10	11	5	4
企业 R&D 经费投入占主营业务收入比	4.19	23	11	4	2
企业技术获取和改造费用占主营业务收入比	4.16	10	8	2	3
创新成效		4	4	1	1
技术创新					
高新技术产业增加值占规模以上工业增加值比	4.96	8	12	1	3
新增高新技术企业数	4.38	7		1	
入库科技型中小企业数	4.32	10		2	
产业化水平					
新产品销售收入占主营业务收入比	4.51	9	20	2	2
万人发明专利授权量	5.60	3	3	1	1
技术合同成交额	4.78	7	5	3	1
经济社会发展		25	5	5	2
经济增长					
GDP 较上一年增长	2.57	33	9	5	1
万人财政收入	4.43	9	11	2	2
社会生活					
居民人均可支配收入	4.77	5	4	3	3
万人社会消费品零售额	4.26	10	19	4	5

如表 3-18，芦溪县科技创新能力排在全省三类县（市、区）第 4 位，排

在萍乡市第 3 位，都比上一年下降了 1 位。在一级指标中，经济社会发展排在全省三类县（市、区）第 25 位，比上一年下降了 20 位，排在萍乡市第 5 位，比上一年下降了 3 位；创新投入排在全省三类县（市、区）第 9 位，比上一年下降了 3 位，排在萍乡市第 5 位，比上一年下降了 1 位；创新成效排在全省三类县（市、区）第 4 位，排在萍乡市第 1 位，都与上一年位次相同；创新环境排在全省三类县（市、区）第 6 位，比上一年下降了 2 位，排在萍乡市第 1 位，与上一年位次相同。

综上所述，芦溪县科技创新能力居全省三类县（市、区）前列，在新增省级及以上人才 / 平台 / 载体、万人 R&D 人员数、万人发明专利授权量、R&D 人员全时当量等方面具有一定优势，但在人均科普经费投入、GDP 较上一年增长、企业 R&D 经费投入占主营业务收入比仍存在一定短板。建议该县加强科普宣传，加大科研活动支持力度，助力经济高质量发展。

第四节　九江市

一、濂溪区

濂溪区，原庐山区，为避免与庐山市重名，2017 年 4 月 8 日更名为濂溪区。位于江西省北部，是九江市市辖区。2019 年，该区常住人口为 26.25 万人，地区 GDP 为 290.90 亿元。居民人均可支配收入 36 948.88 元，排在全省一类县（市、区）第 11 位，排在九江市第 2 位。万人 GDP 为 11.08 亿元，排在全省一类县（市、区）第 6 位，排在九江市第 1 位。GDP 较上一年增长 8.50%，排在全省一类县（市、区）第 9 位，排在九江市第 5 位。新增省级及以上人才 / 平台 / 载体 9 个，排在全省一类县（市、区）第 17 位，排在九江市第 4 位。开展 R&D 活动的企业占比 45.16%，排在全省一类县（市、区）第 7 位，排在九江市第 1 位。万人专利申请量 33.33 件，排在全省一类县（市、区）第 10 位，排在九江市第 2 位。万人发明专利授权量 0.76 件，排在全省一类县（市、区）第 7 位，排在九江市第 1 位。新增高新技术企业 19 家，排在全省一类县（市、区）第20位，排在九江市第4位。人均科普经费投入0.71元，排在全省一类县（市、区）第15位，排在九江市第5位。研究人员占R&D人员比为47.24%，排在全省一类县（市、区）第6位，排在九江市第1位。企业技术获取和改造费用占主营业务收入比0.10%，排在全省一类县（市、区）第12位，排在九江市第6位。万人财政收入1.32亿元，排在全省一类县（市、区）第7位，排在九江市第4位。万人社会消费品零售额2.61亿元，排在全省一类县（市、区）第13位，排在九江市第2位（表3-19）。

表3-19　濂溪区（一类）科技创新能力评价指标得分与位次

指标名称	得分（分）	全省一类县（市、区）排名		本市排名	
	2019年	2019年	2018年	2019年	2018年
科技创新能力		10	16	1	1
创新环境		7	12	1	3
创新基础					
万人GDP	6.80	6	4	1	2
规模以上企业数	5.40	10	17	3	4
新增省级及以上人才/平台/载体	4.62	17		4	
科技意识					
万人专利申请量	5.60	10	8	2	2
开展R&D活动的企业占比	4.74	7	32	1	13
人均科普经费投入	4.45	15	11	5	3
创新投入		7	11	1	2
人力投入					
万人R&D人员数	5.97	4	11	1	3
研究人员占R&D人员比	6.08	6	8	1	1
R&D人员全时当量	5.06	15	23	2	5
财力投入					
R&D经费投入占GDP百分比	4.33	17	26	3	10
企业R&D经费投入占主营业务收入比	4.24	16	27	3	9
企业技术获取和改造费用占主营业务收入比	4.48	12	5	6	2

续表

指标名称	得分（分）	全省一类县（市、区）排名		本市排名	
	2019 年	2019 年	2018 年	2019 年	2018 年
创新成效		22	20	3	4
技术创新					
高新技术产业增加值占规模以上工业增加值比	4.65	14	17	5	4
新增高新技术企业数	4.70	20		4	
入库科技型中小企业数	4.53	19		2	
产业化水平					
新产品销售收入占主营业务收入比	4.21	25	26	6	7
万人发明专利授权量	4.85	7	13	1	2
技术合同成交额	4.49	12	13	4	4
经济社会发展		7	14	3	3
经济增长					
GDP 较上一年增长	5.23	9	29	5	13
万人财政收入	6.02	7	7	4	3
社会生活					
居民人均可支配收入	5.98	11	10	2	2
万人社会消费品零售额	5.08	13	20	2	4

如表 3-19，濂溪区科技创新能力排在全省一类县（市、区）第 10 位，比上一年提升了 6 位，排在九江市第 1 位，与上一年位次相同。在一级指标中，经济社会发展排在全省一类县（市、区）第 7 位，比上一年提升了 7 位，排在九江市第 3 位，与上一年位数相同；创新投入排在全省一类县（市、区）第 7 位，比上一年提升了 4 位，排在九江市第 1 位，比上一年提升了 1 位；创新成效排在全省一类县（市、区）第 22 位，比上一年下降了 2 位，排在九江市第 3 位，比上一年提升了 1 位；创新环境排在全省一类县（市、区）第 7 位，比上一年提升了 5 位，排在九江市第 1 位，比上一年提升了 2 位。

综上所述，濂溪区万人 R&D 人员数、万人 GDP、研究人员占 R&D 人员比均排在全省一类县（市、区）前列，但在新产品销售收入占主营业务收入比、新增高新技术企业数等方面排名偏后。建议该区加大科技投入，加速产业转型，培育高新技术产业，进一步提高区域科技竞争力。

二、浔阳区

浔阳区，位于江西省北部，九江市市辖区。2019 年，该区常住人口为 32.34 万人，地区 GDP 为 337.17 亿元。居民人均可支配收入 41 813 元，排在全省一类县（市、区）第 6 位，排在九江市第 1 位。万人 GDP 为 10.43 亿元，排在全省一类县（市、区）第 8 位，排在九江市第 3 位。GDP 较上一年增长 7.80%，排在全省一类县（市、区）第 17 位，排在九江市第 13 位。新增省级及以上人才 / 平台 / 载体 8 个，排在全省一类县（市、区）第 20 位，排在九江市第 6 位。开展 R&D 活动的企业占比 35.71%，排在全省一类县（市、区）第 22 位，排在九江市第 10 位。万人专利申请量 15.58 件，排在全省一类县（市、区）第 20 位，排在九江市第 6 位。万人发明专利授权量 0.65 件，排在全省一类县（市、区）第 13 位，排在九江市第 3 位。新增高新技术企业 13 家，排在全省一类县（市、区）第 26 位，排在九江市第 9 位。万人 R&D 人员数 34.66 人，排在全省一类县（市、区）第 21 位，排在九江市第 8 位。研究人员占 R&D 人员比为 38.72%，排在全省一类县（市、区）第 11 位，排在九江市第 3 位。R&D 人员全时当量 737 人·年，排在全省一类县（市、区）第 23 位，排在九江市第 8 位。万人财政收入 1.16 亿元，排在全省一类县（市、区）第 8 位，排在九江市第 5 位。万人社会消费品零售额 5.44 亿元，排在全省一类县（市、区）第 5 位，排在九江市第 1 位（表 3-20）。

表 3-20　浔阳区（一类）科技创新能力评价指标得分与位次

指标名称	得分（分）	全省一类县（市、区）排名		本市排名	
	2019 年	2019 年	2018 年	2019 年	2018 年
科技创新能力		21	18	5	2
创新环境		19	14	5	5
创新基础					

续表

指标名称	得分（分）	全省一类县（市、区）排名		本市排名	
	2019 年	2019 年	2018 年	2019 年	2018 年
万人 GDP	6.55	8	2	3	1
规模以上企业数	4.55	23	29	9	12
新增省级及以上人才 / 平台 / 载体	4.50	20		6	
科技意识					
万人专利申请量	4.27	20	26	6	8
开展 R&D 活动的企业占比	3.84	22	8	10	3
人均科普经费投入	3.53	30	23	13	11
创新投入		20	18	5	4
人力投入					
万人 R&D 人员数	4.65	21	17	8	7
研究人员占 R&D 人员比	5.35	11	9	3	3
R&D 人员全时当量	4.37	23	21	8	4
财力投入					
R&D 经费投入占 GDP 百分比	4.23	20	28	4	11
企业 R&D 经费投入占主营业务收入比	3.95	30	30	13	10
企业技术获取和改造费用占主营业务收入比	5.61	6	8	2	3
创新成效		32	32	8	12
技术创新					
高新技术产业增加值占规模以上工业增加值比	4.01	26	31	11	13
新增高新技术企业数	4.22	26		9	
入库科技型中小企业数	4.64	16		1	
产业化水平					
新产品销售收入占主营业务收入比	4.18	26	8	8	1
万人发明专利授权量	4.71	13	21	3	3
技术合同成交额	4.14	26	26	11	11
经济社会发展		5	4	2	1
经济增长					

指标名称	得分（分）	全省一类县（市、区）排名		本市排名	
	2019 年	2019 年	2018 年	2019 年	2018 年
GDP 较上一年增长	4.20	17	25	13	11
万人财政收入	5.64	8	8	5	5
社会生活					
居民人均可支配收入	6.70	6	6	1	1
万人社会消费品零售额	6.96	5	4	1	1

如表 3-20，浔阳区科技创新能力排在全省一类县（市、区）第 21 位，排在九江市第 5 位，都比上一年下降了 3 位。在一级指标中，经济社会发展排在全省一类县（市、区）第 5 位，排在九江市第 2 位，都比上一年下降了 1 位；创新投入排在全省一类县（市、区）第 20 位，比上一年下降了 2 位，排在九江市第 5 位，比上一年下降 1 位；创新成效排在全省一类县（市、区）第 32 位，与上一年位次相同，排在九江市第 8 位，比上一年提升了 4 位；创新环境排在全省一类县（市、区）第 19 位，比上一年下降了 5 位，排在九江市第 5 位，与上一年位次相同。

综上所述，浔阳区万人社会消费品零售额、居民人均可支配收入、企业技术获取和改造费用占主营业务收入比排在全省一类县（市、区）前列，但在人均科普经费投入、企业 R&D 经费投入占主营业务收入比、高新技术产业增加值占规模以上工业增加值比等排名偏后。建议该区加大对企业和民众的科普宣传力度，因地制宜筛选和培育战略性新兴产业，深化科技创新对经济社会发展的支撑引领作用。

三、柴桑区

柴桑区，原名九江县，位于江西省北部九江市西部，是九江市辖区。2019 年，该区常住人口为 29.32 万人，地区 GDP 为 170.03 亿元。居民人均可支配收入 27 194.14 元，排在全省一类县（市、区）第 27 位，排在九江市第 9 位。万人 GDP 为 5.80 亿元，排在全省一类县（市、区）第 20 位，排在九江市第 8 位。GDP 较上一年增长 9.00%，排在全省一类县（市、区）第 3 位，排在九江市第 1 位。开展 R&D 活动的企业占比 44.58%，排在全省一类县（市、区）第 9 位，排在九江市第 2 位。新增省级及以上人才 / 平台 / 载体 10 个，排在全省一类县（市、区）第 12 位，排在九江市第 1 位。人均科普经费投入 1.19 元，排在全省一类县（市、区）第 4 位，排在九江市第 1 位。万人 R&D 人员数 74.52 人，排在全省一类县（市、区）第 5 位，排在九江市第 2 位。研究人员占 R&D 人员比为 33.87%，排在全省一类县（市、区）第 14 位，排在九江市第 5 位。R&D 人员全时当量 1654 人·年，排在全省一类县（市、区）第 12 位，排在九江市第 1 位。企业技术获取和改造费用占主营业务收入比 0.11%，排在全省一类县（市、区）第 11 位，排在九江市第 5 位。新增高新技术企业 24 家，排在全省一类县（市、区）第 15 位，排在九江市第 3 位。万人财政收入 0.80 亿元，排在全省一类县（市、区）第 18 位，排在九江市第 8 位。万人社会消费品零售额 1.27 亿元，排在全省一类县（市、区）第 25 位，排在九江市第 9 位（表 3-21）。

表 3-21　柴桑区（一类）科技创新能力评价指标得分与位次

指标名称	得分（分）	全省一类县（市、区）排名		本市排名	
	2019 年	2019 年	2018 年	2019 年	2018 年
科技创新能力		16	22	4	5
创新环境		14	24	3	9
创新基础					
万人 GDP	4.78	20	24	8	8
规模以上企业数	5.29	11	15	4	1
新增省级及以上人才 / 平台 / 载体	4.74	12		1	
科技意识					
万人专利申请量	4.17	24	28	8	10
开展 R&D 活动的企业占比	4.68	9	18	2	6
人均科普经费投入	5.45	4	15	1	6

续表

指标名称	得分（分）	全省一类县（市、区）排名		本市排名	
	2019 年	2019 年	2018 年	2019 年	2018 年
创新投入		13	12	3	3
人力投入					
万人 R&D 人员数	5.84	5	8	2	1
研究人员占 R&D 人员比	4.93	14	17	5	7
R&D 人员全时当量	5.21	12	14	1	1
财力投入					
R&D 经费投入占 GDP 百分比	4.78	10	7	1	1
企业 R&D 经费投入占主营业务收入比	4.25	15	18	2	2
企业技术获取和改造费用占主营业务收入比	4.53	11	28	5	8
创新成效		20	19	2	3
技术创新					
高新技术产业增加值占规模以上工业增加值比	4.84	10	12	2	3
新增高新技术企业数	5.11	15		3	
入库科技型中小企业数	4.39	24		3	
产业化水平					
新产品销售收入占主营业务收入比	4.38	19	16	2	2
万人发明专利授权量	4.33	21	28	5	7
技术合同成交额	4.52	11	11	3	3
经济社会发展		17	21	6	6
经济增长					
GDP 较上一年增长	5.97	3	13	1	4
万人财政收入	4.79	18	18	8	8
社会生活					
居民人均可支配收入	4.55	27	27	9	9
万人社会消费品零售额	4.18	25	25	9	9

如表 3-21，柴桑区科技创新能力排在全省一类县（市、区）第 16 位，比

上一年提升了 6 位，排在九江市第 4 位，比上一年提升了 1 位。在一级指标中，经济社会发展排在全省一类县（市、区）第 17 位，比上一年提升了 4 位，排在九江市第 6 位，与上一年位次相同；创新投入排在全省一类县（市、区）第 13 位，比上一年下降了 1 位，排在九江市第 3 位，与上一年位次相同；创新成效排在全省一类县（市、区）第 20 位，比上一年下降了 1 位，排在九江市第 2 位，比上一年提升了 1 位；创新环境排在全省一类县（市、区）第 14 位，比上一年提升了 10 位，排在九江市第 3 位，比上一年提升了 6 位。

综上所述，柴桑区 GDP 较上一年增长、人均科普经费投入、万人 R&D 人员数均排在全省一类县（市、区）前列，但在居民人均可支配收入、入库科技型中小企业数等方面排名相对偏后。建议该区加速对科技型中小企业培育，加强专利意识，增强科技创新对经济的贡献度。

四、武宁县

武宁县，位于江西省西北部，是九江市下辖县。2019 年，该县常住人口为 37.14 万人，地区 GDP 为 168.22 亿元。居民人均可支配收入 26 497.44 元，排在全省三类县（市、区）第 9 位，排在九江市第 10 位。万人 GDP 为 4.53 亿元，排在全省三类县（市、区）第 7 位，排在九江市第 11 位。GDP 较上一年增长 8.20%，排在全省三类县（市、区）第 16 位，排在九江市第 10 位。新增高新技术企业 11 家，排在全省三类县（市、区）第 14 位，排在九江市第 10 位。开展 R&D 活动的企业占比 37.79%，排在全省三类县（市、区）第 27 位，排在九江市第 8 位。万人专利申请量 24.47 件，排在全省三类县（市、区）第 11 位，排在九江市第 4 位。人均科普经费投入 1.08 元，排在全省三类县（市、区）第 7 位，排在九江市第 2 位。万人 R&D 人员数 20.22 人，排在全省三类县（市、区）第 13 位，排在九江市第 10 位。研究人员占 R&D 人员比为 34.09%，排在全省三类县（市、区）第 5 位，排在九江市第 4 位。新产品销售收入占主营业务收入比 3.64%，排在全省三类县（市、区）第 28 位，排在九江市第 11 位。万人财政收入 0.56 亿元，排在全省三类县（市、区）第 13 位，排在九江市第 11 位。万人社会消费品零售额 1.54 亿元，排在全省三类县（市、区）第 6 位，排在九江市第 5 位（表 3-22）。

表 3-22　武宁县（三类）科技创新能力评价指标得分与位次

指标名称	得分（分）	全省三类县（市、区）排名		本市排名	
	2019 年	2019 年	2018 年	2019 年	2018 年
科技创新能力		19	5	10	3
创新环境		15	2	9	2
创新基础					
万人 GDP	4.29	7	16	11	11
规模以上企业数	4.31	9	5	10	9
新增省级及以上人才 / 平台 / 载体	3.89	19		9	
科技意识					
万人专利申请量	4.93	11	13	4	4
开展 R&D 活动的企业占比	4.04	27	4	8	2
人均科普经费投入	5.21	7	3	2	2
创新投入		11	11	10	8
人力投入					
万人 R&D 人员数	4.22	13	10	10	10
研究人员占 R&D 人员比	4.95	5	5	4	2
R&D 人员全时当量	4.20	10	7	10	9
财力投入					
R&D 经费投入占 GDP 百分比	4.06	27	9	10	5
企业 R&D 经费投入占主营业务收入比	4.06	27	27	7	5
企业技术获取和改造费用占主营业务收入比	4.39	4	17	8	9
创新成效		21	9	9	1
技术创新					
高新技术产业增加值占规模以上工业增加值比	4.75	11	4	3	1
新增高新技术企业数	4.05	14		10	
入库科技型中小企业数	4.16	14		10	
产业化水平					
新产品销售收入占主营业务收入比	4.12	28	28	11	12

续表

指标名称	得分（分）	全省三类县（市、区）排名		本市排名	
	2019 年	2019 年	2018 年	2019 年	2018 年
万人发明专利授权量	3.91	31	26	13	11
技术合同成交额	4.33	14	13	7	8
经济社会发展		7	16	11	8
经济增长					
GDP 较上一年增长	4.79	16	17	10	6
万人财政收入	4.23	13	14	11	11
社会生活					
居民人均可支配收入	4.45	9	9	10	10
万人社会消费品零售额	4.36	6	6	5	5

如表 3-22，武宁县科技创新能力排在全省三类县（市、区）第 19 位，比上一年下降了 14 位，排在九江市第 10 位，比上一年下降了 7 位。在一级指标中，经济社会发展排在全省三类县（市、区）第 7 位，比上一年提升了 9 位，排在九江市第 11 位，比上一年下降了 3 位；创新投入排在全省三类县（市、区）第 11 位，与上一年位次相同，排在九江市第 10 位，比上一年下降了 2 位；创新成效排在全省三类县（市、区）第 21 位，比上一年下降了 12 位，排在九江市第 9 位，比上一年下降了 8 位；创新环境排在全省三类县（市、区）第 15 位，比上一年下降了 13 位，排在九江市第 9 位，比上一年下降了 7 位。

综上所述，武宁县科技创新能力居全省三类县（市、区）中下游，在万人 GDP、人均科普经费投入、研究人员占 R&D 人员比、企业技术获取和改造费用占主营业务收入比等指标上排名相对靠前，但在开展 R&D 活动的企业占比、R&D 经费投入占 GDP 百分比、企业 R&D 经费投入占主营业务收入比、新产品销售收入占主营业务收入比、万人发明专利授权量等方面排名靠后。建议该县加大科技创新财政投入，大力支持引导企业开展创新活动，注重原始创新，加强对新产品的质量提升，提升科技竞争力。

五、修水县

修水县，位于江西省西北部、九江市西部，是九江市下辖县。2019 年，该县常住人口为 76.50 万人，地区 GDP 为 247.00 亿元。居民人均可支配收入 20 623.20 元，排在全省三类县（市、区）第 20 位，排在九江市第 12 位。万人 GDP 为 3.23 亿元，排在全省三类县（市、区）第 26 位，排在九江市第 12 位。GDP 较上一年增长 8.70%，排在全省三类县（市、区）第 4 位，排在九江市第 3 位。新增高新技术企业 14 家，排在全省三类县（市、区）第 9 位，排在九江市第 8 位。万人专利申请量 33.57 件，排在全省三类县（市、区）第 3 位，排在九江市第 1 位。万人发明专利授权量 0.09 件，排在全省三类县（市、区）第 24 位，排在九江市第 10 位。人均科普经费投入 0.39 元，排在全省三类县（市、区）第 28 位，排在九江市第 10 位。R&D 人员全时当量 919 人·年，排在全省三类县（市、区）第 1 位，排在九江市第 6 位。万人财政收入 0.34 亿元，排在全省三类县（市、区）第 29 位，排在九江市第 12 位。万人社会消费品零售额 0.97 亿元，排在全省三类县（市、区）第 22 位，排在九江市第 11 位（表 3-23）。

表 3-23　修水县（三类）科技创新能力评价指标得分与位次

指标名称	得分（分）	全省三类县（市、区）排名		本市排名	
	2019 年	2019 年	2018 年	2019 年	2018 年
科技创新能力		23	29	11	11
创新环境		18	26	10	12
创新基础					
万人 GDP	3.79	26	26	12	12
规模以上企业数	4.08	16	3	12	7
新增省级及以上人才/平台/载体	4.62	6		4	
科技意识					
万人专利申请量	5.62	3	8	1	3
开展 R&D 活动的企业占比	3.64	30	32	12	12
人均科普经费投入	3.80	28	23	10	8

续表

指标名称	得分（分）	全省三类县（市、区）排名		本市排名	
	2019 年	2019 年	2018 年	2019 年	2018 年
创新投入		14	25	11	11
人力投入					
万人 R&D 人员数	4.01	24	24	11	11
研究人员占 R&D 人员比	4.81	6	23	7	13
R&D 人员全时当量	4.54	1	5	6	7
财力投入					
R&D 经费投入占 GDP 百分比	3.99	29	17	11	9
企业 R&D 经费投入占主营业务收入比	4.08	24	29	5	6
企业技术获取和改造费用占主营业务收入比	4.09	21	21	11	11
创新成效		29	26	11	11
技术创新					
高新技术产业增加值占规模以上工业增加值比	4.12	28	25	10	9
新增高新技术企业数	4.30	9		8	
入库科技型中小企业数	4.05	28		11	
产业化水平					
新产品销售收入占主营业务收入比	4.20	24	22	7	5
万人发明专利授权量	4.03	24	23	10	10
技术合同成交额	3.96	31	33	13	12
经济社会发展		18	30	12	12
经济增长					
GDP 较上一年增长	5.53	4	13	3	4
万人财政收入	3.70	29	28	12	12
社会生活					
居民人均可支配收入	3.59	20	20	12	12
万人社会消费品零售额	3.99	22	23	11	11

　　如表 3-23，修水县科技创新能力排在全省三类县（市、区）第 23 位，比上一年提升了 6 位，排在九江市第 11 位，与上一年位次相同。在一级指

标中，经济社会发展排在全省三类县（市、区）第 18 位，比上一年提升了 12 位，排在九江市第 12 位，与上一年位次相同；创新投入排在全省三类县（市、区）第 14 位，比上一年提升了 11 位，排在九江市第 11 位，与上一年位次相同；创新成效排在全省三类县（市、区）第 29 位，比上一年下降了 3 位，排在九江市第 11 位，与上一年位次相同；创新环境排在全省三类县（市、区）第 18 位，比上一年提升了 8 位，排在九江市第 10 位，比上一年提升了 2 位。

综上所述，修水县科技创新能力居全省三类县（市、区）中下游，在新增省级及以上人才 / 平台 / 载体、万人专利申请量、R&D 人员全时当量、GDP 较上一年增长等方面排名靠前，但在万人财政收入、技术合同成交额、入库科技型中小企业数、R&D 经费投入占 GDP 百分比、开展 R&D 活动的企业占比、人均科普经费投入等方面排名靠后。建议该县加强科普宣传，积极鼓励企业加大研发投入，加速科技型中小企业培育，强化科技成果转移转化能力，促进当地经济发展。

六、永修县

永修县，位于江西省北部、九江市南部，是九江市下辖县。2019 年，该县常住人口为 37.30 万人，地区 GDP 为 242.75 亿元。居民人均可支配收入 28 365.94 元，排在全省二类县（市、区）第 5 位，排在九江市第 5 位。万人 GDP 为 6.51 亿元，排在全省二类县（市、区）第 2 位，排在九江市第 6 位。GDP 较上一年增长 8.4%，排在全省二类县（市、区）第 5 位，排在九江市第 6 位。新增高新技术企业 27 家，排在全省二类县（市、区）第 3 位，排在九江市第 1 位。开展 R&D 活动的企业占比 39.05%，排在全省二类县（市、区）第 22 位，排在九江市第 7 位。万人专利申请量 11.23，排在全省二类县（市、区）第 18 位，排在九江市第 10 位。万人发明专利授权量 0.32 件，排在全省二类县（市、区）第 10 位，排在九江市第 6 位。万人 R&D 人员数 31.69 人，排在全省二类县（市、区）第 8 位，排在九江市第 9 位。R&D 人员全时当量 797 人·年，排在全省二类县（市、区）第 9 位，排在九江市第 7 位。企业技

术获取和改造费用占主营业务收入比 0.05%，排在全省二类县（市、区）第 8
位，排在九江市第 9 位。新产品销售收入占主营业务收入比 4.39%，排在全省
二类县（市、区）第 28 位，排在九江市第 10 位。万人社会消费品零售额 1.34
亿元，排在全省二类县（市、区）第 12 位，排在九江市第 7 位（表 3-24）。

表 3-24   永修县（二类）科技创新能力评价指标得分与位次

指标名称	得分（分）	全省二类县（市、区）排名		本市排名	
	2019 年	2019 年	2018 年	2019 年	2018 年
科技创新能力		8	15	7	8
创新环境		13	2	7	4
创新基础					
万人 GDP	5.05	2	6	6	9
规模以上企业数	5.07	5	6	5	3
新增省级及以上人才 / 平台 / 载体	4.74	9		1	
科技意识					
万人专利申请量	3.94	18	14	10	7
开展 R&D 活动的企业占比	4.16	22	3	7	1
人均科普经费投入	4.10	19	24	7	13
创新投入		14	19	8	10
人力投入					
万人 R&D 人员数	4.56	8	11	9	9
研究人员占 R&D 人员比	4.91	5	22	6	10
R&D 人员全时当量	4.43	9	12	7	8
财力投入					
R&D 经费投入占 GDP 百分比	4.09	24	8	9	4
企业 R&D 经费投入占主营业务收入比	4.06	26	20	6	4
企业技术获取和改造费用占主营业务收入比	4.27	8	6	9	6
创新成效		7	18	5	6
技术创新					

续表

指标名称	得分（分）	全省二类县 （市、区）排名		本市排名	
	2019 年	2019 年	2018 年	2019 年	2018 年
高新技术产业增加值占规模以上工业增加值比	4.67	10	22	4	7
新增高新技术企业数	5.36	3		1	
入库科技型中小企业数	4.31	11		5	
产业化水平					
新产品销售收入占主营业务收入比	4.15	28	20	10	6
万人发明专利授权量	4.31	10	8	6	6
技术合同成交额	4.27	11	9	8	6
经济社会发展		3	14	8	9
经济增长					
GDP 较上一年增长	5.09	5	14	6	6
万人财政收入	4.73	5	5	9	9
社会生活					
居民人均可支配收入	4.73	5	5	5	5
万人社会消费品零售额	4.23	12	12	7	7

如表 3-24，永修县科技创新能力排在全省二类县（市、区）第 8 位，比上一年提升了 7 位，排在九江市第 7 位，比上一年提升了 1 位。在一级指标中，经济社会发展排在全省二类县（市、区）第 3 位，比上一年提升了 11 位，排在九江市第 8 位，比上一年提升了 1 位；创新投入排在全省二类县（市、区）第 14 位，比上一年提升了 5 位，排在九江市第 8 位，比上一年提升了 2 位；创新成效排在全省二类县（市、区）第 7 位，比上一年提升了 11 位，排在九江市第 5 位，比上一年提升了 1 位；创新环境排在全省二类县（市、区）第 13 位，比上一年下降了 11 位，排在九江市第 7 位，比上一年下降了 3 位。

综上所述，永修县科技创新能力居全省二类县（市、区）前列，其中万人 GDP、规模以上企业数、新增高新技术企业数、万人财政收入等指标排名

靠前，但开展 R&D 活动的企业占比、R&D 经费投入占 GDP 百分比、企业
R&D 经费投入占主营业务收入比、新产品销售收入占主营业务收入比排名靠
后，短板明显。建议该县大力引导企业增加研发投入，开展科技创新活动，
特别是对新产品的研发投产，带动产业升级。

七、德安县

德安县，位于江西省北部、九江市南部，是九江市下辖县。2019 年，该
县常住人口为 16.18 万人，地区 GDP 为 143.35 亿元。居民人均可支配收入
29 168.02 元，排在全省二类县（市、区）第 2 位，排在九江市第 4 位。万人
GDP 为 8.86 亿元，排在全省二类县（市、区）第 1 位，排在九江市第 4 位。
GDP 较上一年增长 8.3%，排在全省二类县（市、区）第 8 位，排在九江市第
8 位。新增高新技术企业 17 家，排在全省二类县（市、区）第 9 位，排在九
江市第 7 位。开展 R&D 活动的企业占比 40.96%，排在全省二类县（市、区）
第 19 位，排在九江市第 5 位。万人专利申请量 21.08 件，排在全省二类县
（市、区）第 4 位，排在九江市第 5 位。万人发明专利授权量 0.19 件，排在全
省二类县（市、区）第 16 位，排在九江市第 8 位。人均科普经费投入 0.49 元，
排在全省二类县（市、区）第 21 位，排在九江市第 9 位。万人 R&D 人员数
60.63 人，排在全省二类县（市、区）第 1 位，排在九江市第 4 位。R&D 人
员全时当量 734 人·年，排在全省二类县（市、区）第 11 位，排在九江市
第 9 位。企业技术获取和改造费用占主营业务收入比 0.14%，排在全省二类
县（市、区）第 6 位，排在九江市第 3 位。万人财政收入 1.37 亿元，排在全
省二类县（市、区）第 1 位，排在九江市第 3 位。万人社会消费品零售额 1.76
亿元，排在全省二类县（市、区）第 4 位，排在九江市第 4 位（表 3-25）。

表 3-25　德安县（二类）科技创新能力评价指标得分与位次

指标名称	得分（分）	全省二类县（市、区）排名		本市排名	
	2019 年	2019 年	2018 年	2019 年	2018 年
科技创新能力		3	4	6	6

续表

指标名称	得分（分）	全省二类县（市、区）排名		本市排名	
	2019 年	2019 年	2018 年	2019 年	2018 年
创新环境		5	3	4	6
创新基础					
万人 GDP	5.95	1	1	4	4
规模以上企业数	5.47	1	10	2	8
新增省级及以上人才 / 平台 / 载体	3.89	24		9	
科技意识					
万人专利申请量	4.68	4	6	5	5
开展 R&D 活动的企业占比	4.34	19	26	5	9
人均科普经费投入	4.01	21	7	9	7
创新投入		10	13	6	9
人力投入					
万人 R&D 人员数	5.43	1	2	4	4
研究人员占 R&D 人员比	4.53	9	10	9	6
R&D 人员全时当量	4.37	11	19	9	11
财力投入					
R&D 经费投入占 GDP 百分比	4.11	22	17	8	8
企业 R&D 经费投入占主营业务收入比	4.00	29	29	11	11
企业技术获取和改造费用占主营业务收入比	4.63	6	3	3	5
创新成效		18	8	7	2
技术创新					
高新技术产业增加值占规模以上工业增加值比	4.21	19	8	8	2
新增高新技术企业数	4.54	9		7	
入库科技型中小企业数	4.18	20		8	
产业化水平					
新产品销售收入占主营业务收入比	4.17	26	25	9	10
万人发明专利授权量	4.14	16	17	8	8
技术合同成交额	4.72	2	2	2	2

续表

指标名称	得分（分）	全省二类县（市、区）排名		本市排名	
	2019 年	2019 年	2018 年	2019 年	2018 年
经济社会发展		1	1	4	4
经济增长					
GDP 较上一年增长	4.94	8	4	8	2
万人财政收入	6.14	1	1	3	4
社会生活					
居民人均可支配收入	4.84	2	2	4	4
万人社会消费品零售额	4.51	4	5	4	3

如表 3-25，德安县科技创新能力排在全省二类县（市、区）第 3 位，比上一年提升了 1 位，排在九江市第 6 位，与上一年位次相同。在一级指标中，经济社会发展排在全省二类县（市、区）第 1 位，排在九江市第 4 位，都与上一年位次相同；创新投入排在全省二类县（市、区）第 10 位，排在九江市第 6 位，都比上一年提升了 3 位；创新成效排在全省二类县（市、区）第 18 位，比上一年降低了 10 位，排在九江市第 7 位，比上一年降低了 5 位；创新环境排在全省二类县（市、区）第 5 位，比上一年降低了 2 位，排在九江市第 4 位，比上一年提升了 2 位。

综上所述，德安县科技创新能力居全省二类县（市、区）前列，其中万人 GDP、规模以上企业数、万人 R&D 人员数、万人财政收入指标居全省二类县（市、区）首位，但人均科普经费投入、R&D 经费投入占 GDP 百分比、企业 R&D 经费投入占主营业务收入比、新产品销售收入占主营业务收入比等方面排名靠后。建议该县加大科普宣传力度，鼓励企业增加科研投入，加速对新产品的研发，不断提高企业综合实力。

八、都昌县

都昌县，位于江西省北部，是九江市下辖县。2019 年，该县常住人口为 73.99 万人，地区 GDP 为 208.74 亿元。居民人均可支配收入 17 425.80 元，排在全省二类县（市、区）第 33 位，排在九江市第 13 位。万人 GDP 为 2.82 亿元，排在全省二类县（市、区）第 26 位，排在九江市第 13 位。GDP 较上一年增长 8.1%，排在全省二类县（市、区）第 16 位，排在九江市第 12 位。新增高新技术企业 6 家，排在全省二类县（市、区）第 29 位，排在九江市第 13 位。开展 R&D 活动的企业占比 31.10%，排在全省二类县（市、区）第 29 位，排在九江市第 13 位。万人专利申请量 4.16 件，排在全省二类县（市、区）第 31 位，排在九江市第 13 位。研究人员占 R&D 人员比为 26.12%，排在全省二类县（市、区）第 16 位，排在九江市第 11 位。新增省级及以上人才 / 平台 / 载体 1 个，排在全省二类县（市、区）第 31 位，排在九江市第 12 位。新产品销售收入占主营业务收入比 2.36%，排在全省二类县（市、区）第 32 位，排在九江市第 12 位。万人社会消费品零售额 0.90 亿元，排在全省二类县（市、区）第 26 位，排在九江市第 13 位（表 3-26）。

表 3-26　都昌县（二类）科技创新能力评价指标得分与位次

指标名称	得分（分）	全省二类县（市、区）排名		本市排名	
	2019 年	2019 年	2018 年	2019 年	2018 年
科技创新能力		32	30	13	13
创新环境		31	28	13	13
创新基础					
万人 GDP	3.64	26	30	13	13
规模以上企业数	3.82	27	20	13	10
新增省级及以上人才 / 平台 / 载体	3.64	31		12	
科技意识					
万人专利申请量	3.41	31	31	13	13
开展 R&D 活动的企业占比	3.41	29	28	13	10
人均科普经费投入	3.58	29	16	11	9
创新投入		31	30	13	13
人力投入					
万人 R&D 人员数	3.73	29	29	13	13
研究人员占 R&D 人员比	4.27	16	23	11	11

续表

指标名称	得分（分）	全省二类县（市、区）排名		本市排名	
	2019 年	2019 年	2018 年	2019 年	2018 年
R&D 人员全时当量	3.88	28	27	12	13
财力投入					
R&D 经费投入占 GDP 百分比	3.89	30	30	13	13
企业 R&D 经费投入占主营业务收入比	4.05	27	31	8	12
企业技术获取和改造费用占主营业务收入比	4.09	29	28	11	13
创新成效		30	26	13	10
技术创新					
高新技术产业增加值占规模以上工业增加值比	3.74	29	27	12	10
新增高新技术企业数	3.65	29		13	
入库科技型中小企业数	4.01	27		13	
产业化水平					
新产品销售收入占主营业务收入比	4.08	32	24	12	9
万人发明专利授权量	3.98	27	31	12	12
技术合同成交额	3.97	29	32	12	13
经济社会发展		31	32	13	13
经济增长					
GDP 较上一年增长	4.65	16	18	12	9
万人财政收入	3.39	31	30	13	13
社会生活					
居民人均可支配收入	3.12	33	33	13	13
万人社会消费品零售额	3.94	26	25	13	13

如表 3-26，都昌县科技创新能力排在全省二类县（市、区）第 32 位，比上一年下降了 2 位，排在九江市第 13 位，与上一年位次相同。在一级指标中，经济社会发展排在全省二类县（市、区）第 31 位，比上一年提升了 1 位，排在九江市第 13 位，与上一年位次相同；创新投入排在全省二类县（市、区）第 31 位，比上一年下降了 1 位，排在九江市第 13 位，与上一年位次相同；

创新成效排在全省二类县（市、区）第 30 位，比上一年下降了 4 位，排在九江市第 13 位，比上一年下降了 3 位；创新环境排在全省二类县（市、区）第 31 位，比上一年下降了 3 位，排在九江市第 13 位，与上一年位次相同。

综上所述，都昌县科技创新能力在全省二类县（市、区）排名靠后，各项指标排名都偏低，其中新增省级及以上人才 / 平台 / 载体、万人专利申请量、居民人均可支配收入、新产品销售收入占主营业务收入比等方面排名靠后。建议该县提高创新意识、加强创新引导、调整产业结构、营造创新氛围，不断提高经济发展水平。

九、湖口县

湖口县，位于江西省北部、九江市东部，是九江市下辖县。2019 年，该县常住人口为 28.65 万人，地区 GDP 为 235.17 亿元。居民人均可支配收入 27 671.89 元，排在全省一类县（市、区）第 25 位，排在九江市第 6 位。万人 GDP 为 8.21 亿元，排在全省一类县（市、区）第 13 位，排在九江市第 5 位。GDP 较上一年增长 8.30%，排在全省一类县（市、区）第 13 位，排在九江市第 8 位。新增省级及以上人才 / 平台 / 载体 8 个，排在全省一类县（市、区）第 12 位，排在九江市第 1 位。开展 R&D 活动的企业占比 40.00%，排在全省一类县（市、区）第 18 位，排在九江市第 6 位。万人专利申请量 13.33 件，排在全省一类县（市、区）第 25 位，排在九江市第 9 位。万人发明专利授权量 0.49 件，排在全省一类县（市、区）第 15 位，排在九江市第 4 位。万人 R&D 人员数 64.68 人，排在全省一类县（市、区）第 6 位，排在九江市第 3 位。R&D 人员全时当量 1471 人·年，排在全省一类县（市、区）第 16 位，排在九江市第 3 位。新增高新技术企业 19 家，排在全省一类县（市、区）第 20 位，排在九江市第 4 位。新产品销售收入占主营业务收入比 15.15%，排在全省一类县（市、区）第 14 位，排在九江市第 1 位。万人财政收入 1.51 亿元，排在全省一类县（市、区）第 4 位，排在九江市第 2 位。万人社会消费品零售额 1.22 亿元，排在全省一类县（市、区）第 26 位，排在九江市第 10 位（表 3-27）。

表 3-27 湖口县（一类）科技创新能力评价指标得分与位次

指标名称	得分（分）	全省一类县（市、区）排名		本市排名	
	2019 年	2019 年	2018 年	2019 年	2018 年
科技创新能力		15	24	3	7
创新环境		20	23	6	8
创新基础					
万人 GDP	5.70	13	19	5	5
规模以上企业数	4.59	22	25	8	10
新增省级及以上人才 / 平台 / 载体	4.74	12		1	
科技意识					
万人专利申请量	4.10	25	27	9	9
开展 R&D 活动的企业占比	4.25	18	14	6	5
人均科普经费投入	3.57	28	23	12	11
创新投入		8	9	2	1
人力投入					
万人 R&D 人员数	5.55	6	13	3	5
研究人员占 R&D 人员比	4.58	17	19	8	9
R&D 人员全时当量	5.04	16	20	3	3
财力投入					
R&D 经费投入占 GDP 百分比	3.96	31	8	12	2
企业 R&D 经费投入占主营业务收入比	3.96	28	19	12	3
企业技术获取和改造费用占主营业务收入比	7.49	3	4	1	1
创新成效		17	29	1	8
技术创新					
高新技术产业增加值占规模以上工业增加值比	5.40	3	29	1	11
新增高新技术企业数	4.70	20		4	
入库科技型中小企业数	4.20	30		7	
产业化水平					
新产品销售收入占主营业务收入比	4.48	14	22	1	4
万人发明专利授权量	4.51	15	24	4	5

续表

指标名称	得分（分）	全省一类县（市、区）排名		本市排名	
	2019 年	2019 年	2018 年	2019 年	2018 年
技术合同成交额	4.47	14	15	5	5
经济社会发展		15	27	5	10
经济增长					
GDP 较上一年增长	4.94	13	21	8	10
万人财政收入	6.48	4	4	2	2
社会生活					
居民人均可支配收入	4.62	25	25	6	7
万人社会消费品零售额	4.15	26	26	10	10

如表 3-27，湖口县科技创新能力排在全省一类县（市、区）第 15 位，比上一年提升了 9 位，排在九江市第 3 位，比上一年提升了 4 位。在一级指标中，经济社会发展排在全省一类县（市、区）第 15 位，比上一年提升了 12 位，排在九江市第 5 位，比上一年提升了 5 位；创新投入排在全省一类县（市、区）第 8 位，比上一年提升了 1 位，排在九江市第 2 位，比上一年下降了 1 位；创新成效排在全省一类县（市、区）第 17 位，比上一年提升了 12 位，排在九江市第 1 位，比上一年提升了 7 位；创新环境排在全省一类县（市、区）第 20 位，比上一年提升了 3 位，排在九江市第 6 位，比上一年提升了 2 位。

综上所述，湖口县企业技术获取和改造费用占主营业务收入比、高新技术产业增加值占规模以上工业增加值比、万人财政收入均排在全省一类县（市、区）前列，但在 R&D 经费投入占 GDP 百分比、入库科技型中小企业数、企业 R&D 经费投入占主营业务收入比等方面排名相对靠后。建议该县加大财政科技投入，引导支持企业加大研发投入，增强对科技型中小企业培育力度，促进经济高质量发展。

十、彭泽县

彭泽县，位于江西省北部，是九江市下辖县。2019年，该县常住人口为36.48万人，地区GDP为167.64亿元。居民人均可支配收入26 165.25元，排在全省一类县（市、区）第30位，排在九江市第11位。万人GDP为4.60亿元，排在全省一类县（市、区）第25位，排在九江市第10位。GDP较上一年增长8.80%，排在全省一类县（市、区）第4位，排在九江市第2位。新增省级及以上人才/平台/载体6个，排在全省一类县（市、区）第25位，排在九江市第8位。万人专利申请量6.94件，排在全省一类县（市、区）第32位，排在九江市第11位。万人发明专利授权量0.05件，排在全省一类县（市、区）第33位，排在九江市第11位。万人R&D人员数39.53人，排在全省一类县（市、区）第16位，排在九江市第6位。研究人员占R&D人员比为26.07%，排在全省一类县（市、区）第25位，排在九江市第12位。新增高新技术企业8家，排在全省一类县（市、区）第32位，排在九江市第11位。新产品销售收入占主营业务收入比10.11%，排在全省一类县（市、区）第20位，排在九江市第3位。万人财政收入0.76亿元，排在全省一类县（市、区）第19位，排在九江市第10位。万人社会消费品零售额0.93亿元，排在全省一类县（市、区）第31位，排在九江市第12位（表3-28）。

表3-28　彭泽县（一类）科技创新能力评价指标得分与位次

指标名称	得分（分）	全省一类县（市、区）排名		本市排名	
	2019年	2019年	2018年	2019年	2018年
科技创新能力		32	28	9	10
创新环境		29	27	11	11
创新基础					
万人GDP	4.32	25	25	10	10
规模以上企业数	4.71	19	19	7	6
新增省级及以上人才/平台/载体	4.25	25		8	
科技意识					

续表

指标名称	得分（分）	全省一类县（市、区）排名		本市排名	
	2019 年	2019 年	2018 年	2019 年	2018 年
万人专利申请量	3.62	32	32	11	11
开展 R&D 活动的企业占比	4.49	13	22	4	7
人均科普经费投入	4.02	19	12	8	4
创新投入		26	21	7	5
人力投入					
万人 R&D 人员数	4.79	16	21	6	8
研究人员占 R&D 人员比	4.26	25	13	12	5
R&D 人员全时当量	4.75	20	24	5	6
财力投入					
R&D 经费投入占 GDP 百分比	4.22	21	16	5	6
企业 R&D 经费投入占主营业务收入比	4.13	19	24	4	7
企业技术获取和改造费用占主营业务收入比	4.63	9	10	4	4
创新成效		33	22	10	5
技术创新					
高新技术产业增加值占规模以上工业增加值比	4.58	19	24	6	6
新增高新技术企业数	3.81	32		11	
入库科技型中小企业数	4.24	28		6	
产业化水平					
新产品销售收入占主营业务收入比	4.32	20	27	3	8
万人发明专利授权量	3.98	33	10	11	1
技术合同成交额	4.33	18	17	6	7
经济社会发展		20	28	9	11
经济增长					
GDP 较上一年增长	5.67	4	11	2	3
万人财政收入	4.69	19	19	10	10
社会生活					
居民人均可支配收入	4.40	30	30	11	11
万人社会消费品零售额	3.96	31	31	12	12

　　如表 3-28，彭泽县科技创新能力排在全省一类县（市、区）第 32 位，比上一年下降了 4 位，排在九江市第 9 位，比上一年提升了 1 位。在一级指标中，经济社会发展排在全省一类县（市、区）第 20 位，比上一年提升了 8 位，排在九江市第 9 位，比上一年提升了 2 位；创新投入排在全省一类县（市、区）第 26 位，比上一年下降了 5 位，排在九江市第 7 位，比上一年下降了 2 位；创新成效排在全省一类县（市、区）第 33 位，比上一年下降了 11 位，排在九江市第 10 位，比上一年下降了 5 位；创新环境排在全省一类县（市、区）第 29 位，比上一年下降了 2 位，排在九江市第 11 位，与上一年位次相同。

　　综上所述，彭泽县 GDP 较上一年增长、企业技术获取和改造费用占主营业务收入比在全省一类县（市、区）排名靠前，但在万人专利申请量、万人发明专利授权量、新增高新技术企业数等方面排名靠后，且较上一年均有所下降。建议该县加强科普宣传，强化创新意识，巩固创新基础，加速高新技术企业的引进和培育，以科技创新引领经济发展。

十一、瑞昌市

　　瑞昌市，位于江西省北部偏西、九江市西部，是九江市下辖县级市。2019 年，该市常住人口为 43.31 万人，地区 GDP 为 257.78 亿元。居民人均可支配收入 27 353.70 元，排在全省一类县（市、区）第 26 位，排在九江市第 8 位。万人 GDP 为 5.95 亿元，排在全省一类县（市、区）第 19 位，排在九江市第 7 位。GDP 较上一年增长 8.40%，排在全省一类县（市、区）第 12 位，排在九江市第 6 位。新增省级及以上人才 / 平台 / 载体 8 个，排在全省一类县（市、区）第 20 位，排在九江市第 6 位。万人专利申请量 15.45 件，排在全省一类县（市、区）第 22 位，排在九江市第 7 位。万人发明专利授权量 0.25 件，排在全省一类县（市、区）第 24 位，排在九江市第 7 位。人均科普经费投入 0.85 元，排在全省一类县（市、区）第 13 位，排在九江市第 4 位。万人 R&D 人员数 38.61 人，排在全省一类县（市、区）第 17 位，排在九江市第 7 位。R&D 人员全时当量 1171 人·年，排在全省一类县（市、区）第 19 位，排在九江市第 4 位。企业技术获取和改造费用占主营业务收入比 0.08%，排在全省一类县（市、区）第 13 位，排在九江市第 7 位。新增高新技术企业 18 家，排在全省一类县（市、区）第 23 位，排在九江市第 6 位。万人财政收入 0.92 亿元，排在全省一类县（市、区）第 14 位，排在九江市第 6 位。万人社会消费品零售额 1.32 亿元，排在全省一类县（市、区）第 24 位，排在九江市第 8 位（表 3-29）。

表 3-29　瑞昌市（一类）科技创新能力评价指标得分与位次

指标名称	得分（分）	全省一类县（市、区）排名		本市排名	
	2019 年	2019 年	2018 年	2019 年	2018 年
科技创新能力		30	27	8	9
创新环境		24	21	8	7
创新基础					
万人 GDP	4.84	19	23	7	7
规模以上企业数	4.92	16	16	6	2
新增省级及以上人才 / 平台 / 载体	4.50	20		6	
科技意识					
万人专利申请量	4.26	22	24	7	6
开展 R&D 活动的企业占比	3.79	24	23	11	8
人均科普经费投入	4.74	13	12	4	4
创新投入		28	22	9	6
人力投入					
万人 R&D 人员数	4.77	17	14	7	6
研究人员占 R&D 人员比	4.13	27	29	13	12
R&D 人员全时当量	4.77	19	17	4	2
财力投入					
R&D 经费投入占 GDP 百分比	4.11	25	10	7	3
企业 R&D 经费投入占主营业务收入比	4.00	26	17	10	1
企业技术获取和改造费用占主营业务收入比	4.41	13	26	7	7

续表

指标名称	得分（分）	全省一类县（市、区）排名		本市排名	
	2019 年	2019 年	2018 年	2019 年	2018 年
创新成效		28	28	6	7
技术创新					
高新技术产业增加值占规模以上工业增加值比	4.44	24	20	7	5
新增高新技术企业数	4.62	23		6	
入库科技型中小企业数	4.35	25		4	
产业化水平					
新产品销售收入占主营业务收入比	4.29	21	21	4	3
万人发明专利授权量	4.22	24	33	7	9
技术合同成交额	4.27	21	18	9	9
经济社会发展		18	24	7	7
经济增长					
GDP 较上一年增长	5.09	12	3	6	1
万人财政收入	5.08	14	15	6	6
社会生活					
居民人均可支配收入	4.58	26	26	8	8
万人社会消费品零售额	4.22	24	24	8	8

如表 3-29，瑞昌市科技创新能力排在全省一类县（市、区）第 30 位，比上一年下降了 3 位，排在九江市第 8 位，比上一年提升了 1 位。在一级指标中，经济社会发展排在全省一类县（市、区）第 18 位，比上一年提升了 6 位，排在九江市第 7 位，与上一年位次相同；创新投入排在全省一类县（市、区）第 28 位，比上一年下降了 6 位，排在九江市第 9 位，比上一年下降了 3 位；创新成效排在全省一类县（市、区）第 28 位，与上一年位次相同，排在九江市第 6 位，比上一年提升了 1 位；创新环境排在全省一类县（市、区）第 24 位，比上一年下降了 3 位，排在九江市第 8 位，比上一年下降了 1 位。

综上所述，瑞昌市人均科普经费投入、企业技术获取和改造费用占主营业务收入比在全省一类县（市、区）排名相对靠前，但在企业 R&D 经费投入占主营业务收入比、研究人员占 R&D 人员比、万人发明专利授权量等方面排名靠后。建议该市加大科技创新投入，加快创新平台建设，加强科技人才培养，提高科技对经济发展的支撑能力。

十二、共青城市

共青城市，位于江西省北部、九江市南部，是九江市下辖县级市。2019年，该市常住人口为 13.68 万人，地区 GDP 为 147.45 亿元。居民人均可支配收入 31 356.66 元，排在全省一类县（市、区）第 18 位，排在九江市第 3 位。万人 GDP 为 10.78 亿元，排在全省一类县（市、区）第 7 位，排在九江市第 2 位。GDP 较上一年增长 8.60%，排在全省一类县（市、区）第 7 位，排在九江市第 4 位。新增省级及以上人才 / 平台 / 载体 3 个，排在全省一类县（市、区）第 31 位，排在九江市第 9 位。开展 R&D 活动的企业占比 36.20%，排在全省一类县（市、区）第 20 位，排在九江市第 9 位。万人专利申请量 27.19件，排在全省一类县（市、区）第 13 位，排在九江市第 3 位。万人发明专利授权量 0.73 件，排在全省一类县（市、区）第 9 位，排在九江市第 2 位。人均科普经费投入 0.91 元，排在全省一类县（市、区）第 12 位，排在九江市第 3 位。万人 R&D 人员数 60.01 人，排在全省一类县（市、区）第 8 位，排在九江市第 5 位。R&D 人员全时当量 529 人·年，排在全省一类县（市、区）第 28 位，排在九江市第 11 位。新增高新技术企业 27 家，排在全省一类县（市、区）第 9 位，排在九江市第 1 位。新产品销售收入占主营业务收入比7.77%，排在全省一类县（市、区）第 24 位，排在九江市第 5 位。万人财政收入 2.02 亿元，排在全省一类县（市、区）第 2 位，排在九江市第 1 位。万人社会消费品零售额 2.42 亿元，排在全省一类县（市、区）第 15 位，排在九江市第 3 位（表 3-30）。

表 3-30 共青城市（一类）科技创新能力评价指标得分与位次

指标名称	得分（分）	全省一类县（市、区）排名		本市排名	
	2019 年	2019 年	2018 年	2019 年	2018 年
科技创新能力		12	20	2	4
创新环境		9	6	2	1
创新基础					
万人 GDP	6.68	7	7	2	3
规模以上企业数	6.78	3	18	1	5
新增省级及以上人才／平台／载体	3.89	31		9	
科技意识					
万人专利申请量	5.14	13	4	3	1
开展 R&D 活动的企业占比	3.89	20	26	9	11
人均科普经费投入	4.86	12	2	3	1
创新投入		14	23	4	7
人力投入					
万人 R&D 人员数	5.41	8	10	5	2
研究人员占 R&D 人员比	5.89	8	10	2	4
R&D 人员全时当量	4.19	28	27	11	10
财力投入					
R&D 经费投入占 GDP 百分比	4.76	12	20	2	7
企业 R&D 经费投入占主营业务收入比	4.54	9	26	1	8
企业技术获取和改造费用占主营业务收入比	4.10	28	30	10	10
创新成效		23	30	4	9
技术创新					
高新技术产业增加值占规模以上工业增加值比	3.55	30	25	13	8
新增高新技术企业数	5.36	9		1	
入库科技型中小企业数	4.18	31		8	
产业化水平					
新产品销售收入占主营业务收入比	4.25	24	31	5	11
万人发明专利授权量	4.81	9	23	2	4

续表

指标名称	得分（分）	全省一类县（市、区）排名		本市排名	
	2019 年	2019 年	2018 年	2019 年	2018 年
技术合同成交额	5.31	7	8	1	1
经济社会发展		4	13	1	2
经济增长					
GDP 较上一年增长	5.38	7	15	4	6
万人财政收入	7.68	2	2	1	1
社会生活					
居民人均可支配收入	5.16	18	18	3	3
万人社会消费品零售额	4.95	15	13	3	2

如表 3-30，共青城市科技创新能力排在全省一类县（市、区）第 12 位，比上一年提升了 8 位，排在九江市第 2 位，比上一年提升了 2 位。在一级指标中，经济社会发展排在全省一类县（市、区）第 4 位，比上一年提升了 9 位，排在九江市第 1 位，比上一年提升了 1 位；创新投入排在全省一类县（市、区）第 14 位，比上一年提升了 9 位，排在九江市第 4 位，比上一年提升了 3 位；创新成效排在全省一类县（市、区）第 23 位，比上一年提升了 7 位，排在九江市第 4 位，比上一年提升了 5 位；创新环境排在全省一类县（市、区）第 9 位，比上一年下降了 3 位，排在九江市第 2 位，比上一年下降了 1 位。

综上所述，共青城市万人财政收入、规模以上企业数、GDP 较上一年增长、技术合同成交额、万人 GDP 排在全省一类县（市、区）前列，但在高新技术产业增加值占规模以上工业增加值比、入库科技型中小企业数、新增省级及以上人才 / 平台 / 载体等方面排名靠后。建议该市积极搭建科技创新平台，集聚科技创新型人才，加速产业转型升级，加快培育高新技术企业，促进经济高质量发展。

十三、庐山市

庐山市，原名星子县，2016年5月撤星子县改为庐山市，位于江西省北部，九江市南部，是九江市下辖县级市。2019年，该市常住人口为24.64万人，地区GDP为138.53亿元。居民人均可支配收入27 544.78元，排在全省三类县（市、区）第7位，排在九江市第7位。万人GDP为5.62亿元，排在全省三类县（市、区）第3位，排在九江市第9位。GDP较上一年增长8.20%，排在全省三类县（市、区）第16位，排在九江市第10位。新增高新技术企业8家，排在全省三类县（市、区）第20位，排在九江市第11位。人均科普经费投入0.63元，排在全省三类县（市、区）第22位，排在九江市第6位。开展R&D活动的企业占比43.61%，排在全省三类县（市、区）第16位，排在九江市第3位。万人R&D人员数10.27人，排在全省三类县（市、区）第29位，排在九江市第12位。R&D人员全时当量182人·年，排在全省三类县（市、区）第27位，排在九江市第13位。新产品销售收入占主营业务收入比0.37%，排在全省三类县（市、区）第32位，排在九江市第13位。万人财政收入0.82亿元，排在全省三类县（市、区）第4位，排在九江市第7位。万人社会消费品零售额1.38亿元，排在全省三类县（市、区）第9位，排在九江市第6位（表3-31）。

表3-31　庐山市（三类）科技创新能力评价指标得分与位次

指标名称	得分（分）	全省三类县（市、区）排名		本市排名	
	2019年	2019年	2018年	2019年	2018年
科技创新能力		28	31	12	12
创新环境		24	24	12	10
创新基础					
万人GDP	4.71	3	4	9	6
规模以上企业数	4.25	12	15	11	13
新增省级及以上人才/平台/载体	3.64	26		12	
科技意识					
万人专利申请量	3.47	32	32	12	12

续表

指标名称	得分（分）	全省三类县（市、区）排名		本市排名	
	2019 年	2019 年	2018 年	2019 年	2018 年
开展 R&D 活动的企业占比	4.59	16	19	3	4
人均科普经费投入	4.30	22	25	6	9
创新投入		28	29	12	12
人力投入					
万人 R&D 人员数	3.92	29	26	12	12
研究人员占 R&D 人员比	4.33	11	13	10	8
R&D 人员全时当量	3.87	27	25	13	12
财力投入					
R&D 经费投入占 GDP 百分比	4.15	25	32	6	12
企业 R&D 经费投入占主营业务收入比	4.02	29	32	9	13
企业技术获取和改造费用占主营业务收入比	4.09	21	23	11	12
创新成效		31	32	12	13
技术创新					
高新技术产业增加值占规模以上工业增加值比	4.20	27	31	9	12
新增高新技术企业数	3.81	20		11	
入库科技型中小企业数	4.04	30		12	
产业化水平					
新产品销售收入占主营业务收入比	4.02	32	32	13	13
万人发明专利授权量	4.11	14	30	9	13
技术合同成交额	4.21	21	20	10	10
经济社会发展		4	7	10	5
经济增长					
GDP 较上一年增长	4.79	16	27	10	12
万人财政收入	4.83	4	4	7	7
社会生活					
居民人均可支配收入	4.60	7	7	7	6
万人社会消费品零售额	4.26	9	10	6	6

如表 3-31，庐山市科技创新能力排在全省三类县（市、区）第 28 位，比上一年提升了 3 位，排在九江市第 12 位，与上一年位次相同。在一级指标中，经济社会发展排在全省三类县（市、区）第 4 位，比上一年提升了 3 位，排在九江市第 10 位，比上一年下降了 5 位；创新投入排在全省三类县（市、区）第 28 位，比上一年提升了 1 位，排在九江市第 12 位，与上一年位次相同；创新成效排在全省三类县（市、区）第 31 位，排在九江市第 12 位，都比上一年提升了 1 位；创新环境排在全省三类县（市、区）第 24 位，与上一年位次相同，排在九江市第 12 位，比上一年下降了 2 位。

综上所述，庐山市科技创新能力居全省三类县（市、区）下游，在万人 GDP、万人财政收入、居民人均可支配收入等方面具有一定优势，但在新增省级及以上人才／平台／载体、万人专利申请量、万人 R&D 人员数、入库科技型中小企业数、新产品销售收入占主营业务收入比等方面短板明显。建议该市强化科技创新意识，营造创新环境，大力支持引导企业自主创新，加大新产品的研发投产，加速对科技型中小企业和科技创新平台／载体的培育建设，不断推进经济高质量发展。

第五节　新余市

一、渝水区

渝水区，位于江西省中部偏西、新余市东部，新余市市辖区。2019 年，该区常住人口为 87.30 万人，地区 GDP 为 793.24 亿元。居民人均可支配收入 36 458.85 元，排在全省一类县（市、区）第 12 位，排在新余市第 1 位。万人 GDP 为 9.09 亿元，排在全省一类县（市、区）第 10 位，排在新余市第 1 位。GDP 较上一年增长 7.50%，排在全省一类县（市、区）第 23 位，排在新余市第 2 位。新增省级及以上人才／平台／载体 20 个，排在全省一类县（市、区）第 5 位，排在新余市第 1 位。开展 R&D 活动的企业占比 34.48%，排在全省一类县（市、区）第 26 位，排在新余市第 2 位。万人专利申请量

34.90 件，排在全省一类县（市、区）第 8 位，排在新余市第 1 位。万人发明专利授权量 0.68 件，排在全省一类县（市、区）第 11 位，排在新余市第 1 位。研究人员占 R&D 人员比为 37.03%，排在全省一类县（市、区）第 12 位，排在新余市第 1 位。R&D 人员全时当量 2011 人·年，排在全省一类县（市、区）第 8 位，排在新余市第 1 位。新增高新技术企业 26 家，排在全省一类县（市、区）第 11 位，排在新余市第 1 位。新产品销售收入占主营业务收入比 16.36%，排在全省一类县（市、区）第 11 位，排在新余市第 2 位。万人财政收入 0.48 亿元，排在全省一类县（市、区）第 29 位，排在新余市第 2 位。万人社会消费品零售额 2.74 亿元，排在全省一类县（市、区）第 12 位，排在新余市第 1 位（表 3-32）。

表 3-32　渝水区（一类）科技创新能力评价指标得分与位次

指标名称	得分（分）	全省一类县（市、区）排名		本市排名	
	2019 年	2019 年	2018 年	2019 年	2018 年
科技创新能力		7	6	1	1
创新环境		10	10	1	1
创新基础					
万人 GDP	6.03	10	9	1	1
规模以上企业数	5.61	7	5	1	1
新增省级及以上人才/平台/载体	5.96	5		1	
科技意识					
万人专利申请量	5.72	8	10	1	1
开展 R&D 活动的企业占比	3.73	26	29	2	2
人均科普经费投入	3.40	33	25	2	2
创新投入		4	4	1	1
人力投入					
万人 R&D 人员数	4.76	18	9	1	1
研究人员占 R&D 人员比	5.20	12	7	1	1
R&D 人员全时当量	5.53	8	5	1	1

续表

指标名称	得分（分）	全省一类县（市、区）排名		本市排名	
	2019 年	2019 年	2018 年	2019 年	2018 年
财力投入					
R&D 经费投入占 GDP 百分比	3.91	32	9	2	1
企业 R&D 经费投入占主营业务收入比	3.65	33	4	2	2
企业技术获取和改造费用占主营业务收入比	11.25	1	2	1	1
创新成效		13	18	1	1
技术创新					
高新技术产业增加值占规模以上工业增加值比	4.27	25	22	2	1
新增高新技术企业数	5.27	11		1	
入库科技型中小企业数	5.02	6		1	
产业化水平					
新产品销售收入占主营业务收入比	4.51	11	6	2	1
万人发明专利授权量	4.74	11	20	1	1
技术合同成交额	4.48	13	20	2	2
经济社会发展		21	18	2	1
经济增长					
GDP 较上一年增长	3.76	23	22	2	1
万人财政收入	4.04	29	29	2	2
社会生活					
居民人均可支配收入	5.91	12	12	1	1
万人社会消费品零售额	5.17	12	12	1	1

如表 3-32，渝水区科技创新能力排在全省一类县（市、区）第 7 位，比上一年下降了 1 位，排在新余市第 1 位，与上一年位次相同。在一级指标中，经济社会发展排在全省一类县（市、区）第 21 位，比上一年下降了 3 位，排在新余市第 2 位，比上一年下降了 1 位；创新投入排在全省一类县（市、区）第 4 位，排在新余市第 1 位，都与上一年位次相同；创新成效排在全省一类县（市、区）第 13 位，比上一年提升了 5 位，排在新余市第 1 位，与上一

年位次相同；创新环境排在全省一类县（市、区）第 10 位，排在新余市第 1 位，都与上一年位次相同。

综上所述，渝水区企业技术获取和改造费用占主营业务收入比居全省一类县（市、区）首位，新增省级及以上人才/平台/载体、入库科技型中小企业数排名靠前，但在人均科普经费投入、企业 R&D 经费投入占主营业务收入比等方面排名靠后。建议该区加大科普宣传力度，增强企业及民众科技创新意识，支持鼓励企业加强自主研发能力水平。

二、分宜县

分宜县，位于江西省西中部，是新余市下辖县。2019 年，该县常住人口为 32.05 万人，地区 GDP 为 178.33 亿元。居民人均可支配收入 27 709.41 元，排在全省二类县（市、区）第 8 位，排在新余市第 2 位。万人 GDP 为 5.56 亿元，排在全省二类县（市、区）第 5 位，排在新余市第 2 位。GDP 较上一年增长 8.3%，排在全省二类县（市、区）第 8 位，排在新余市第 1 位。新增高新技术企业 5 家，排在全省二类县（市、区）第 31 位，排在新余市第 2 位。万人专利申请量 9.30 件，排在全省二类县（市、区）第 20 位，排在新余市第 2 位。万人发明专利授权量 0.16，排在全省二类县（市、区）第 18 位，排在新余市第 2 位。人均科普经费投入 1.00 元，排在全省二类县（市、区）第 9 位，排在新余市第 1 位。万人 R&D 人员数 28.30 人，排在全省二类县（市、区）第 10 位，排在新余市第 2 位。R&D 人员全时当量 710 人·年，排在全省二类县（市、区）第 12 位，排在新余市第 2 位。企业技术获取和改造费用占主营业务收入比 0.03%，排在全省二类县（市、区）第 11 位，排在新余市第 2 位。新产品销售收入占主营业务收入比 18.26%，排在全省二类县（市、区）第 7 位，排在新余市第 1 位。万人财政收入 0.78 亿元，排在全省二类县（市、区）第 4 位，排在新余市第 1 位。万人社会消费品零售额 2.07 亿元，排在全省二类县（市、区）第 1 位，排在新余市第 2 位（表 3-33）。

表 3-33　分宜县（二类）科技创新能力评价指标得分与位次

指标名称	得分（分）	全省二类县（市、区）排名		本市排名	
	2019 年	2019 年	2018 年	2019 年	2018 年
科技创新能力		5	8	2	2
创新环境		17	4	2	2
创新基础					
万人 GDP	4.69	5	2	2	2
规模以上企业数	4.00	23	28	2	2
新增省级及以上人才 / 平台 / 载体	4.25	15		2	
科技意识					
万人专利申请量	3.79	20	8	2	2
开展 R&D 活动的企业占比	4.19	21	29	1	1
人均科普经费投入	5.05	9	1	1	1
创新投入		11	6	2	2
人力投入					
万人 R&D 人员数	4.46	10	6	2	2
研究人员占 R&D 人员比	3.71	31	8	2	2
R&D 人员全时当量	4.35	12	14	2	2
财力投入					
R&D 经费投入占 GDP 百分比	5.14	6	16	1	2
企业 R&D 经费投入占主营业务收入比	4.93	9	6	1	1
企业技术获取和改造费用占主营业务收入比	4.21	11	7	2	2
创新成效		4	21	2	2
技术创新					
高新技术产业增加值占规模以上工业增加值比	5.77	2	24	1	2
新增高新技术企业数	3.56	31		2	
入库科技型中小企业数	3.98	32		2	
产业化水平					
新产品销售收入占主营业务收入比	4.57	7	12	1	2
万人发明专利授权量	4.10	18	29	2	2

续表

指标名称	得分（分）	全省二类县（市、区）排名		本市排名	
	2019 年	2019 年	2018 年	2019 年	2018 年
技术合同成交额	5.35	1	1	1	1
经济社会发展		2	2	1	2
经济增长					
GDP 较上一年增长	4.94	8	24	1	1
万人财政收入	4.74	4	4		
社会生活					
居民人均可支配收入	4.63	8	8	2	2
万人社会消费品零售额	4.72	1	1	2	2

如表 3-33，分宜县科技创新能力排在全省二类县（市、区）第 5 位，比上一年提升了 3 位，排在新余市第 2 位，与上一年位次相同。在一级指标中，经济社会发展排在全省二类县（市、区）第 2 位，与上一年位次相同，排在新余市第 1 位，比上一年提升了 1 位；创新投入排在全省二类县（市、区）第 11 位，比上一年下降了 5 位，排在新余市第 2 位，与上一年位次相同；创新成效排在全省二类县（市、区）第 4 位，比上一年提升了 17 位，排在新余市第 2 位，与上一年位次相同；创新环境排在全省二类县（市、区）第 17 位，比上一年下降了 13 位，排在新余市第 2 位，与上一年位次相同。

综上所述，分宜县科技创新能力居全省二类县（市、区）前列，其中万人 GDP、高新技术产业增加值占规模以上工业增加值比、万人社会消费品零售额、万人财政收入、技术合同成交额等方面排名靠前，但在研究人员占 R&D 人员比、新增高新技术企业数、入库科技型中小企业数等方面排名靠后。建议该县加强对企业创新引导，强化高新技术企业培育，加快人才培养与引进，不断提高科技对经济增长的贡献率。

第六节　鹰潭市

一、月湖区

月湖区，位于江西省东部偏北、鹰潭市中部，鹰潭市市辖区。2019年，该区常住人口为22.47万人，地区GDP为298.76亿元。居民人均可支配收入40 513.79元，排在全省一类县（市、区）第8位，排在鹰潭市第1位。万人GDP为13.30亿元，排在全省一类县（市、区）第2位，排在鹰潭市第1位。GDP较上一年增长8.30%，排在全省一类县（市、区）第13位，排在鹰潭市第2位。新增省级及以上人才/平台/载体5个，排在全省一类县（市、区）第26位，排在鹰潭市第3位。开展R&D活动的企业占比19.58%，排在全省一类县（市、区）第34位，排在鹰潭市第3位。万人专利申请量35.38件，排在全省一类县（市、区）第7位，排在鹰潭市第1位。万人R&D人员数59.77人，排在全省一类县（市、区）第9位，排在鹰潭市第2位。R&D人员全时当量1136人·年，排在全省一类县（市、区）第21位，排在鹰潭市第2位。新增高新技术企业6家，排在全省一类县（市、区）第33位，排在鹰潭市第3位。新产品销售收入占主营业务收入比18.72%，排在全省一类县（市、区）第9位，排在鹰潭市第3位。万人财政收入0.85亿元，排在全省一类县（市、区）第16位，排在鹰潭市第2位。万人社会消费品零售额5.08亿元，排在全省一类县（市、区）第7位，排在鹰潭市第1位（表3-34）。

表3-34　月湖区（一类）科技创新能力评价指标得分与位次

指标名称	得分（分）	全省一类县（市、区）排名		本市排名	
	2019年	2019年	2018年	2019年	2018年
科技创新能力		22	10	2	2
创新环境		16	9	2	1
创新基础					

续表

指标名称	得分（分）	全省一类县（市、区）排名		本市排名	
	2019 年	2019 年	2018 年	2019 年	2018 年
万人 GDP	7.65	2	3	1	1
规模以上企业数	5.41	9	28	1	3
新增省级及以上人才 / 平台 / 载体	4.13	26		3	
科技意识					
万人专利申请量	5.75	7	9	1	1
开展 R&D 活动的企业占比	2.32	34	7	3	2
人均科普经费投入	3.50	31	18	3	3
创新投入		23	16	2	3
人力投入					
万人 R&D 人员数	5.40	9	7	2	2
研究人员占 R&D 人员比	4.37	23	32	1	1
R&D 人员全时当量	4.74	21	12	2	2
财力投入					
R&D 经费投入占 GDP 百分比	4.38	15	11	3	3
企业 R&D 经费投入占主营业务收入比	4.09	21	9	2	2
企业技术获取和改造费用占主营业务收入比	4.38	15	13	1	1
创新成效		30	16	3	1
技术创新					
高新技术产业增加值占规模以上工业增加值比	4.72	13	9	2	1
新增高新技术企业数	3.65	33		3	
入库科技型中小企业数	4.59	18		2	
产业化水平					
新产品销售收入占主营业务收入比	4.59	9	18	3	2
万人发明专利授权量	4.46	17	18	1	1
技术合同成交额	3.84	34	5	3	1
经济社会发展		6	9	1	1

续表

指标名称	得分（分）	全省一类县（市、区）排名		本市排名	
	2019 年	2019 年	2018 年	2019 年	2018 年
经济增长					
GDP 较上一年增长	4.94	13	15	2	2
万人财政收入	4.90	16	17	2	2
社会生活					
居民人均可支配收入	6.51	8	8	1	1
万人社会消费品零售额	6.72	7	7	1	1

如表 3-34，月湖区科技创新能力排在全省一类县（市、区）第 22 位，比上一年下降了 12 位，排在鹰潭市第 2 位，与上一年位次相同。在一级指标中，经济社会发展排在全省一类县（市、区）第 6 位，比上一年提升了 3 位，排在鹰潭市第 1 位，与上一年位次相同；创新投入排在全省一类县（市、区）第 23 位，比上一年下降了 7 位，排在鹰潭市第 2 位，比上一年提升了 1 位；创新成效排在全省一类县（市、区）第 30 位，比上一年下降了 14 位，排在鹰潭市第 3 位，比上一年下降了 2 位；创新环境排在全省一类县（市、区）第 16 位，比上一年下降了 7 位，排在鹰潭市第 2 位，比上一年下降了 1 位。

综上所述，月湖区万人 GDP、万人社会消费品零售额排在全省一类县（市、区）前列，但在开展 R&D 活动的企业占比、技术合同成交额、新增高新技术企业等方面排名靠后，短板明显。建议该区支持企业加大研发投入，加强对发明创造、技术转移和交易、产学研深度合作等支持力度，进一步加大对高新技术企业的培育，以科技带动经济的高质量发展。

二、余江区

余江区，原名余江县，位于江西省东北部，隶属于鹰潭市。2019 年，该区常住人口为 37.16 万人，地区 GDP 为 151.86 亿元。居民人均可支配收入 27 151.97 元，排在全省二类县（市、区）第 10 位，排在鹰潭市第 3 位。万人 GDP 为 4.09 亿元，排在全省二类县（市、区）第 12 位，排在鹰潭市第 3 位。GDP 较上一年增长 8.58%，排在全省二类县（市、区）第 2 位，排在鹰潭市第 1 位。新增高新技术企业 14 家，排在全省二类县（市、区）第 14 位，排在鹰潭市第 2 位。万人专利申请量 15.20 件，排在全省二类县（市、区）第 10 位，排在鹰潭市第 3 位。人均科普经费投入 0.54 元，排在全省二类县（市、区）第 18 位，排在鹰潭市第 2 位。万人 R&D 人员数 23.71 人，排在全省二类县（市、区）第 12 位，排在鹰潭市第 3 位。研究人员占 R&D 人员比为 24.29%，排在全省二类县（市、区）第 23 位，排在鹰潭市第 2 位。R&D 人员全时当量 664 人·年，排在全省二类县（市、区）第 15 位，排在鹰潭市第 3 位。万人财政收入 0.62 亿元，排在全省二类县（市、区）第 8 位，排在鹰潭市第 3 位。万人社会消费品零售额 1.40 亿元，排在全省二类县（市、区）第 11 位，排在鹰潭市第 2 位（表 3-35）。

表 3-35　余江区（二类）科技创新能力评价指标得分与位次

指标名称	得分（分）	全省二类县（市、区）排名		本市排名	
	2019 年	2019 年	2018 年	2019 年	2018 年
科技创新能力		15	6	3	3
创新环境		19	11	3	3
创新基础					
万人 GDP	4.12	12	16	3	3
规模以上企业数	4.20	18	22	3	2
新增省级及以上人才 / 平台 / 载体	4.62	10		2	
科技意识					
万人专利申请量	4.24	10	5	3	3
开展 R&D 活动的企业占比	3.91	26	15	2	3
人均科普经费投入	4.10	18	12	2	2
创新投入		16	1	3	3
人力投入					
万人 R&D 人员数	4.32	12	4	3	3
研究人员占 R&D 人员比	4.11	23	33	2	2

续表

指标名称	得分（分）	全省二类县 （市、区）排名		本市排名	
	2019 年	2019 年	2018 年	2019 年	2018 年
R&D 人员全时当量	4.31	15	1	3	3
财力投入					
R&D 经费投入占 GDP 百分比	4.55	13	1	2	2
企业 R&D 经费投入占主营业务收入比	4.33	18	1	1	1
企业技术获取和改造费用占主营业务收入比	4.20	12	5	3	2
创新成效		13	16	2	3
技术创新					
高新技术产业增加值占规模以上工业增加值比	4.23	18	5	3	2
新增高新技术企业数	4.30	14		2	
入库科技型中小企业数	4.49	4		3	
产业化水平					
新产品销售收入占主营业务收入比	5.03	2	33	1	3
万人发明专利授权量	4.14	15	11	3	3
技术合同成交额	3.97	30	3	1	2
经济社会发展		5	28	3	3
经济增长					
GDP 较上一年增长	5.34	2	28	1	3
万人财政收入	4.35	8	8	3	3
社会生活					
居民人均可支配收入	4.55	10	10	3	3
万人社会消费品零售额	4.27	11	11	2	2

如表 3-35，余江区科技创新能力排在全省二类县（市、区）第 15 位，比上一年下降了 9 位，排在鹰潭市第 3 位，与上一年位次相同。在一级指标中，经济社会发展排在全省二类县（市、区）第 5 位，比上一年提升了 23 位，排在鹰潭市第 3 位，与上一年位次相同；创新投入排在全省二类县（市、区）第 16 位，比上一年下降了 15 位，排在鹰潭市第 3 位，比上一年下降了

1 位；创新成效排在全省二类县（市、区）第 13 位，比上一年提升了 3 位，排在鹰潭市第 2 位，比上一年提升了 1 位；创新环境排在全省二类县（市、区）第 19 位，比上一年下降了 8 位，排在鹰潭市第 3 位，与上一年位次相同。

综上所述，余江区科技创新能力居全省二类县（市、区）中上游，其中在入库科技型中小企业数、新产品销售收入占主营业务收入比、GDP 较上一年增长、万人财政收入等方面排名前列，优势较为明显，但在开展 R&D 活动的企业占比、研究人员占 R&D 人员比、技术合同成交额等方面排名靠后。建议该区加大财政创新投入力度，积极引导鼓励企业开展创新活动，拓宽科技人才培育渠道，提高科技成果转移转化工作成效，增加科技在经济发展中的贡献度。

三、贵溪市

贵溪市，位于江西省东北部，是鹰潭市下辖县级市。2019 年，该市常住人口为 58.52 万人，地区 GDP 为 490.64 亿元。居民人均可支配收入 28 298.91 元，排在全省一类县（市、区）第 23 位，排在鹰潭市第 2 位。万人 GDP 为 8.38 亿元，排在全省一类县（市、区）第 11 位，排在鹰潭市第 2 位。GDP 较上一年增长 7.80%，排在全省一类县（市、区）第 17 位，排在鹰潭市第 3 位。新增省级及以上人才 / 平台 / 载体 24 个，排在全省一类县（市、区）第 3 位，排在鹰潭市第 1 位。开展 R&D 活动的企业占比 44.31%，排在全省一类县（市、区）第 11 位，排在鹰潭市第 1 位。万人专利申请量 20.83 件，排在全省一类县（市、区）第 16 位，排在鹰潭市第 2 位。万人发明专利授权量 0.39 件，排在全省一类县（市、区）第 18 位，排在鹰潭市第 2 位。人均科普经费投入 0.66 元，排在全省一类县（市、区）第 17 位，排在鹰潭市第 1 位。万人 R&D 人员数 61.81 人，排在全省一类县（市、区）第 7 位，排在鹰潭市第 1 位。研究人员占 R&D 人员比为 22.48%，排在全省一类县（市、区）第 29 位，排在鹰潭市第 3 位。R&D 人员全时当量 3169 人·年，排在全省一类县（市、区）第 4 位，排在鹰潭市第 1 位。新增高新技术企业 26 家，排在全省一类县（市、区）第 11 位，排在鹰潭市第 1 位。新产品销售收入占主营业务收入比 20.89%，排在全省一类县（市、区）第 7 位，排在鹰潭市第 2 位。万人财政收入 1.14 亿元，排在全省一类县（市、区）第 9 位，排在鹰潭市第 1 位（表 3-36）。

表 3-36　贵溪市（一类）科技创新能力评价指标得分与位次

指标名称	得分（分）	全省一类县（市、区）排名		本市排名	
	2019 年	2019 年	2018 年	2019 年	2018 年
科技创新能力		9	9	1	1
创新环境		8	13	1	2
创新基础					
万人 GDP	5.77	11	13	2	2
规模以上企业数	4.35	27	22	2	1
新增省级及以上人才 / 平台 / 载体	6.94	3		1	
科技意识					
万人专利申请量	4.66	16	13	2	2
开展 R&D 活动的企业占比	4.66	11	4	1	1
人均科普经费投入	4.35	17	14	1	1
创新投入		12	5	1	1
人力投入					
万人 R&D 人员数	5.46	7	3	1	1
研究人员占 R&D 人员比	3.95	29	33	3	3
R&D 人员全时当量	6.58	4	2	1	1
财力投入					
R&D 经费投入占 GDP 百分比	5.54	4	2	1	1
企业 R&D 经费投入占主营业务收入比	4.07	23	15	3	3
企业技术获取和改造费用占主营业务收入比	4.25	18	22	2	3
创新成效		7	26	1	2
技术创新					
高新技术产业增加值占规模以上工业增加值比	6.36	1	30	1	3

续表

指标名称	得分（分）	全省一类县 （市、区）排名		本市排名	
	2019 年	2019 年	2018 年	2019 年	2018 年
新增高新技术企业数	5.27	11		1	
入库科技型中小企业数	4.75	13		1	
产业化水平					
新产品销售收入占主营业务收入比	4.65	7	7	2	1
万人发明专利授权量	4.40	18	22	2	2
技术合同成交额	3.93	32	10	2	3
经济社会发展		19	20	2	2
经济增长					
GDP 较上一年增长	4.20	17	14	3	1
万人财政收入	5.59	9	9	1	1
社会生活					
居民人均可支配收入	4.72	23	23	2	2
万人社会消费品零售额	4.23	23	23	3	3

如表 3-36，贵溪市科技创新能力排在全省一类县（市、区）第 9 位，排在鹰潭市第 1 位，都与上一年位次相同。在一级指标中，经济社会发展排在全省一类县（市、区）第 19 位，比上一年提升了 1 位，排在鹰潭市第 2 位，与上一年位次相同；创新投入排在全省一类县（市、区）第 12 位，比上一年下降了 7 位，排在鹰潭市第 1 位，与上一年位次相同；创新成效排在全省一类县（市、区）第 7 位，比上一年提升了 19 位，排在鹰潭市第 1 位，比上一年提升了 1 位；创新环境排在全省一类县（市、区）第 8 位，比上一年提升了 5 位，排在鹰潭市第 1 位，比上一年提升了 1 位。

综上所述，贵溪市新增省级及以上人才 / 平台 / 载体、R&D 人员全时当量、R&D 经费投入占 GDP 百分比、高新技术产业增加值占规模以上工业增加值比均排在全省一类县（市、区）前列，但在技术合同成交额、研究人员占 R&D 人员比、规模以上企业数等方面排名相对靠后。建议该市鼓励企业自主研发、做大做强，提高科技成果转移转化能力，加速人才引进和培育，进一步提升区域科技竞争力。

第七节　赣州市

一、章贡区

章贡区，位于江西省南部、赣州市中偏西北部，赣州市市辖区。2019年，该区常住人口为 54.35 万人，地区 GDP 为 502.00 亿元。居民人均可支配收入 37 233.14 元，排在全省一类县（市、区）第 10 位，排在赣州市第 1 位。万人 GDP 为 9.24 亿元，排在全省一类县（市、区）第 9 位，排在赣州市第 1 位。GDP 较上一年增长 8.20%，排在全省一类县（市、区）第 15 位，排在赣州市第 15 位。新增省级及以上人才 / 平台 / 载体 24 个，排在全省一类县（市、区）第 2 位，排在赣州市第 1 位。万人专利申请量 76.58 件，排在全省一类县（市、区）第 1 位，排在赣州市第 1 位。人均科普经费投入 0.95元，排在全省一类县（市、区）第 11 位，排在赣州市第 9 位。开展 R&D 活动的企业占比 46.63%，排在全省一类县（市、区）第 6 位，排在赣州市第 13 位。万人发明专利授权量 4.45 件，排在全省一类县（市、区）第 1 位，排在赣州市第 1 位。R&D 人员全时当量 1371 人·年，排在全省一类县（市、区）第 18 位，排在赣州市第 1 位。新增高新技术企业 47 家，排在全省一类县（市、区）第 3 位，排在赣州市第 1 位。新产品销售收入占主营业务收入比 14.85%，排在全省一类县（市、区）第 15 位，排在赣州市第 6 位。万人财政收入 0.84 亿元，排在全省一类县（市、区）第 17 位，排在赣州市第 1位。万人社会消费品零售额 5.42 亿元，排在全省一类县（市、区）第 6 位，排在赣州市第 1 位（表 3-37）。

表 3-37 章贡区（一类）科技创新能力评价指标得分与位次

指标名称	得分（分）	全省一类县（市、区）排名		本市排名	
	2019 年	2019 年	2018 年	2019 年	2018 年
科技创新能力		3	4	1	1
创新环境		1	1	1	1
创新基础					
万人 GDP	6.09	9	12	1	1
规模以上企业数	6.72	4	4	2	2
新增省级及以上人才 / 平台 / 载体	7.91	2		1	
科技意识					
万人专利申请量	8.85	1	1	1	1
开展 R&D 活动的企业占比	4.88	6	9	13	12
人均科普经费投入	4.96	11	10	9	3
创新投入		24	14	2	4
人力投入					
万人 R&D 人员数	4.98	13	12	1	1
研究人员占 R&D 人员比	4.49	20	15	5	6
R&D 人员全时当量	4.95	18	10	1	1
财力投入					
R&D 经费投入占 GDP 百分比	4.25	18	13	5	5
企业 R&D 经费投入占主营业务收入比	4.02	24	20	15	15
企业技术获取和改造费用占主营业务收入比	4.25	21	20	4	5
创新成效		1	1	1	1
技术创新					
高新技术产业增加值占规模以上工业增加值比	5.06	7	4	1	5
新增高新技术企业数	6.99	3		1	
入库科技型中小企业数	11.93	1		1	
产业化水平					
新产品销售收入占主营业务收入比	4.47	15	11	6	4
万人发明专利授权量	9.38	1	1	1	1

续表

指标名称	得分（分）	全省一类县（市、区）排名		本市排名	
	2019 年	2019 年	2018 年	2019 年	2018 年
技术合同成交额	4.16	25	27	8	9
经济社会发展		8	5	1	1
经济增长					
GDP 较上一年增长	4.79	15	2	15	4
万人财政收入	4.87	17	16	1	1
社会生活					
居民人均可支配收入	6.03	10	11	1	1
万人社会消费品零售额	6.95	6	5	1	1

如表 3-37，章贡区科技创新能力排在全省一类县（市、区）第 3 位，比上一年提升了 1 位，排在赣州市第 1 位，与上一年位次相同。在一级指标中，经济社会发展排在全省一类县（市、区）第 8 位，比上一年下降了 3 位，排在赣州市第 1 位，与上一年位次相同；创新投入排在全省一类县（市、区）第 24 位，比上一年下降了 10 位，排在赣州市第 2 位，比上一年提升了 2 位；创新成效排在全省一类县（市、区）第 1 位，排在赣州市第 1 位，都与上一年位次相同；创新环境排在全省一类县（市、区）第 1 位，排在赣州市第 1 位，都与上一年位次相同。

综上所述，章贡区科技创新能力居全省一类县（市、区）前列，在万人专利申请量、新增省级及以上人才/平台/载体、入库科技型中小企业数等方面具有明显优势，但在创新投入方面得分较低，具体体现在企业 R&D 经费投入占主营业务收入比、企业技术获取和改造费用占主营业务收入比排名相对偏后。建议该区支持鼓励企业加大科研经费投入，促进传统企业转型升级，提高科技竞争力。

二、南康区

南康区，位于江西省南部、赣州市西部，赣州市市辖区。2019年，该区常住人口为74.31万人，地区GDP为338.56亿元。居民人均可支配收入23 283.30元，排在全省一类县（市、区）第32位，排在赣州市第3位。万人GDP为4.56亿元，排在全省一类县（市、区）第26位，排在赣州市第3位。GDP较上一年增长9.40%，排在全省一类县（市、区）第1位，排在赣州市第1位。新增省级及以上人才/平台/载体15个，排在全省一类县（市、区）第6位，排在赣州市第2位。开展R&D活动的企业占比57.99%，排在全省一类县（市、区）第3位，排在赣州市第5位。万人专利申请量48.43件，排在全省一类县（市、区）第4位，排在赣州市第2位。万人发明专利授权量0.23件，排在全省一类县（市、区）第25位，排在赣州市第7位。人均科普经费投入1.02元，排在全省一类县（市、区）第6位，排在赣州市第8位。R&D人员全时当量453人·年，排在全省一类县（市、区）第31位，排在赣州市第5位。新增高新技术企业27家，排在全省一类县（市、区）第9位，排在赣州市第3位。万人财政收入0.48亿元，排在全省一类县（市、区）第30位，排在赣州市第6位。万人社会消费品零售额0.73亿元，排在全省一类县（市、区）第33位，排在赣州市第12位（表3-38）。

表3-38　南康区（一类）科技创新能力评价指标得分与位次

指标名称	得分（分）	全省一类县（市、区）排名		本市排名	
	2019年	2019年	2018年	2019年	2018年
科技创新能力		18	30	2	13
创新环境		3	4	2	2
创新基础					
万人GDP	4.30	26	32	3	8
规模以上企业数	7.39	2	1	1	1
新增省级及以上人才/平台/载体	5.59	6		2	
科技意识					

续表

指标名称	得分（分）	全省一类县（市、区）排名		本市排名	
	2019 年	2019 年	2018 年	2019 年	2018 年
万人专利申请量	6.73	4	11	2	6
开展 R&D 活动的企业占比	5.95	3	24	5	17
人均科普经费投入	5.10	6	5	8	1
创新投入		33	31	13	18
人力投入					
万人 R&D 人员数	3.95	29	30	11	16
研究人员占 R&D 人员比	3.63	31	23	13	10
R&D 人员全时当量	4.12	31	31	5	14
财力投入					
R&D 经费投入占 GDP 百分比	4.04	28	27	10	17
企业 R&D 经费投入占主营业务收入比	4.33	13	29	6	18
企业技术获取和改造费用占主营业务收入比	4.12	26	31	6	11
创新成效		14	31	4	15
技术创新					
高新技术产业增加值占规模以上工业增加值比	3.37	33	28	17	18
新增高新技术企业数	5.36	9		3	
入库科技型中小企业数	7.72	3		2	
产业化水平					
新产品销售收入占主营业务收入比	4.13	30	29	15	14
万人发明专利授权量	4.19	25	14	7	2
技术合同成交额	3.99	31	32	16	15
经济社会发展		25	23	3	7
经济增长					
GDP 较上一年增长	6.55	1	1	1	2
万人财政收入	4.03	30	30	6	7
社会生活					
居民人均可支配收入	3.98	32	32	3	4
万人社会消费品零售额	3.83	33	33	12	12

如表 3-38，南康区科技创新能力排在全省一类县（市、区）第 18 位，比上一年提升了 12 位，排在赣州市第 2 位，比上一年提了 11 位。在一级指标中，经济社会发展排在全省一类县（市、区）第 25 位，比上一年下降了 2 位，排在赣州市第 3 位，比上一年提升了 4 位；创新投入排在全省一类县（市、区）第 33 位，比上一年下降了 2 位，排在赣州市第 13 位，比上一年提升了 5 位；创新成效排在全省一类县（市、区）第 14 位，比上一年提升了 17 位，排在赣州市第 4 位，比上一年提升了 11 位；创新环境排在全省一类县（市、区）第 3 位，比上一年提升了 1 位，排在赣州市第 2 位，与上一年位次相同。

综上所述，南康区 GDP 较上一年增长居全省一类县（市、区）首位，规模以上企业数、开展 R&D 活动的企业占比、入库科技型中小企业数均排在全省一类县（市、区）前列，但在高新技术产业增加值占规模以上工业增加值比、万人社会消费品零售额、研究人员占 R&D 人员比等方面排名靠后。建议该区加速产业转型升级，大力培育高新技术产业，加强人才引进和培养，促进经济高质量发展。

三、赣县区

赣县区，原名赣县，2017 年 10 月撤销赣县设立赣县区。位于江西省南部、赣州市中部，赣州市市辖区。2019 年，该区常住人口为 56.63 万人，地区 GDP 为 191.65 亿元。居民人均可支配收入 22 361.02 元，排在全省一类县（市、区）第 33 位，排在赣州市第 6 位。万人 GDP 为 3.38 亿元，排在全省一类县（市、区）第 33 位，排在赣州市第 9 位。GDP 较上一年增长 9.10%，排在全省一类县（市、区）第 2 位，排在赣州市第 3 位。新增省级及以上人才/平台/载体 13 个，排在全省一类县（市、区）第 7 位，排在赣州市第 3 位。开展 R&D 活动的企业占比 64.33%，排在全省一类县（市、区）第 1 位，排在赣州市第 2 位。万人专利申请量 24.74 件，排在全省一类县（市、区）第 14 位，排在赣州市第 8 位。万人发明专利授权量 0.35 件，排在全省一类县（市、区）第 20 位，排在赣州市第 6 位。万人 R&D 人员数 12.98 人，排在全省一类县（市、区）第 27 位，排在赣州市第 9 位。研究人员占 R&D 人员比为 28.30%，排在全省一类县（市、区）第 21 位，排在赣州市第 7 位。新增高新技术企业 20 家，排在全省一类县（市、区）第 19 位，排在赣州市第 6 位。万人财政收入 0.46 亿元，排在全省一类县（市、区）第 31 位，排在赣州市第 7 位（表 3-39）。

表 3-39　赣县区（一类）科技创新能力评价指标得分与位次

指标名称	得分（分）	全省一类县（市、区）排名		本市排名	
	2019 年	2019 年	2018 年	2019 年	2018 年
科技创新能力		29	23	5	8
创新环境		11	16	3	7
创新基础					
万人 GDP	3.85	33	31	9	7
规模以上企业数	4.01	32	23	5	5
新增省级及以上人才 / 平台 / 载体	5.35	7		3	
科技意识					
万人专利申请量	4.95	14	15	8	9
开展 R&D 活动的企业占比	6.55	1	1	2	5
人均科普经费投入	5.36	5	16	4	9
创新投入		31	27	5	11
人力投入					
万人 R&D 人员数	4.00	27	29	9	7
研究人员占 R&D 人员比	4.45	21	25	7	13
R&D 人员全时当量	4.17	29	28	3	6
财力投入					
R&D 经费投入占 GDP 百分比	4.20	23	21	6	12
企业 R&D 经费投入占主营业务收入比	4.20	18	3	10	11
企业技术获取和改造费用占主营业务收入比	4.25	20	21	3	6
创新成效		31	14	8	4
技术创新					

续表

指标名称	得分（分）	全省一类县（市、区）排名		本市排名	
	2019 年	2019 年	2018 年	2019 年	2018 年
高新技术产业增加值占规模以上工业增加值比	3.75	29	1	16	3
新增高新技术企业数	4.79	19		6	
入库科技型中小企业数	4.76	12		3	
产业化水平					
新产品销售收入占主营业务收入比	4.27	22	17	10	8
万人发明专利授权量	4.35	20	17	6	3
技术合同成交额	4.12	27	30	10	12
经济社会发展		27	29	4	11
经济增长					
GDP 较上一年增长	6.11	2	3	3	6
万人财政收入	3.98	31	31	7	8
社会生活					
居民人均可支配收入	3.84	33	33	6	7
万人社会消费品零售额	3.82	34	34	13	13

　　如表 3-39，赣县区科技创新能力排在全省一类县（市、区）第 29 位，比上一年下降了 6 位，排在赣州市第 5 位，比上一年提升了 3 位。在一级指标中，经济社会发展排在全省一类县（市、区）第 27 位，比上一年提升了 2 位，排在赣州市第 4 位，比上一年提升了 7 位；创新投入排在全省一类县（市、区）第 31 位，比上一年下降了 4 位，排在赣州市第 5 位，比上一年提升了 6 位；创新成效排在全省一类县（市、区）第 31 位，比上一年下降了 17 位，排在赣州市第 8 位，比上一年下降了 4 位；创新环境排在全省一类县（市、区）第 11 位，比上一年提升了 5 位，排在赣州市第 3 位，比上一年提升了 4 位。

　　综上所述，赣县区开展 R&D 活动的企业占比居全省一类县（市、区）首位，GDP 较上一年增长、人均科普经费投入排名靠前，但高新技术产业增加值占规模以上工业增加值比、万人社会消费品零售额、规模以上企业数等方面排名靠后。建议该区加快实施创新驱动发展战略，调整产业结构，大力支持高新技术产业发展，加大科研经费投入，注重人才培育，努力提高经济增长质量。

四、信丰县

信丰县，位于江西省南部、赣州市中部，是赣州市下辖县。2019 年，该县常住人口为 68.75 万人，地区 GDP 为 234.91 亿元。居民人均可支配收入 23 186.26 元，排在全省二类县（市、区）第 21 位，排在赣州市第 4 位。万人 GDP 为 3.42 亿元，排在全省二类县（市、区）第 20 位，排在赣州市第 8 位。GDP 较上一年增长 8.30%，排在全省二类县（市、区）第 8 位，排在赣州市第 12 位。新增高新技术企业 32 家，排在全省二类县（市、区）第 1 位，排在赣州市第 2 位。开展 R&D 活动的企业占比 58.28%，排在全省二类县（市、区）第 5 位，排在赣州市第 4 位。万人专利申请量 19.07 件，排在全省二类县（市、区）第 6 位，排在赣州市第 11 位。R&D 人员全时当量 688 人·年，排在全省二类县（市、区）第 14 位，排在赣州市第 2 位。企业技术获取和改造费用占主营业务收入比 0.15%，排在全省二类县（市、区）第 5 位，排在赣州市第 1 位。新产品销售收入占主营业务收入比 26.63%，排在全省二类县（市、区）第 4 位，排在赣州市第 1 位。万人财政收入 0.32 亿元，排在全省二类县（市、区）第 26 位，排在赣州市第 14 位。万人社会消费品零售额 0.81 亿元，排在全省二类县（市、区）第 27 位，排在赣州市第 9 位（表 3-40）。

表 3-40　信丰县（二类）科技创新能力评价指标得分与位次

指标名称	得分（分）	全省二类县（市、区）排名		本市排名	
	2019 年	2019 年	2018 年	2019 年	2018 年
科技创新能力		10	5	4	9
创新环境		4	6	6	10
创新基础					

续表

指标名称	得分（分）	全省二类县（市、区）排名		本市排名	
	2019 年	2019 年	2018 年	2019 年	2018 年
万人 GDP	3.87	20	20	8	9
规模以上企业数	3.87	26	23	9	7
新增省级及以上人才 / 平台 / 载体	5.35	3		3	
科技意识					
万人专利申请量	4.53	6	10	11	11
开展 R&D 活动的企业占比	5.98	5	4	4	1
人均科普经费投入	4.61	14	12	18	13
创新投入		27	8	10	8
人力投入					
万人 R&D 人员数	4.06	20	21	8	9
研究人员占 R&D 人员比	3.72	30	19	12	12
R&D 人员全时当量	4.33	14	18	2	5
财力投入					
R&D 经费投入占 GDP 百分比	4.03	26	13	11	10
企业 R&D 经费投入占主营业务收入比	4.17	22	4	11	6
企业技术获取和改造费用占主营业务收入比	4.67	5	2	1	2
创新成效		1	6	3	7
技术创新					
高新技术产业增加值占规模以上工业增加值比	4.57	11	9	6	11
新增高新技术企业数	5.76	1	2	2	
入库科技型中小企业数	4.62	2		4	
产业化水平					
新产品销售收入占主营业务收入比	4.83	4	6	1	3
万人发明专利授权量	4.39	7	2	4	4
技术合同成交额	4.02	24	27	14	13
经济社会发展		19	21	11	14
经济增长					

续表

指标名称	得分（分）	全省二类县（市、区）排名		本市排名	
	2019 年	2019 年	2018 年	2019 年	2018 年
GDP 较上一年增长	4.94	8	18	12	15
万人财政收入	3.64	26	26	14	14
社会生活					
居民人均可支配收入	3.97	21	21	4	3
万人社会消费品零售额	3.88	27	26	9	8

如表 3-40，信丰县科技创新能力排在全省二类县（市、区）第 10 位，比上一年下降了 5 位，排在赣州市第 4 位，比上一年提升了 5 位。在一级指标中，经济社会发展排在全省二类县（市、区）第 19 位，比上一年提升了 2 位，排在赣州市第 11 位，比上一年提升了 3 位；创新投入排在全省二类县（市、区）第 27 位，比上一年下降了 19 位，排在赣州市第 10 位，比上一年下降了 2 位；创新成效排在全省二类县（市、区）第 1 位，比上一年提升了 5 位，排在赣州市第 3 位，比上一年提升了 4 位；创新环境排在全省二类县（市、区）第 4 位，比上一年提升了 2 位，排在赣州市第 6 位，比上一年提升了 4 位。

综上所述，信丰县科技创新能力居全省二类县（市、区）中上游，其中新增省级及以上人才/平台/载体、开展 R&D 活动的企业占比、新增高新技术企业数、入库科技型中小企业数、新产品销售收入占主营业务收入比等方面排名靠前，具有较大优势，但在规模以上企业数、研究人员占 R&D 人员比、R&D 经费投入占 GDP 百分比等方面排名靠后。建议该县加大财政投入，引导企业转型升级做大做强，鼓励企业加大自主研发，加强人才培养储备，增强科技竞争力。

五、大余县

大余县，位于江西省西南部、赣州市西南端，是赣州市下辖县。2019 年，该县常住人口为 29.93 万人，地区 GDP 为 105.57 亿元。居民人均可支配收入 22 237.29 元，排在全省三类县（市、区）第 16 位，排在赣州市第 7 位。

万人 GDP 为 3.53 亿元，排在全省三类县（市、区）第 22 位，排在赣州市第 7 位。GDP 较上一年增长 8.50%，排在全省三类县（市、区）第 10 位，排在赣州市第 8 位。新增省级及以上人才／平台／载体 4 个，排在全省三类县（市、区）第 8 位，排在赣州市第 8 位。开展 R&D 活动的企业占比 62.26%，排在全省三类县（市、区）第 2 位，排在赣州市第 3 位。万人专利申请量 20.68 件，排在全省三类县（市、区）第 15 位，排在赣州市第 10 位。万人发明专利授权量 0.17 件，排在全省三类县（市、区）第 12 位，排在赣州市第 8 位。万人 R&D 人员数 11.89 人，排在全省三类县（市、区）第 25 位，排在赣州市第 10 位。新增高新技术企业 8 家，排在全省三类县（市、区）第 20 位，排在赣州市第 15 位。万人财政收入 0.46 亿元，排在全省三类县（市、区）第 21 位，排在赣州市第 8 位。万人社会消费品零售额 1.16 亿元，排在全省三类县（市、区）第 16 位，排在赣州市第 3 位（表 3-41）。

表 3-41　大余县（三类）科技创新能力评价指标得分与位次

指标名称	得分（分）	全省三类县（市、区）排名		本市排名	
	2019 年	2019 年	2018 年	2019 年	2018 年
科技创新能力		21	10	9	6
创新环境		5	5	7	3
创新基础					
万人 GDP	3.91	22	11	7	5
规模以上企业数	3.93	18	13	6	9
新增省级及以上人才／平台／载体	4.50	8		8	
科技意识					
万人专利申请量	4.65	15	12	10	8
开展 R&D 活动的企业占比	6.35	2	5	3	2
人均科普经费投入	4.70	18	10	17	5
创新投入		29	17	12	12
人力投入					
万人 R&D 人员数	3.97	25	27	10	11
研究人员占 R&D 人员比	3.88	22	22	11	14

指标名称	得分（分）	全省三类县（市、区）排名		本市排名	
	2019 年	2019 年	2018 年	2019 年	2018 年
R&D 人员全时当量	3.85	29	29	15	18
财力投入					
R&D 经费投入占 GDP 百分比	4.18	22	12	7	11
企业 R&D 经费投入占主营业务收入比	4.24	21	9	9	9
企业技术获取和改造费用占主营业务收入比	4.10	19	24	12	12
创新成效		28	8	13	6
技术创新					
高新技术产业增加值占规模以上工业增加值比	4.35	22	5	7	6
新增高新技术企业数	3.81	20		15	
入库科技型中小企业数	4.14	17		13	
产业化水平					
新产品销售收入占主营业务收入比	4.13	27	26	16	12
万人发明专利授权量	4.12	12	13	8	8
技术合同成交额	4.16	24	27	9	8
经济社会发展		16	10	8	5
经济增长					
GDP 较上一年增长	5.23	10	4	8	8
万人财政收入	3.98	21	20	8	6
社会生活					
居民人均可支配收入	3.83	16	16	7	6
万人社会消费品零售额	4.11	16	16	3	3

　　如表 3-41，大余县科技创新能力排在全省三类县（市、区）第 21 位，比上一年下降了 11 位，排在赣州市第 9 位，比上一年下降了 3 位。在一级指标中，经济社会发展排在全省三类县（市、区）第 16 位，比上一年下降了 6 位，排在赣州市第 8 位，比上一年下降了 3 位；创新投入排在全省三类县（市、区）第 29 位，比上一年下降了 12 位，排在赣州市第 12 位，与上一年

位次相同；创新成效排在全省三类县（市、区）第 28 位，比上一年下降了 20 位，排在赣州市第 13 位，比上一年下降了 7 位；创新环境排在全省三类县（市、区）第 5 位，与上一年位次相同，排在赣州市第 7 位，比上一年下降了 4 位。

综上所述，大余县科技创新能力居全省三类县（市、区）中下游，在开展 R&D 活动的企业占比、万人发明专利授权量、GDP 较上一年增长等方面排名相对靠前，但在 R&D 人员全时当量、万人 R&D 人员数、新产品销售收入占主营业务收入比、技术合同成交额等方面排名靠后。建议该县加强科技人才培养，加大科技创新投入，鼓励支持企业加大对新产品的研发投入，增强科技成果转移转化能力，提高经济发展质量。

六、上犹县

上犹县，位于江西省南部偏西、赣州市西部，是赣州市下辖县。2019 年，该县常住人口为 26.71 万人，地区 GDP 为 88.35 亿元。居民人均可支配收入 19 192.52 元，排在全省三类县（市、区）第 30 位，排在赣州市第 14 位。万人 GDP 为 3.31 亿元，排在全省三类县（市、区）第 24 位，排在赣州市第 10 位。GDP 较上一年增长 9.10%，排在全省三类县（市、区）第 2 位，排在赣州市第 3 位。新增省级及以上人才 / 平台 / 载体 10 个，排在全省三类县（市、区）第 2 位，排在赣州市第 6 位。开展 R&D 活动的企业占比 52.87%，排在全省三类县（市、区）第 10 位，排在赣州市第 10 位。万人专利申请量 31.41 件，排在全省三类县（市、区）第 4 位，排在赣州市第 3 位。万人发明专利授权量 0.07 件，排在全省三类县（市、区）第 25 位，排在赣州市第 13 位。人均科普经费投入 1.20 元，排在全省三类县（市、区）第 3 位，排在赣州市第 2 位。新增高新技术企业 22 家，排在全省三类县（市、区）第 3 位，排在赣州市第 5 位。新产品销售收入占主营业务收入比 20.87%，排在全省三类县（市、区）第 5 位，排在赣州市第 2 位。万人财政收入 0.40 亿元，排在全省三类县（市、区）第 26 位，排在赣州市第 9 位。万人社会消费品零售额 0.75 亿元，排在全省三类县（市、区）第 29 位，排在赣州市第 11 位（表 3-42）。

表 3-42 上犹县（三类）科技创新能力评价指标得分与位次

指标名称	得分（分）	全省三类县（市、区）排名		本市排名	
	2019 年	2019 年	2018 年	2019 年	2018 年
科技创新能力		17	7	8	4
创新环境		4	11	5	8
创新基础					
万人 GDP	3.82	24	25	10	10
规模以上企业数	3.71	26	17	11	11
新增省级及以上人才／平台／载体	4.98	2		6	
科技意识					
万人专利申请量	5.45	4	5	3	3
开展 R&D 活动的企业占比	5.46	10	20	10	14
人均科普经费投入	5.46	3	3	2	1
创新投入		31	26	15	15
人力投入					
万人 R&D 人员数	4.07	21	22	7	8
研究人员占 R&D 人员比	3.10	32	32	17	17
R&D 人员全时当量	3.90	25	21	14	13
财力投入					
R&D 经费投入占 GDP 百分比	4.00	28	13	12	13
企业 R&D 经费投入占主营业务收入比	4.07	26	19	13	14
企业技术获取和改造费用占主营业务收入比	4.09	21	4	14	3
创新成效		5	2	5	3
技术创新					
高新技术产业增加值占规模以上工业增加值比	4.73	12	1	4	1
新增高新技术企业数	4.95	3		5	
入库科技型中小企业数	4.57	1		5	
产业化水平					
新产品销售收入占主营业务收入比	4.65	5	3	2	2
万人发明专利授权量	4.00	25	14	13	10

续表

指标名称	得分（分）	全省三类县（市、区）排名		本市排名	
	2019 年	2019 年	2018 年	2019 年	2018 年
技术合同成交额	4.25	18	21	5	5
经济社会发展		14	20	7	13
经济增长					
GDP 较上一年增长	6.11	2	9	3	13
万人财政收入	3.85	26	24		9
社会生活					
居民人均可支配收入	3.38	30	30	14	14
万人社会消费品零售额	3.84	29	29	11	10

　　如表 3-42，上犹县科技创新能力排在全省三类县（市、区）第 17 位，比上一年下降了 10 位，排在赣州市第 8 位，比上一年下降了 4 位。在一级指标中，经济社会发展排在全省三类县（市、区）第 14 位，比上一年提升了 6 位，排在赣州市第 7 位，比上一年提升了 6 位；创新投入排在全省三类县（市、区）第 31 位，比上一年下降了 5 位，排在赣州市第 15 位，与上一年位次相同；创新成效排在全省三类县（市、区）第 5 位，比上一年下降了 3 位，排在赣州市第 5 位，比上一年下降了 2 位；创新环境排在全省三类县（市、区）第 4 位，比上一年提升了 7 位，排在赣州市第 5 位，比上一年提升了 3 位。

　　综上所述，上犹县科技创新能力居全省三类县（市、区）中游，在新增省级及以上人才 / 平台 / 载体、万人专利申请量、人均科普经费投入、入库科技型中小企业数等方面具有较明显优势，但在规模以上企业数、研究人员占 R&D 人员比、万人 R&D 人员数、R&D 经费投入占 GDP 百分比、企业 R&D 经费投入占主营业务收入比等方面排名靠后，短板相对明显。建议该县加大财政科技投入力度，大力鼓励企业加大创新投入，加强科研人才培养和引进，促进经济高质量发展。

七、崇义县

崇义县，位于江西省南部偏西，是赣州市下辖县。2019年，该县常住人口为19.46万人，地区GDP为84.57亿元。居民人均可支配收入20 083.65元，排在全省三类县（市、区）第22位，排在赣州市第12位。万人GDP为4.35亿元，排在全省三类县（市、区）第9位，排在赣州市第5位。GDP较上一年增长8.20%，排在全省三类县（市、区）第16位，排在赣州市第15位。开展R&D活动的企业占比33.33%，排在全省三类县（市、区）第31位，排在赣州市第18位。万人专利申请量24.87件，排在全省三类县（市、区）第10位，排在赣州市第7位。万人发明专利授权量0.15件，排在全省三类县（市、区）第16位，排在赣州市第9位。万人R&D人员数19.22人，排在全省三类县（市、区）第14位，排在赣州市第4位。研究人员占R&D人员比为45.99%，排在全省三类县（市、区）第2位，排在赣州市第1位。新增高新技术企业6家，排在全省三类县（市、区）第24位，排在赣州市第17位。新产品销售收入占主营业务收入比10.77%，排在全省三类县（市、区）第18位，排在赣州市第9位。万人财政收入0.69亿元，排在全省三类县（市、区）第8位，排在赣州市第3位。万人社会消费品零售额0.98亿元，排在全省三类县（市、区）第21位，排在赣州市第6位（表3-43）。

表3-43 崇义县（三类）科技创新能力评价指标得分与位次

指标名称	得分（分）	全省三类县（市、区）排名		本市排名	
	2019年	2019年	2018年	2019年	2018年
科技创新能力		24	15	10	11
创新环境		17	29	13	17
创新基础					
万人GDP	4.22	9	8	5	3
规模以上企业数	3.62	29	29	13	18
新增省级及以上人才/平台/载体	4.86	4		7	
科技意识					
万人专利申请量	4.96	10	23	7	12

续表

指标名称	得分（分）	全省三类县（市、区）排名		本市排名	
	2019 年	2019 年	2018 年	2019 年	2018 年
开展 R&D 活动的企业占比	3.62	31	31	18	18
人均科普经费投入	5.21	6	25	7	16
创新投入		18	10	4	9
人力投入					
万人 R&D 人员数	4.19	14	15	4	3
研究人员占 R&D 人员比	5.97	2	6	1	4
R&D 人员全时当量	3.91	23	18	13	11
财力投入					
R&D 经费投入占 GDP 百分比	3.54	33	21	17	16
企业 R&D 经费投入占主营业务收入比	3.56	33	18	17	13
企业技术获取和改造费用占主营业务收入比	4.09	21	2	14	1
创新成效		30	11	15	8
技术创新					
高新技术产业增加值占规模以上工业增加值比	4.03	29	7	12	7
新增高新技术企业数	3.65	24		17	
入库科技型中小企业数	4.13	20		14	
产业化水平					
新产品销售收入占主营业务收入比	4.34	18	16	9	7
万人发明专利授权量	4.10	16	9	9	7
技术合同成交额	4.34	12	17	3	3
经济社会发展		17	8	9	4
经济增长					
GDP 较上一年增长	4.79	16	3	15	5
万人财政收入	4.53	8	7	3	3
社会生活					
居民人均可支配收入	3.51	22	22	12	12
万人社会消费品零售额	3.99	21	21	6	5

如表 3-43，崇义县科技创新能力排在全省三类县（市、区）第 24 位，比上一年下降了 9 位，排在赣州市第 10 位，比上一年提升了 1 位。在一级指标中，经济社会发展排在全省三类县（市、区）第 17 位，比上一年下降了 9 位，排在赣州市第 9 位，比上一年下降了 5 位；创新投入排在全省三类县（市、区）第 18 位，比上一年下降了 8 位，排在赣州市第 4 位，比上一年提升了 5 位；创新成效排在全省三类县（市、区）第 30 位，比上一年下降了 19 位，排在赣州市第 15 位，比上一年下降了 7 位；创新环境排在全省三类县（市、区）第 17 位，比上一年提升了 12 位，排在赣州市第 13 位，比上一年提升了 4 位。

综上所述，崇义县科技创新能力居全省三类县（市、区）中下游，在万人 GDP、新增省级及以上人才 / 平台 / 载体、人均科普经费投入、研究人员占 R&D 人员比、万人财政收入等方面排名靠前，但在规模以上企业数、开展 R&D 活动的企业占比、R&D 经费投入占 GDP 百分比、企业 R&D 经费投入占主营业务收入比、高新技术产业增加值占规模以上工业增加值比等方面短板明显。建议该县加大科技财政投入，夯实创新基础，支持企业加大创新投入、开展科技创新、做大做强，加速产业转型升级，不断提升经济发展质量。

八、安远县

安远县，位于江西省南部，是赣州市下辖县。2019 年，该县常住人口为 35.31 万人，地区 GDP 为 87.78 亿元。居民人均可支配收入 18 528.94 元，排在全省三类县（市、区）第 32 位，排在赣州市第 17 位。万人 GDP 为 2.49 亿元，排在全省三类县（市、区）第 31 位，排在赣州市第 18 位。GDP 较上一年增长 7.20%，排在全省三类县（市、区）第 31 位，排在赣州市第 18 位。新增省级及以上人才 / 平台 / 载体 2 个，排在全省三类县（市、区）第 24 位，排在赣州市第 15 位。开展 R&D 活动的企业占比 42.42%，排在全省三类县（市、区）第 19 位，排在赣州市第 15 位。万人专利申请量 23.22 件，排在全省三类县（市、区）第 12 位，排在赣州市第 9 位。研究人员占 R&D 人员比

为 11.15%，排在全省三类县（市、区）第 33 位，排在赣州市第 18 位。R&D
人员全时当量 258 人·年，排在全省三类县（市、区）第 19 位，排在赣州市
第 11 位。企业技术获取和改造费用占主营业务收入比 0.01%，排在全省三类
县（市、区）第 12 位，排在赣州市第 7 位。新增高新技术企业 14 家，排在
全省三类县（市、区）第 9 位，排在赣州市第 8 位。万人财政收入 0.28 亿元，
排在全省三类县（市、区）第 32 位，排在赣州市第 15 位。万人社会消费品
零售额 0.65 亿元，排在全省三类县（市、区）第 31 位，排在赣州市第 16 位
（表 3-44）。

表 3-44 安远县（三类）科技创新能力评价指标得分与位次

指标名称	得分（分）	全省三类县（市、区）排名		本市排名	
	2019 年	2019 年	2018 年	2019 年	2018 年
科技创新能力		33	24	18	16
创新环境		23	18	15	12
创新基础					
万人 GDP	3.51	31	33	18	18
规模以上企业数	3.45	33	26	18	16
新增省级及以上人才 / 平台 / 载体	3.76	24		15	
科技意识					
万人专利申请量	4.84	12	14	9	10
开展 R&D 活动的企业占比	4.48	19	6	15	4
人均科普经费投入	5.38	4	24	3	15
创新投入		32	27	17	16
人力投入					
万人 R&D 人员数	3.87	31	30	12	14
研究人员占 R&D 人员比	2.98	33	33	18	18
R&D 人员全时当量	3.94	19	24	11	15
财力投入					
R&D 经费投入占 GDP 百分比	3.81	31	19	15	15
企业 R&D 经费投入占主营业务收入比	4.27	19	10	7	12

续表

指标名称	得分（分）	全省三类县（市、区）排名		本市排名	
	2019 年	2019 年	2018 年	2019 年	2018 年
企业技术获取和改造费用占主营业务收入比	4.12	12	25	7	13
创新成效		25	16	12	10
技术创新					
高新技术产业增加值占规模以上工业增加值比	3.92	31	10	13	8
新增高新技术企业数	4.30	9		8	
入库科技型中小企业数	4.33	9		9	
产业化水平					
新产品销售收入占主营业务收入比	4.41	17	19	7	9
万人发明专利授权量	4.05	21	18	10	11
技术合同成交额	4.11	26	29	11	10
经济社会发展		33	32	18	18
经济增长					
GDP 较上一年增长	3.32	31	30	18	17
万人财政收入	3.56	32	32	15	15
社会生活					
居民人均可支配收入	3.28	32	32	17	17
万人社会消费品零售额	3.77	31	32	16	16

如表 3-44，安远县科技创新能力排在全省三类县（市、区）第 33 位，比上一年下降了 9 位，排在赣州市第 18 位，比上一年下降了 2 位。在一级指标中，经济社会发展排在全省三类县（市、区）第 33 位，比上一年下降了 1 位，排在赣州市第 18 位，与上一年位次相同；创新投入排在全省三类县（市、区）第 32 位，比上一年下降了 5 位，排在赣州市第 17 位，比上一年下降了 1 位；创新成效排在全省三类县（市、区）第 25 位，比上一年下降了 9 位，排在赣州市第 12 位，比上一年下降了 2 位；创新环境排在全省三类县（市、区）第 23 位，比上一年下降了 5 位，排在赣州市第 15 位，比上一年下降了 3 位。

综上所述，安远县科技创新能力居全省三类县（市、区）末位，其中在人均科普经费投入、新增高新技术企业数、入库科技型中小企业数等方面排名相对靠前，但在万人 GDP、规模以上企业数、万人 R&D 人员数、研究人员占 R&D 人员比、R&D 经费投入占 GDP 百分比、高新技术产业增加值占规模以上工业增加值比等方面存在明显短板。建议该县加大科技投入，加强人才培养，提高企业创新积极性，大力培育战略性新兴产业，不断提高科技对经济的贡献度，不断提高整体经济实力。

九、龙南市

龙南市，原龙南县，位于江西省最南端，是赣州市下辖县。2019 年，该县常住人口为 31.23 万人，地区 GDP 为 164.07 亿元。居民人均可支配收入 23 395.85 元，排在全省三类县（市、区）第 14 位，排在赣州市第 2 位。万人 GDP 为 5.25 亿元，排在全省三类县（市、区）第 4 位，排在赣州市第 2 位。GDP 较上一年增长 8.20%，排在全省三类县（市、区）第 16 位，排在赣州市第 15 位。新增省级及以上人才 / 平台 / 载体 11 个，排在全省三类县（市、区）第 1 位，排在赣州市第 3 位。开展 R&D 活动的企业占比 53.75%，排在全省三类县（市、区）第 6 位，排在赣州市第 6 位。万人专利申请量 24.91 件，排在全省三类县（市、区）第 9 位，排在赣州市第 6 位。万人发明专利授权量 2.69 件，排在全省三类县（市、区）第 2 位，排在赣州市第 2 位。万人 R&D 人员数 28.72 人，排在全省三类县（市、区）第 6 位，排在赣州市第 2 位。R&D 人员全时当量 475 人·年，排在全省三类县（市、区）第 11 位，排在赣州市第 4 位。新增高新技术企业 23 家，排在全省三类县（市、区）第 2 位，排在赣州市第 4 位。新产品销售收入占主营业务收入比 16.22%，排在全省三类县（市、区）第 11 位，排在赣州市第 4 位。万人财政收入 0.74 亿元，排在全省三类县（市、区）第 5 位，排在赣州市第 2 位。万人社会消费品零售额 1.26 亿元，排在全省三类县（市、区）第 14 位，排在赣州市第 2 位（表 3-45）。

表 3-45　龙南市（三类）科技创新能力评价指标得分与位次

指标名称	得分（分）	全省三类县（市、区）排名		本市排名	
	2019 年	2019 年	2018 年	2019 年	2018 年
科技创新能力		3	4	3	3
创新环境		3	6	4	4
创新基础					
万人 GDP	4.57	4	3	2	2
规模以上企业数	4.39	6	4	3	4
新增省级及以上人才／平台／载体	5.35	1		3	
科技意识					
万人专利申请量	4.97	9	9	6	5
开展 R&D 活动的企业占比	5.55	6	18	6	13
人均科普经费投入	4.77	16	9	15	4
创新投入		25	8	11	7
人力投入					
万人 R&D 人员数	4.47	6	17	2	5
研究人员占 R&D 人员比	3.50	28	17	15	11
R&D 人员全时当量	4.14	11	9	4	4
财力投入					
R&D 经费投入占 GDP 百分比	4.35	16	2	3	2
企业 R&D 经费投入占主营业务收入比	4.27	20	8	8	8
企业技术获取和改造费用占主营业务收入比	4.10	18	25	11	13
创新成效		2	7	2	5
技术创新					
高新技术产业增加值占规模以上工业增加值比	3.86	32	3	15	4
新增高新技术企业数	5.03	2		4	
入库科技型中小企业数	4.16	14		12	
产业化水平					
新产品销售收入占主营业务收入比	4.51	11	10	4	5
万人发明专利授权量	7.21	2	7	2	6

续表

指标名称	得分（分）	全省三类县（市、区）排名		本市排名	
	2019 年	2019 年	2018 年	2019 年	2018 年
技术合同成交额	4.34	13	18	4	4
经济社会发展		8	4	5	2
经济增长					
GDP 较上一年增长	4.79	16	2	15	3
万人财政收入	4.65	5	5	2	2
社会生活					
居民人均可支配收入	4.00	14	14	2	2
万人社会消费品零售额	4.18	14	14	2	2

如表 3-45，龙南市科技创新能力排在全省三类县（市、区）第 3 位，比上一年提升了 1 位，排在赣州市第 3 位，与上一年位次相同。在一级指标中，经济社会发展排在全省三类县（市、区）第 8 位，比上一年下降了 4 位，排在赣州市第 5 位，比上一年下降了 3 位；创新投入排在全省三类县（市、区）第 25 位，比上一年下降了 17 位，排在赣州市第 11 位，比上一年下降了 4 位；创新成效排在全省三类县（市、区）第 2 位，比上一年提升了 5 位，排在赣州市第 2 位，比上一年提升了 3 位；创新环境排在全省三类县（市、区）第 3 位，比上一年提升了 3 位，排在赣州市第 4 位，与上一年位次相同。

综上所述，龙南市科技创新能力居全省三类县（市、区）前列，在万人 GDP、新增省级及以上人才/平台/载体、新增高新技术企业数、万人发明专利授权量、万人财政收入等方面优势明显，但在研究人员占 R&D 人员比、企业 R&D 经费投入占主营业务收入比、高新技术产业增加值占规模以上工业增加值比等方面排名相对偏低。建议该市加强科技人才培养，支持引导企业自主创新、加大研发投入，加速产业转型升级，推进经济高质量发展。

十、定南县

定南县，位于江西省最南端，是赣州市下辖县。2019年，该县常住人口为19.33万人，地区GDP为82.53亿元。居民人均可支配收入21 114.04元，排在全省三类县（市、区）第19位，排在赣州市第9位。万人GDP为4.27亿元，排在全省三类县（市、区）第12位，排在赣州市第6位。GDP较上一年增长9.30%，排在全省三类县（市、区）第1位，排在赣州市第2位。新增省级及以上人才/平台/载体3个，排在全省三类县（市、区）第19位，排在赣州市第13位。开展R&D活动的企业占比53.49%，排在全省三类县（市、区）第7位，排在赣州市第7位。万人专利申请量15.68件，排在全省三类县（市、区）第20位，排在赣州市第13位。万人发明专利授权量0.36件，排在全省三类县（市、区）第7位，排在赣州市第5位。万人R&D人员数16.04人，排在全省三类县（市、区）第18位，排在赣州市第6位。R&D人员全时当量236人·年，排在全省三类县（市、区）第22位，排在赣州市第12位。新增高新技术企业11家，排在全省三类县（市、区）第14位，排在赣州市第11位。新产品销售收入占主营业务收入比19.17%，排在全省三类县（市、区）第6位，排在赣州市第3位。万人财政收入0.64亿元，排在全省三类县（市、区）第11位，排在赣州市第4位。万人社会消费品零售额0.97亿元，排在全省三类县（市、区）第23位，排在赣州市第7位（表3-46）。

表3-46　定南县（三类）科技创新能力评价指标得分与位次

指标名称	得分（分）	全省三类县（市、区）排名		本市排名	
	2019年	2019年	2018年	2019年	2018年
科技创新能力		11	2	6	2
创新环境		12	23	11	13
创新基础					
万人GDP	4.19	12	9	6	4
规模以上企业数	3.92	20	20	7	13

续表

指标名称	得分（分）	全省三类县（市、区）排名		本市排名	
	2019 年	2019 年	2018 年	2019 年	2018 年
新增省级及以上人才 / 平台 / 载体	3.89	19		13	
科技意识					
万人专利申请量	4.27	20	24	13	13
开展 R&D 活动的企业占比	5.52	7	22	7	16
人均科普经费投入	4.87	12	10	12	5
创新投入		23	5	8	6
人力投入					
万人 R&D 人员数	4.09	18	16	6	4
研究人员占 R&D 人员比	3.93	20	14	10	8
R&D 人员全时当量	3.92	22	19	12	12
财力投入					
R&D 经费投入占 GDP 百分比	4.28	21	5	4	7
企业 R&D 经费投入占主营业务收入比	4.55	13	5	5	4
企业技术获取和改造费用占主营业务收入比	4.09	21	14	14	7
创新成效		9	1	6	2
技术创新					
高新技术产业增加值占规模以上工业增加值比	4.87	9	2	3	2
新增高新技术企业数	4.05	14		11	
入库科技型中小企业数	4.43	4		7	
产业化水平					
新产品销售收入占主营业务收入比	4.60	6	2	3	1
万人发明专利授权量	4.36	7	5	5	5
技术合同成交额	4.45	9	9	1	1
经济社会发展		5	11	2	6
经济增长					
GDP 较上一年增长	6.41	1	8	2	12
万人财政收入	4.40	11	10	4	4

续表

指标名称	得分（分）	全省三类县（市、区）排名		本市排名	
	2019 年	2019 年	2018 年	2019 年	2018 年
社会生活					
居民人均可支配收入	3.66	19	19	9	9
万人社会消费品零售额	3.98	23	22	7	6

如表 3-46，定南县科技创新能力排在全省三类县（市、区）第 11 位，比上一年下降了 9 位，排在赣州市第 6 位，比上一年下降了 4 位。在一级指标中，经济社会发展排在全省三类县（市、区）第 5 位，比上一年提升了 6 位，排在赣州市第 2 位，比上一年提升了 4 位；创新投入排在全省三类县（市、区）第 23 位，比上一年下降了 18 位，排在赣州市第 8 位，比上一年下降了 2 位；创新成效排在全省三类县（市、区）第 9 位，比上一年下降了 8 位，排在赣州市第 6 位，比上一年下降了 4 位；创新环境排在全省三类县（市、区）第 12 位，比上一年提升了 11 位，排在赣州市第 11 位，比上一年提升了 2 位。

综上所述，定南县科技创新能力居全省三类县（市、区）中上游，在开展 R&D 活动的企业占比、新产品销售收入占主营业务收入比、万人发明专利授权量、GDP 较上一年增长等方面排名相对靠前，但在规模以上企业数、R&D 人员全时当量、企业技术获取和改造费用占主营业务收入比、R&D 经费投入占 GDP 百分比等方面存在较大短板。建议该县增加科技财政投入，鼓励企业转型升级、做大做强，强化人才培养意识，夯实科技创新基础，推进经济高质量发展。

十一、全南县

全南县，位于江西省最南端，是赣州市下辖县。2019 年，该县常住人口为 18.73 万人，地区 GDP 为 81.88 亿元。居民人均可支配收入 18 919.86 元，排在全省三类县（市、区）第 31 位，排在赣州市第 16 位。万人 GDP 为 4.37

亿元，排在全省三类县（市、区）第 8 位，排在赣州市第 4 位。GDP 较上一年增长 8.80%，排在全省三类县（市、区）第 3 位，排在赣州市第 5 位。开展 R&D 活动的企业占比 52.94%，排在全省三类县（市、区）第 9 位，排在赣州市第 9 位。万人专利申请量 26.16 件，排在全省三类县（市、区）第 8 位，排在赣州市第 5 位。人均科普经费投入 0.90 元，排在全省三类县（市、区）第 13 位，排在赣州市第 13 位。万人 R&D 人员数 27.50 人，排在全省三类县（市、区）第 8 位，排在赣州市第 3 位。R&D 人员全时当量 299 人·年，排在全省三类县（市、区）第 16 位，排在赣州市第 10 位。企业技术获取和改造费用占主营业务收入比 0.05%，排在全省三类县（市、区）第 7 位，排在赣州市第 2 位。新产品销售收入占主营业务收入比 7.14%，排在全省三类县（市、区）第 23 位，排在赣州市第 11 位。万人财政收入 0.58 亿元，排在全省三类县（市、区）第 12 位，排在赣州市第 5 位。万人社会消费品零售额 1.11 亿元，排在全省三类县（市、区）第 18 位，排在赣州市第 4 位（表 3-47）。

表 3-47　全南县（三类）科技创新能力评价指标得分与位次

指标名称	得分（分）	全省三类县（市、区）排名		本市排名	
	2019 年	2019 年	2018 年	2019 年	2018 年
科技创新能力		15	16	7	12
创新环境		9	10	8	6
创新基础					
万人 GDP	4.23	8	13	4	6
规模以上企业数	3.88	21	20	8	13
新增省级及以上人才/平台/载体	4.13	12		12	
科技意识					
万人专利申请量	5.06	8	6	5	4
开展 R&D 活动的企业占比	5.47	9	13	9	8
人均科普经费投入	4.84	13	20	13	11
创新投入		17	13	3	10
人力投入					
万人 R&D 人员数	4.43	8	2	3	2

指标名称	得分（分）	全省三类县（市、区）排名		本市排名	
	2019 年	2019 年	2018 年	2019 年	2018 年
研究人员占 R&D 人员比	3.54	27	29	14	16
R&D 人员全时当量	3.98	16	12	10	7
财力投入					
R&D 经费投入占 GDP 百分比	4.43	14	8	2	9
企业 R&D 经费投入占主营业务收入比	4.68	10	7	2	7
企业技术获取和改造费用占主营业务收入比	4.26	7	6	2	4
创新成效		18	15	7	9
技术创新					
高新技术产业增加值占规模以上工业增加值比	4.65	15	13	5	10
新增高新技术企业数	3.81	20		15	
入库科技型中小企业数	4.36	7		8	
产业化水平					
新产品销售收入占主营业务收入比	4.23	23	21	11	10
万人发明专利授权量	4.50	6	30	3	18
技术合同成交额	4.36	11	15	2	2
经济社会发展		12	17	6	10
经济增长					
GDP 较上一年增长	5.67	3	9	5	13
万人财政收入	4.27	12	13	5	5
社会生活					
居民人均可支配收入	3.34	31	31	16	16
万人社会消费品零售额	4.07	18	17	4	4

如表 3-47，全南县科技创新能力排在全省三类县（市、区）第 15 位，比上一年提升了 1 位，排在赣州市第 7 位，比上一年提升了 5 位。在一级指标中，经济社会发展排在全省三类县（市、区）第 12 位，比上一年提升了 5 位，排在赣州市第 6 位，比上一年提升了 4 位；创新投入排在全省三类县（市、区）第 17 位，比上一年下降了 4 位，排在赣州市第 3 位，比上一年提

升了 7 位；创新成效排在全省三类县（市、区）第 18 位，比上一年下降了 3 位，排在赣州市第 7 位，比上一年提升了 2 位；创新环境排在全省三类县（市、区）第 9 位，比上一年提升了 1 位，排在赣州市第 8 位，比上一年下降了 2 位。

综上所述，全南县科技创新能力居全省三类县（市、区）中游，万人 GDP、万人专利申请量、万人发明专利授权量、GDP 较上一年增长等方面排名相对靠前，但在居民人均可支配收入、新产品销售收入占主营业务收入比、研究人员占 R&D 人员比、规模以上企业数等方面排名靠后。建议该县加强科技创新意识，营造创新氛围，鼓励企业通过创新做大做强，加速人才培养，不断提高科技竞争力，持续促进经济高质量发展。

十二、宁都县

宁都县，位于江西省东南部，是赣州市下辖县。2019 年，该县常住人口为 82.02 万人，地区 GDP 为 209.14 亿元。居民人均可支配收入 18 925.86 元，排在全省二类县（市、区）第 30 位，排在赣州市第 15 位。万人 GDP 为 2.55 亿元，排在全省二类县（市、区）第 30 位，排在赣州市第 17 位。GDP 较上一年增长 8.50%，排在全省二类县（市、区）第 3 位，排在赣州市第 8 位。新增高新技术企业 13 家，排在全省二类县（市、区）第 18 位，排在赣州市第 9 位。开展 R&D 活动的企业占比 45.39%，排在全省二类县（市、区）第 13 位，排在赣州市第 14 位。万人 R&D 人员数 4.99 人，排在全省二类县（市、区）第 28 位，排在赣州市第 17 位。R&D 人员全时当量 325 人·年，排在全省二类县（市、区）第 22 位，排在赣州市第 8 位。企业技术获取和改造费用占主营业务收入比 0.01%，排在全省二类县（市、区）第 22 位，排在赣州市第 8 位。新产品销售收入占主营业务收入比 5.85%，排在全省二类县（市、区）第 25 位，排在赣州市第 13 位。万人财政收入 0.17 亿元，排在全省二类县（市、区）第 32 位，排在赣州市第 18 位。万人社会消费品零售额 0.65 亿元，排在全省二类县（市、区）第 33 位，排在赣州市第 17 位（表 3-48）。

表 3-48　宁都县（二类）科技创新能力评价指标得分与位次

指标名称	得分（分）	全省二类县（市、区）排名		本市排名	
	2019 年	2019 年	2018 年	2019 年	2018 年
科技创新能力		31	10	16	10
创新环境		25	20	17	14
创新基础					
万人 GDP	3.53	30	29	17	16
规模以上企业数	3.60	30	26	15	8
新增省级及以上人才/平台/载体	3.76	25		15	
科技意识					
万人专利申请量	3.47	30	29	17	17
开展 R&D 活动的企业占比	4.76	13	8	14	9
人均科普经费投入	4.70	13	14	16	14
创新投入		26	2	7	2
人力投入					
万人 R&D 人员数	3.76	28	24	17	12
研究人员占 R&D 人员比	5.19	2	1	2	3
R&D 人员全时当量	4.00	22	15	8	2
财力投入					
R&D 经费投入占 GDP 百分比	3.72	32	9	16	6
企业 R&D 经费投入占主营业务收入比	4.14	23	2	12	2
企业技术获取和改造费用占主营业务收入比	4.12	22	24	8	8
创新成效		26	19	14	12
技术创新					
高新技术产业增加值占规模以上工业增加值比	4.08	26	17	11	15
新增高新技术企业数	4.22	18		9	
入库科技型中小企业数	4.13	21		14	
产业化水平					
新产品销售收入占主营业务收入比	4.19	25	11	13	6
万人发明专利授权量	3.99	26	23	15	13

续表

指标名称	得分（分）	全省二类县（市、区）排名		本市排名	
	2019 年	2019 年	2018 年	2019 年	2018 年
技术合同成交额	3.95	31	31	18	17
经济社会发展		29	19	17	12
经济增长					
GDP 较上一年增长	5.23	3	1	8	6
万人财政收入	3.30	32	32	18	18
社会生活					
居民人均可支配收入	3.34	30	30	15	15
万人社会消费品零售额	3.77	33	33	17	17

如表 3-48，宁都县科技创新能力排在全省二类县（市、区）第 31 位，比上一年下降了 21 位，排在赣州市第 16 位，比上一年下降了 6 位。在一级指标中，经济社会发展排在全省二类县（市、区）第 29 位，比上一年下降了 10 位，排在赣州市第 17 位，比上一年下降了 5 位；创新投入排在全省二类县（市、区）第 26 位，比上一年下降了 24 位，排在赣州市第 7 位，比上一年下降了 5 位；创新成效排在全省二类县（市、区）第 26 位，比上一年下降了 7 位，排在赣州市第 14 位，比上一年下降了 2 位；创新环境排在全省二类县（市、区）第 25 位，比上一年下降了 5 位，排在赣州市第 17 位，比上一年下降了 3 位。

综上所述，宁都县科技创新能力居全省二类县（市、区）下游，其中研究人员占 R&D 人员比、GDP 较上一年增长等方面排名靠前，具有一定优势，但在万人 GDP、规模以上企业数、万人专利申请量、R&D 经费投入占 GDP 百分比等方面排名靠后。建议该县强化创新意识，营造创新氛围，引导企业增加创新投入，不断提高综合竞争力。

十三、于都县

于都县，位于江西省南部、赣州市东部，是赣州市下辖县。2019 年，该县常住人口为 88.58 万人，地区 GDP 为 266.23 亿元。居民人均可支配收入 22 452.55 元，排在全省二类县（市、区）第 22 位，排在赣州市第 5 位。万人 GDP 为 3.01 亿元，排在全省二类县（市、区）第 25 位，排在赣州市第 12 位。GDP 较上一年增长 8.30%，排在全省二类县（市、区）第 8 位，排在赣州市第 12 位。新增省级及以上人才／平台／载体 3 个，排在全省二类县（市、区）第 12 位，排在赣州市第 10 位。新增高新技术企业 10 家，排在全省二类县（市、区）第 23 位，排在赣州市第 12 位。开展 R&D 活动的企业占比 53.15%，排在全省二类县（市、区）第 6 位，排在赣州市第 8 位。万人专利申请量 12.62 件，排在全省二类县（市、区）第 12 位，排在赣州市第 14 位。研究人员占 R&D 人员比为 27.39%，排在全省二类县（市、区）第 15 位，排在赣州市第 8 位。R&D 人员全时当量 352 人·年，排在全省二类县（市、区）第 21 位，排在赣州市第 6 位。万人财政收入 0.26 亿元，排在全省二类县（市、区）第 29 位，排在赣州市第 17 位。万人社会消费品零售额 0.70 亿元，排在全省二类县（市、区）第 30 位，排在赣州市第 14 位（表 3-49）。

表 3-49　于都县（二类）科技创新能力评价指标得分与位次

指标名称	得分（分）	全省二类县（市、区）排名		本市排名	
	2019 年	2019 年	2018 年	2019 年	2018 年
科技创新能力		27	25	13	17
创新环境		12	26	10	16
创新基础					
万人 GDP	3.71	25	25	12	11
规模以上企业数	4.08	21	14	4	3
新增省级及以上人才／平台／载体	4.37	12		10	
科技意识					
万人专利申请量	4.04	12	22	14	15
开展 R&D 活动的企业占比	5.49	6	7	8	7
人均科普经费投入	5.78	1	32	1	18
创新投入		30	21	14	13

续表

指标名称	得分（分）	全省二类县 （市、区）排名		本市排名	
	2019 年	2019 年	2018 年	2019 年	2018 年
人力投入					
万人 R&D 人员数	3.80	26	22	15	10
研究人员占 R&D 人员比	4.37	15	32	8	15
R&D 人员全时当量	4.03	21	17	6	3
财力投入					
R&D 经费投入占 GDP 百分比	3.84	31	11	14	8
企业 R&D 经费投入占主营业务收入比	3.87	30	7	16	10
企业技术获取和改造费用占主营业务收入比	4.09	29	28	14	13
创新成效		27	24	16	14
技术创新					
高新技术产业增加值占规模以上工业增加值比	4.10	25	15	10	13
新增高新技术企业数	3.97	23		12	
入库科技型中小企业数	4.26	14		10	
产业化水平					
新产品销售收入占主营业务收入比	4.03	33	23	18	13
万人发明专利授权量	4.00	24	24	14	14
技术合同成交额	3.97	28	33	17	18
经济社会发展		23	12	13	8
经济增长					
GDP 较上一年增长	4.94	8	3	12	9
万人财政收入	3.50	29	29	17	17
社会生活					
居民人均可支配收入	3.86	22	22	5	5
万人社会消费品零售额	3.81	30	30	14	14

如表 3-49，于都县科技创新能力排在全省二类县（市、区）第 27 位，比上一年下降了 2 位，排在赣州市第 13 位，比上一年提升了 4 位。在一级指标中，经济社会发展排在全省二类县（市、区）第 23 位，比上一年下降了

11 位，排在赣州市第 13 位，比上一年下降了 5 位；创新投入排在全省二类县（市、区）第 30 位，比上一年下降了 9 位，排在赣州市第 14 位，比上一年下降了 1 位；创新成效排在全省二类县（市、区）第 27 位，比上一年下降了 3 位，排在赣州市第 16 位，比上一年下降了 2 位；创新环境排在全省二类县（市、区）第 12 位，比上一年提升了 14 位，排在赣州市第 10 位，比上一年提升了 6 位。

综上所述，于都县科技创新能力居全省二类县（市、区）下游，其中开展 R&D 活动的企业占比、人均科普经费投入、GDP 较上一年增长等方面排名靠前，但 R&D 经费投入占 GDP 百分比、企业 R&D 经费投入占主营业务收入比、新产品销售收入占主营业务收入比、技术合同成交额等指标排名靠后。建议该县加大财政科技投入力度，大力支持引导企业开展创新活动，加速科技成果转移转化，增加科技在经济发展的贡献度。

十四、兴国县

兴国县，位于江西省中南部、赣州市北部，是赣州市下辖县。2019 年，该县常住人口为 74.73 万人，地区 GDP 为 191.58 亿元。居民人均可支配收入 20 178.06 元，排在全省二类县（市、区）第 28 位，排在赣州市第 11 位。万人 GDP 为 2.56 亿元，排在全省二类县（市、区）第 29 位，排在赣州市第 16 位。GDP 较上一年增长 8.40%，排在全省二类县（市、区）第 5 位，排在赣州市第 11 位。新增高新技术企业 9 家，排在全省二类县（市、区）第 24 位，排在赣州市第 14 位。开展 R&D 活动的企业占比 50.00%，排在全省二类县（市、区）第 7 位，排在赣州市第 11 位。人均科普经费投入 0.92 元，排在全省二类县（市、区）第 12 位，排在赣州市第 10 位。万人 R&D 人员数 5.34 人，排在全省二类县（市、区）第 27 位，排在赣州市第 16 位。研究人员占 R&D 人员比为 28.57%，排在全省二类县（市、区）第 12 位，排在赣州市第 6 位。R&D 人员全时当量 315 人·年，排在全省二类县（市、区）第 23 位，排在赣州市第 9 位。入库科技型中小企业数 19 家，排在全省二类县（市、区）第 22 位，排在赣州市第 17 位。万人财政收入 0.27 亿元，排在全省二类县（市、区）第 27 位，排在赣州市第 16 位。万人社会消费品零售额 0.65 亿元，排在全省二类县（市、区）第 32 位，排在赣州市第 15 位（表 3-50）。

表 3-50 兴国县（二类）科技创新能力评价指标得分与位次

指标名称	得分（分）2019 年	全省二类县（市、区）排名		本市排名	
		2019 年	2018 年	2019 年	2018 年
科技创新能力		28	22	14	14
创新环境		22	25	16	15
创新基础					
万人 GDP	3.54	29	28	16	15
规模以上企业数	3.73	28	21	10	6
新增省级及以上人才/平台/载体	3.76	25		15	
科技意识					
万人专利申请量	3.61	28	27	16	16
开展 R&D 活动的企业占比	5.19	7	11	11	10
人均科普经费投入	4.89	12	16	10	16
创新投入		23	5	6	5
人力投入					
万人 R&D 人员数	3.77	27	25	16	15
研究人员占 R&D 人员比	4.48	12	13	6	7
R&D 人员全时当量	3.99	23	23	9	9
财力投入					
R&D 经费投入占 GDP 百分比	4.15	20	5	8	3
企业 R&D 经费投入占主营业务收入比	4.63	13	3	3	3
企业技术获取和改造费用占主营业务收入比	4.11	23	28	9	13
创新成效		29	28	17	16
技术创新					
高新技术产业增加值占规模以上工业增加值比	3.88	28	23	14	16
新增高新技术企业数	3.89	24		14	
入库科技型中小企业数	4.12	22		17	

续表

指标名称	得分（分）	全省二类县（市、区）排名		本市排名	
	2019 年	2019 年	2018 年	2019 年	2018 年
产业化水平					
新产品销售收入占主营业务收入比	4.15	27	28	14	15
万人发明专利授权量	3.98	28	27	16	15
技术合同成交额	4.00	26	29	15	16
经济社会发展		26	24	15	16
经济增长					
GDP 较上一年增长	5.09	5	4	11	10
万人财政收入	3.53	27	27	16	16
社会生活					
居民人均可支配收入	3.52	28	28	11	11
万人社会消费品零售额	3.77	32	32	15	15

如表 3-50，兴国县科技创新能力排在全省二类县（市、区）第 28 位，比上一年下降了 6 位，排在赣州市第 14 位，与上一年位次相同。在一级指标中，经济社会发展排在全省二类县（市、区）第 26 位，比上一年下降了 2 位，排在赣州市第 15 位，比上一年提升了 1 位；创新投入排在全省二类县（市、区）第 23 位，比上一年下降了 18 位，排在赣州市第 6 位，比上一年下降了 1 位；创新成效排在全省二类县（市、区）第 29 位，排在赣州市第 17 位，都比上一年下降了 1 位；创新环境排在全省二类县（市、区）第 22 位，比上一年提升了 3 位，排在赣州市第 16 位，比上一年下降了 1 位。

综上所述，兴国县科技创新能力居全省二类县（市、区）下游，其中开展 R&D 活动的企业占比、GDP 较上一年增长、人均科普经费投入等方面排名靠前，具有一定优势，但在规模以上企业数、万人社会消费品零售额、万人发明专利授权量、技术合同成交额、万人 R&D 人员数等方面排名靠后。建议该县夯实创新基础，增加创新投入，积极引导企业转型升级做大做强，加速科技人才培养，加强科技成果转移转化能力，促进经济高质量发展。

十五、会昌县

会昌县，位于江西省东南部、赣州市东南部，是赣州市下辖县。2019年，该县常住人口为46.19万人，地区GDP为128.56亿元。居民人均可支配收入20 251.92元，排在全省二类县（市、区）第27位，排在赣州市第10位。万人GDP为2.78亿元，排在全省二类县（市、区）第27位，排在赣州市第13位。GDP较上一年增长8.60%，排在全省二类县（市、区）第1位，排在赣州市第6位。新增省级及以上人才/平台/载体2个，排在全省二类县（市、区）第25位，排在赣州市第15位。新增高新技术企业3家，排在全省二类县（市、区）第33位，排在赣州市第18位。人均科普经费投入1.08元，排在全省二类县（市、区）第5位，排在赣州市第6位。万人R&D人员数7.01人，排在全省二类县（市、区）第25位，排在赣州市第13位。研究人员占R&D人员比为34.57%，排在全省二类县（市、区）第4位，排在赣州市第3位。万人财政收入0.32亿元，排在全省二类县（市、区）第25位，排在赣州市第13位。万人社会消费品零售额0.79亿元，排在全省二类县（市、区）第29位，排在赣州市第10位（表3-51）。

表3-51　会昌县（二类）科技创新能力评价指标得分与位次

指标名称	得分（分）	全省二类县（市、区）排名		本市排名	
	2019年	2019年	2018年	2019年	2018年
科技创新能力		29	28	15	18
创新环境		26	27	18	18
创新基础					
万人GDP	3.62	27	27	13	14
规模以上企业数	3.57	32	32	17	12
新增省级及以上人才/平台/载体	3.76	25		15	
科技意识					
万人专利申请量	3.34	33	33	18	18
开展R&D活动的企业占比	4.09	24	18	17	15
人均科普经费投入	5.22	5	9	6	10

续表

指标名称	得分（分）	全省二类县（市、区）排名		本市排名	
	2019 年	2019 年	2018 年	2019 年	2018 年
创新投入		9	27	1	17
人力投入					
万人 R&D 人员数	3.82	25	27	13	18
研究人员占 R&D 人员比	4.99	4	15	3	9
R&D 人员全时当量	3.81	32	28	17	16
财力投入					
R&D 经费投入占 GDP 百分比	4.75	9	27	1	18
企业 R&D 经费投入占主营业务收入比	5.40	3	25	1	17
企业技术获取和改造费用占主营业务收入比	4.11	25	28	10	13
创新成效		32	30	18	18
技术创新					
高新技术产业增加值占规模以上工业增加值比	3.10	32	28	18	17
新增高新技术企业数	3.40	33	18		
入库科技型中小企业数	4.00	31	18		
产业化水平					
新产品销售收入占主营业务收入比	4.37	16	31	8	17
万人发明专利授权量	3.94	33	28	18	16
技术合同成交额	4.04	23	23	13	11
经济社会发展		20	25	12	17
经济增长					
GDP 较上一年增长	5.38	1	18	6	15
万人财政收入	3.65	25	25	13	12
社会生活					
居民人均可支配收入	3.54	27	27	10	10
万人社会消费品零售额	3.87	29	28	10	9

如表 3-51，会昌县科技创新能力排在全省二类县（市、区）第 29 位，比上一年下降了 1 位，排在赣州市第 15 位，比上一年提升了 3 位。在一级指

标中，经济社会发展排在全省二类县（市、区）第 20 位，排在赣州市第 12
位，都比上一年提升了 5 位；创新投入排在全省二类县（市、区）第 9 位，
比上一年提升了 18 位，排在赣州市第 1 位，比上一年提升了 16 位；创新成
效排在全省二类县（市、区）第 32 位，比上一年下降了 2 位，排在赣州市
第 18 位，与上一年位次相同；创新环境排在全省二类县（市、区）第 26 位，
比上一年提升了 1 位，排在赣州市第 18 位，与上一年位次相同。

综上所述，会昌县科技创新能力居全省二类县（市、区）下游，其中人
均科普经费投入、研究人员占 R&D 人员比、企业 R&D 经费投入占主营业务
收入比、GDP 较上一年增长等方面排名靠前，具有一定优势，但规模以上企
业数、万人专利申请量、R&D 人员全时当量、新增高新技术企业数、万人发
明专利授权量等方面排行靠后。建议该县加强创新宣传，积极引导企业提升
自主创新能力，加强高新技术企业培育，加速科技成果转移转化，强化人才
支撑保障，不断推进经济高质量发展。

十六、寻乌县

寻乌县，位于江西省东南端，是赣州市下辖县。2019 年，该县常住人口
为 29.88 万人，地区 GDP 为 97.57 亿元。居民人均可支配收入 19 501.04 元，
排在全省三类县（市、区）第 28 位，排在赣州市第 13 位。万人 GDP 为 3.27
亿元，排在全省三类县（市、区）第 25 位，排在赣州市第 11 位。GDP 较上
一年增长 8.30%，排在全省三类县（市、区）第 15 位，排在赣州市第 12 位。
新增省级及以上人才 / 平台 / 载体 4 个，排在全省三类县（市、区）第 8 位，
排在赣州市第 8 位。开展 R&D 活动的企业占比 41.18%，排在全省三类县
（市、区）第 21 位，排在赣州市第 16 位。万人专利申请量 17.70 件，排在全
省三类县（市、区）第 18 位，排在赣州市第 12 位。万人 R&D 人员数 17.07
人，排在全省三类县（市、区）第 17 位，排在赣州市第 5 位。研究人员占
R&D 人员比为 22.94%，排在全省三类县（市、区）第 17 位，排在赣州市第
9 位。R&D 人员全时当量 334 人·年，排在全省三类县（市、区）第 14 位，
排在赣州市第 7 位。新增高新技术企业 10 家，排在全省三类县（市、区）第

17 位，排在赣州市第 12 位。万人财政收入 0.32 亿元，排在全省三类县（市、区）第 30 位，排在赣州市第 12 位。万人社会消费品零售额 0.82 亿元，排在全省三类县（市、区）第 25 位，排在赣州市第 8 位（表 3-52）。

表 3-52　寻乌县（三类）科技创新能力评价指标得分与位次

指标名称	得分（分）	全省三类县（市、区）排名		本市排名	
	2019 年	2019 年	2018 年	2019 年	2018 年
科技创新能力		25	11	11	7
创新环境		21	13	14	9
创新基础					
万人 GDP	3.81	25	27	11	12
规模以上企业数	3.62	28	20	12	13
新增省级及以上人才/平台/载体	4.50	8		8	
科技意识					
万人专利申请量	4.43	18	11	12	7
开展 R&D 活动的企业占比	4.36	21	9	16	6
人均科普经费投入	4.81	14	10	14	5
创新投入		24	1	9	1
人力投入					
万人 R&D 人员数	4.12	17	21	5	6
研究人员占 R&D 人员比	3.99	17	3	9	1
R&D 人员全时当量	4.01	14	15	7	8
财力投入					
R&D 经费投入占 GDP 百分比	4.08	26	1	9	1
企业 R&D 经费投入占主营业务收入比	4.55	12	1	4	1
企业技术获取和改造费用占主营业务收入比	4.09	21	19	14	9
创新成效		20	27	9	17
技术创新					
高新技术产业增加值占规模以上工业增加值比	5.04	6	19	2	14
新增高新技术企业数	3.97	17		12	

续表

指标名称	得分（分）	全省三类县（市、区）排名		本市排名	
	2019 年	2019 年	2018 年	2019 年	2018 年
入库科技型中小企业数	4.13	20		14	
产业化水平					
新产品销售收入占主营业务收入比	4.11	29	29	17	18
万人发明专利授权量	4.04	23	25	12	12
技术合同成交额	4.16	23	26	7	7
经济社会发展		29	15	16	9
经济增长					
GDP 较上一年增长	4.94	15	7	12	10
万人财政收入	3.66	30	30	12	13
社会生活					
居民人均可支配收入	3.43	28	29	13	13
万人社会消费品零售额	3.88	25	25	8	7

如表 3-52，寻乌县科技创新能力排在全省三类县（市、区）第 25 位，比上一年下降了 14 位，排在赣州市第 11 位，比上一年下降了 4 位。在一级指标中，经济社会发展排在全省三类县（市、区）第 29 位，比上一年下降了 14 位，排在赣州市第 16 位，比上一年下降了 7 位；创新投入排在全省三类县（市、区）第 24 位，比上一年下降了 23 位，排在赣州市第 9 位，比上一年下降了 8 位；创新成效排在全省三类县（市、区）第 20 位，比上一年提升了 7 位，排在赣州市第 9 位，比上一年提升了 8 位；创新环境排在全省三类县（市、区）第 21 位，比上一年下降了 8 位，排在赣州市第 14 位，比上一年下降了 5 位。

综上所述，寻乌县科技创新投入得分较高，新增省级及以上人才/平台/载体、高新技术产业增加值占规模以上工业增加值比均排在全省三类县（市、区）前列，具有明显优势，但在创新成效方面得分较低，高新技术企业数、新产品销售收入占主营业务收入比、技术合同成交额等排名靠后。建议该县鼓励企业进行自主研发，提高产业性能，带动产业转型升级，加强科技成果转移转化能力，不断提高科技竞争力。

十七、石城县

石城县，位于江西省东南端，是赣州市下辖县。2019年，该县常住人口为28.86万人，地区GDP为80.07亿元。居民人均可支配收入17 881.65元，排在全省三类县（市、区）第33位，排在赣州市第18位。万人GDP为2.77亿元，排在全省三类县（市、区）第30位，排在赣州市第14位。GDP较上一年增长8.60%，排在全省三类县（市、区）第7位，排在赣州市第6位。新增高新技术企业12家，排在全省三类县（市、区）第13位，排在赣州市第10位。开展R&D活动的企业占比48.68%，排在全省三类县（市、区）第12位，排在赣州市第12位。万人专利申请量29.56件，排在全省三类县（市、区）第7位，排在赣州市第4位。人均科普经费投入0.91元，排在全省三类县（市、区）第11位，排在赣州市第11位。万人R&D人员数6.62人，排在全省三类县（市、区）第33位，排在赣州市第14位。研究人员占R&D人员比为13.09%，排在全省三类县（市、区）第31位，排在赣州市第16位。万人财政收入0.35亿元，排在全省三类县（市、区）第28位，排在赣州市第11位（表3-53）。

表3-53　石城县（三类）科技创新能力评价指标得分与位次

指标名称	得分（分）	全省三类县（市、区）排名		本市排名	
	2019年	2019年	2018年	2019年	2018年
科技创新能力		30	9	17	5
创新环境		13	8	12	5
创新基础					
万人GDP	3.62	30	32	14	17
规模以上企业数	3.61	30	27	14	17
新增省级及以上人才/平台/载体	3.89	19		13	
科技意识					

续表

指标名称	得分（分）	全省三类县（市、区）排名		本市排名	
	2019 年	2019 年	2018 年	2019 年	2018 年
万人专利申请量	5.32	7	4	4	2
开展 R&D 活动的企业占比	5.07	12	15	12	11
人均科普经费投入	4.88	11	13	11	8
创新投入		33	4	18	3
人力投入					
万人 R&D 人员数	3.81	33	29	14	13
研究人员占 R&D 人员比	3.15	31	4	16	2
R&D 人员全时当量	3.79	31	28	18	17
财力投入					
R&D 经费投入占 GDP 百分比	3.85	30	3	13	4
企业 R&D 经费投入占主营业务收入比	4.05	28	6	14	5
企业技术获取和改造费用占主营业务收入比	4.09	20	25	13	13
创新成效		23	18	11	11
技术创新					
高新技术产业增加值占规模以上工业增加值比	4.23	26	11	8	9
新增高新技术企业数	4.13	13		10	
入库科技型中小企业数	4.45	3		6	
产业化水平					
新产品销售收入占主营业务收入比	4.19	25	27	12	16
万人发明专利授权量	4.04	22	28	11	17
技术合同成交额	4.19	22	23	6	6
经济社会发展		27	6	14	3
经济增长					
GDP 较上一年增长	5.38	7	1	6	1
万人财政收入	3.72	28	29	11	11
社会生活					
居民人均可支配收入	3.19	33	33	18	18
万人社会消费品零售额	3.70	33	33	18	18

如表 3-53，石城县科技创新能力排在全省三类县（市、区）第 30 位，比上一年下降了 21 位，排在赣州市第 17 位，比上一年下降了 12 位。在一级指标中，经济社会发展排在全省三类县（市、区）第 27 位，比上一年下降了 21 位，排在赣州市第 14 位，比上一年下降了 11 位；创新投入排在全省三类县（市、区）第 33 位，比上一年下降了 29 位，排在赣州市第 18 位，比上一年下降了 15 位；创新成效排在全省三类县（市、区）第 23 位，比上一年下降了 5 位，排在赣州市第 11 位，与上一年位次相同；创新环境排在全省三类县（市、区）第 13 位，比上一年下降了 5 位，排在赣州市第 12 位，比上一年下降了 7 位。

综上所述，石城县科技创新能力居全省三类县（市、区）下游，在万人专利申请量、人均科普经费投入、入库科技型中小企业数、GDP 较上一年增长等方面排名相对靠前，但在万人 GDP、规模以上企业数、万人 R&D 人员数、研究人员占 R&D 人员比、R&D 经费投入占 GDP 百分比、居民人均可支配收入等方面存在较大短板。建议该县加大科技创新投入，营造良好的创新氛围，加强人才培养，大力支持企业自主创新，加速产业转型升级，因地制宜发展自身优势产业，提高人民生活水平。

十八、瑞金市

瑞金市，位于江西省东南部、赣州市东部，是赣州市下辖县级市。2019 年，该市常住人口为 64.33 万人，地区 GDP 为 165.92 亿元。居民人均可支配收入 21 969.96 元，排在全省二类县（市、区）第 24 位，排在赣州市第 8 位。万人 GDP 为 2.58 亿元，排在全省二类县（市、区）第 28 位，排在赣州市第 15 位。GDP 较上一年增长 8.50%，排在全省二类县（市、区）第 3 位，排在赣州市第 8 位。新增高新技术企业 17 家，排在全省二类县（市、区）第 9 位，排在赣州市第 7 位。开展 R&D 活动的企业占比 65.45%，排在全省二类县（市、区）第 1 位，排在赣州市第 1 位。人均科普经费投入 1.09 元，排在全省二类县（市、区）第 4 位，排在赣州市第 5 位。万人 R&D 人员数 2.78 人，排在全省二类县（市、区）第 30 位，排在赣州市第 18 位。新增省级及以上人才／平台／载体 5 个，排在全省二类县（市、区）第 12 位，排在赣州市第 10 位。研究人员占 R&D 人员比为 32.96%，排在全省二类县（市、区）第 7 位，排在赣州市第 4 位。R&D 人员全时当量 144 人·年，排在全省二类县（市、区）第 31 位，排在赣州市第 16 位。新产品销售收入占主营业务收入比 15.54%，排在全省二类县（市、区）第 9 位，排在赣州市第 5 位。万人财政收入 0.38 亿元，排在全省二类县（市、区）第 22 位，排在赣州市第 10 位。万人社会消费品零售额 0.99 亿元，排在全省二类县（市、区）第 23 位，排在赣州市第 5 位（表 3-54）。

表 3-54　瑞金市（二类）科技创新能力评价指标得分与位次

指标名称	得分（分）	全省二类县（市、区）排名		本市排名	
	2019 年	2019 年	2018 年	2019 年	2018 年
科技创新能力		24	23	12	15
创新环境		11	8	9	11
创新基础					
万人 GDP	3.54	28	26	15	13
规模以上企业数	3.58	31	29	16	10
新增省级及以上人才／平台／载体	4.37	12		10	
科技意识					
万人专利申请量	3.64	25	13	15	14
开展 R&D 活动的企业占比	6.65	1	5	1	3
人均科普经费投入	5.23	4	11	5	11
创新投入		33	22	16	14
人力投入					
万人 R&D 人员数	3.69	30	26	18	17
研究人员占 R&D 人员比	4.85	7	5	4	5
R&D 人员全时当量	3.84	31	24	16	10
财力投入					
R&D 经费投入占 GDP 百分比	3.31	33	22	18	14
企业 R&D 经费投入占主营业务收入比	3.33	33	17	18	16

续表

指标名称	得分（分）	全省二类县（市、区）排名		本市排名	
	2019 年	2019 年	2018 年	2019 年	2018 年
企业技术获取和改造费用占主营业务收入比	4.18	16	25	5	10
创新成效		21	23	10	13
技术创新					
高新技术产业增加值占规模以上工业增加值比	4.19	21	12	9	12
新增高新技术企业数	4.54	9		7	
入库科技型中小企业数	4.26	14		10	
产业化水平					
新产品销售收入占主营业务收入比	4.49	9	15	5	11
万人发明专利授权量	3.97	30	9	17	9
技术合同成交额	4.08	22	28	12	14
经济社会发展		16	23	10	15
经济增长					
GDP 较上一年增长	5.23	3	29	8	18
万人财政收入	3.80	22	21	10	10
社会生活					
居民人均可支配收入	3.79	24	24	8	8
万人社会消费品零售额	4.00	23	29	5	11

如表 3-54，瑞金市科技创新能力排在全省二类县（市、区）第 24 位，比上一年下降了 1 位，排在赣州市第 12 位，比上一年提升了 3 位。在一级指标中，经济社会发展排在全省二类县（市、区）第 16 位，比上一年提升了 7 位，排在赣州市第 10 位，比上一年提升了 5 位；创新投入排在全省二类县（市、区）第 33 位，比上一年下降了 11 位，排在赣州市第 16 位，比上一年下降了 2 位；创新成效排在全省二类县（市、区）第 21 位，比上一年提升了 2 位，排在赣州市第 10 位，比上一年提升了 3 位；创新环境排在全省二类县（市、区）第 11 位，比上一年下降了 3 位，排在赣州市第 9 位，比上一年提升了 2 位。

综上所述，瑞金市科技创新能力居全省二类县（市、区）中下游，其中开展 R&D 活动的企业占比、人均科普经费投入、研究人员占 R&D 人员比、GDP 较上一年增长等指标具有一定优势，但规模以上企业数、万人 R&D 人员数、R&D 经费投入占 GDP 百分比、企业 R&D 经费投入占主营业务收入比等方面弱势明显。建议该市加大科技人才引进培育力度，大力支持引导企业自主研发，强化科技创新意识，提升企业科技竞争能力。

第八节　吉安市

一、吉州区

吉州区，位于江西省中部，吉安市市辖区。2019 年，该区常住人口为 35.00 万人，地区 GDP 为 225.77 亿元。居民人均可支配收入 36 306.68 元，排在全省一类县（市、区）第 13 位，排在吉安市第 1 位。万人 GDP 为 6.45 亿元，排在全省一类县（市、区）第 17 位，排在吉安市第 1 位。GDP 较上一年增长 8.80%，排在全省一类县（市、区）第 4 位，排在吉安市第 1 位。新增省级及以上人才／平台／载体 9 个，排在全省一类县（市、区）第 17 位，排在吉安市第 3 位。万人专利申请量 14.60 件，排在全省一类县（市、区）第 23 位，排在吉安市第 5 位。万人发明专利授权量 0.29 件，排在全省一类县（市、区）第 23 位，排在吉安市第 3 位。研究人员占 R&D 人员比为 46.34%，排在全省一类县（市、区）第 7 位，排在吉安市第 2 位。R&D 人员全时当量 504 人·年，排在全省一类县（市、区）第 30 位，排在吉安市第 10 位。新增高新技术企业 26 家，排在全省一类县（市、区）第 11 位，排在吉安市第 1 位。新产品销售收入占主营业务收入比 5.19%，排在全省一类县（市、区）第 27 位，排在吉安市第 12 位。万人财政收入 0.54 亿元，排在全省一类县（市、区）第 27 位，排在吉安市第 5 位。万人社会消费品零售额 2.26 亿元，排在全省一类县（市、区）第 16 位，排在吉安市第 1 位（表 3-55）。

表 3-55   吉州区（一类）科技创新能力评价指标得分与位次

指标名称	得分（分）	全省一类县（市、区）排名		本市排名	
	2019 年	2019 年	2018 年	2019 年	2018 年
科技创新能力		20	25	2	4
创新环境		28	32	6	9
创新基础					
万人 GDP	5.03	17	21	1	1
规模以上企业数	4.47	25	26	6	8
新增省级及以上人才 / 平台 / 载体	4.62	17		3	
科技意识					
万人专利申请量	4.19	23	22	5	6
开展 R&D 活动的企业占比	3.78	25	30	11	12
人均科普经费投入	3.59	27	27	13	11
创新投入		19	30	7	9
人力投入					
万人 R&D 人员数	4.21	25	27	8	9
研究人员占 R&D 人员比	6.00	7	24	2	4
R&D 人员全时当量	4.16	30	29	10	10
财力投入					
R&D 经费投入占 GDP 百分比	4.60	14	30	11	12
企业 R&D 经费投入占主营业务收入比	4.79	5	33	10	13
企业技术获取和改造费用占主营业务收入比	4.10	29	27	9	4
创新成效		18	13	3	5
技术创新					
高新技术产业增加值占规模以上工业增加值比	5.25	5	6	3	2
新增高新技术企业数	5.27	11		1	
入库科技型中小企业数	4.27	27		5	
产业化水平					
新产品销售收入占主营业务收入比	4.17	27	19	12	8
万人发明专利授权量	4.26	23	26	3	5

续表

指标名称	得分（分）	全省一类县（市、区）排名		本市排名	
	2019 年	2019 年	2018 年	2019 年	2018 年
技术合同成交额	4.42	15	22	5	6
经济社会发展		14	11	1	1
经济增长					
GDP 较上一年增长	5.67	4	9	1	3
万人财政收入	4.18	27	28	5	5
社会生活					
居民人均可支配收入	5.89	13	13	1	1
万人社会消费品零售额	4.85	16	15	1	1

如表 3-55，吉州区科技创新能力排在全省一类县（市、区）第 20 位，比上一年提升了 5 位，排在吉安市第 2 位，比上一年提升了 2 位。在一级指标中，经济社会发展排在全省一类县（市、区）第 14 位，比上一年下降了 3 位，排在吉安市第 1 位，与上一年位次相同；创新投入排在全省一类县（市、区）第 19 位，比上一年提升了 11 位，排在吉安市第 7 位，比上一年提升了 2 位；创新成效排在全省一类县（市、区）第 18 位，比上一年下降了 5 位，排在吉安市第 3 位，比上一年提升了 2 位；创新环境排在全省一类县（市、区）第 28 位，比上一年提升了 4 位，排在吉安市第 6 位，比上一年提升了 3 位。

综上所述，吉州区 GDP 较上一年增长、高新技术产业增加值占规模以上工业增加值比排名在全省一类县（市、区）前列，但在 R&D 人员全时当量、企业技术获取和改造费用占主营业务收入比、人均科普经费投入等方面排名相对靠后。建议该区进一步优化科技创新环境，加强科普宣传，鼓励企业开展高质量的科研活动，助推经济高质量发展。

二、青原区

青原区，位于江西省中部，吉安市市辖区。2019 年，该区常住人口为

20.73 万人，地区 GDP 为 122.10 亿元。居民人均可支配收入 27 697.76 元，排在全省三类县（市、区）第 6 位，排在吉安市第 3 位。万人 GDP 为 5.89 亿元，排在全省三类县（市、区）第 2 位，排在吉安市第 2 位。GDP 较上一年增长 7.7%，排在全省三类县（市、区）第 25 位，排在吉安市第 10 位。开展 R&D 活动的企业占比 41.95%，排在全省三类县（市、区）第 20 位，排在吉安市第 5 位。万人专利申请量 18.04 件，排在全省三类县（市、区）第 16 位，排在吉安市第 2 位。万人发明专利授权量 0.29 件，排在全省三类县（市、区）第 9 位，排在吉安市第 2 位。人均科普经费投入 0.64 元，排在全省三类县（市、区）第 21 位，排在吉安市第 3 位。万人 R&D 人员数 34.15 人，排在全省三类县（市、区）第 3 位，排在吉安市第 3 位。R&D 人员全时当量 446 人·年，排在全省三类县（市、区）第 12 位，排在吉安市第 11 位。万人财政收入 0.54 亿元，排在全省三类县（市、区）第 15 位，排在吉安市第 6 位。万人社会消费品零售额 1.43 亿元，排在全省三类县（市、区）第 8 位，排在吉安市第 3 位（表 3-56）。

表 3-56 青原区（三类）科技创新能力评价指标得分与位次

指标名称	得分（分）	全省三类县（市、区）排名		本市排名	
	2019 年	2019 年	2018 年	2019 年	2018 年
科技创新能力		9	22	8	10
创新环境		14	27	4	8
创新基础					
万人 GDP	4.81	2	12	2	3
规模以上企业数	4.68	3	10	4	10
新增省级及以上人才/平台/载体	3.64	26		11	
科技意识					
万人专利申请量	4.45	16	21	2	4
开展 R&D 活动的企业占比	4.43	20	23	5	8
人均科普经费投入	4.31	21	25	3	6
创新投入		7	32	11	12

续表

指标名称	得分（分）	全省三类县（市、区）排名		本市排名	
	2019 年	2019 年	2018 年	2019 年	2018 年
人力投入					
万人 R&D 人员数	4.63	3	19	3	12
研究人员占 R&D 人员比	3.90	21	25	10	10
R&D 人员全时当量	4.11	12	26	11	13
财力投入					
R&D 经费投入占 GDP 百分比	4.91	7	22	7	8
企业 R&D 经费投入占主营业务收入比	5.24	8	31	6	12
企业技术获取和改造费用占主营业务收入比	4.09	21	20	11	9
创新成效		15	13	7	7
技术创新					
高新技术产业增加值占规模以上工业增加值比	4.76	10	15	8	6
新增高新技术企业数	4.05	14	9		
入库科技型中小企业数	4.14	17		7	
产业化水平					
新产品销售收入占主营业务收入比	4.29	19	24	8	10
万人发明专利授权量	4.27	9	2	2	2
技术合同成交额	4.51	8	12	4	2
经济社会发展		15	9	6	3
经济增长					
GDP 较上一年增长	4.06	25	9	10	4
万人财政收入	4.16	15	15	6	6
社会生活					
居民人均可支配收入	4.63	6	6	3	3
万人社会消费品零售额	4.29	8	9	3	3

如表 3-56，青原区科技创新能力排在全省三类县（市、区）第 9 位，比上一年提升了 13 位，排在吉安市第 8 位，比上一年提升了 2 位。在一级指

标中，经济社会发展排在全省三类县（市、区）第15位，比上一年下降了6位，排在吉安市第6位，比上一年下降了3位；创新投入排在全省三类县（市、区）第7位，比上一年提升了25位，排在吉安市第11位，比上一年提升了1位；创新成效排在全省三类县（市、区）第15位，比上一年下降了2位，排在吉安市第7位，与上一年位次相同；创新环境排在全省三类县（市、区）第14位，比上一年提升了13位，排在吉安市第4位，比上一年提升了4位。

综上所述，青原区科技创新能力居全省三类县（市、区）中上游，其中在万人GDP、规模以上企业数、万人R&D人员数、R&D经费投入占GDP百分比等方面排名靠前，具有一定优势，但在新增省级及以上人才/平台/载体、GDP较上一年增长、企业技术获取和改造费用占主营业务收入比、人均科普经费投入等方面排名靠后。建议该区加大科普宣传力度，加强科技创新平台/载体建设，积极支持引导企业引进、吸收新技术、新工艺，提升产品性能，不断提高科技竞争力。

三、吉安县

吉安县，位于江西省中部，是吉安市下辖县。2019年，该县常住人口为47.88万人，地区GDP为199.79亿元。居民人均可支配收入24 261.80元，排在全省一类县（市、区）第31位，排在吉安市第8位。万人GDP为4.17亿元，排在全省一类县（市、区）第27位，排在吉安市第5位。GDP较上一年增长8.50%，排在全省一类县（市、区）第9位，排在吉安市第3位。新增省级及以上人才/平台/载体9个，排在全省一类县（市、区）第17位，排在吉安市第3位。开展R&D活动的企业占比32.20%，排在全省一类县（市、区）第28位，排在吉安市第12位。万人专利申请量18.63件，排在全省一类县（市、区）第18位，排在吉安市第1位。万人发明专利授权量0.21件，排在全省一类县（市、区）第27位，排在吉安市第7位。万人R&D人员数113.87人，排在全省一类县（市、区）第3位，排在吉安市第1位。R&D人员全时当量3657人·年，排在全省一类县（市、区）第3位，排在吉安市第 1 位。新增高新技术企业 22 家，排在全省一类县（市、区）第 18 位，排在吉安市第 2 位。新产品销售收入占主营业务收入比 29.49%，排在全省一类县（市、区）第 3 位，排在吉安市第 3 位。万人财政收入 0.63 亿元，排在全省一类县（市、区）第 23 位，排在吉安市第 3 位。万人社会消费品零售额 1.21 亿元，排在全省一类县（市、区）第 27 位，排在吉安市第 6 位（表 3-57）。

表 3-57 吉安县（一类）科技创新能力评价指标得分与位次

指标名称	得分（分）	全省一类县（市、区）排名		本市排名	
	2019 年	2019 年	2018 年	2019 年	2018 年
科技创新能力		13	15	1	1
创新环境		27	22	3	1
创新基础					
万人 GDP	4.15	27	27	5	5
规模以上企业数	5.70	6	7	1	1
新增省级及以上人才/平台/载体	4.62	17		3	
科技意识					
万人专利申请量	4.49	18	31	1	9
开展 R&D 活动的企业占比	3.51	28	15	12	6
人均科普经费投入	3.86	20	27	10	11
创新投入		5	8	1	1
人力投入					
万人 R&D 人员数	7.02	3	5	1	1
研究人员占 R&D 人员比	3.49	34	30	12	8
R&D 人员全时当量	7.02	3	4	1	1
财力投入					
R&D 经费投入占 GDP 百分比	5.50	6	6	2	1
企业 R&D 经费投入占主营业务收入比	4.47	12	22	12	4
企业技术获取和改造费用占主营业务收入比	4.25	19	14	4	1
创新成效		10	7	1	2

续表

指标名称	得分（分）	全省一类县（市、区）排名		本市排名	
	2019 年	2019 年	2018 年	2019 年	2018 年
技术创新					
高新技术产业增加值占规模以上工业增加值比	5.27	4	8	2	3
新增高新技术企业数	4.95	18		2	
入库科技型中小企业数	4.42	22		1	
产业化水平					
新产品销售收入占主营业务收入比	4.92	3	10	3	4
万人发明专利授权量	4.17	27	11	7	1
技术合同成交额	4.88	9	23	2	7
经济社会发展		26	31	3	10
经济增长					
GDP 较上一年增长	5.23	9	19	3	10
万人财政收入	4.38	23	23	3	3
社会生活					
居民人均可支配收入	4.12	31	31	8	8
万人社会消费品零售额	4.14	27	27	6	6

如表 3-57，吉安县科技创新能力排在全省一类县（市、区）第 13 位，比上一年提升了 2 位，排在吉安市第 1 位，与上一年位次相同。在一级指标中，经济社会发展排在全省一类县（市、区）第 26 位，比上一年提升了 5 位，排在吉安市第 3 位，比上一年提升了 7 位；创新投入排在全省一类县（市、区）第 5 位，比上一年提升了 3 位，排在吉安市第 1 位，与上一年位次相同；创新成效排在全省一类县（市、区）第 10 位，比上一年下降了 3 位，排在吉安市第 1 位，比上一年提升了 1 位；创新环境排在全省一类县（市、区）第 27 位，比上一年下降了 5 位，排在吉安市第 3 位，比上一年下降了 2 位。

综上所述，吉安县万人 R&D 人员数、R&D 人员全时当量、新产品销售收入占主营业务收入比均排在全省一类县（市、区）前列，但在研究人员占 R&D 人员比、开展 R&D 活动的企业占比、居民人均可支配收入等方面排名靠后。建议该县提高企业科技创新意识，支持企业加大科技创新投入，加速科研人才培养，夯实经济社会发展基础。

四、吉水县

吉水县，位于江西省中部，是吉安市下辖县。2019 年，该县常住人口为 51.67 万人，地区 GDP 为 174.60 亿元。居民人均可支配收入 25 551.28 元，排在全省二类县（市、区）第 14 位，排在吉安市第 5 位。万人 GDP 为 3.38 亿元，排在全省二类县（市、区）第 21 位，排在吉安市第 10 位。GDP 较上一年增长 8.20%，排在全省二类县（市、区）第 15 位，排在吉安市第 6 位。新增高新技术企业 13 家，排在全省二类县（市、区）第 18 位，排在吉安市第 6 位。开展 R&D 活动的企业占比 46.73%，排在全省二类县（市、区）第 11 位，排在吉安市第 3 位。万人专利申请量 7.64 件，排在全省二类县（市、区）第 23 位，排在吉安市第 10 位。万人发明专利授权量 0.21 件，排在全省二类县（市、区）第 14 位，排在吉安市第 6 位。人均科普经费投入 0.48 元，排在全省二类县（市、区）第 22 位，排在吉安市第 8 位。万人 R&D 人员数 24.81 人，排在全省二类县（市、区）第 11 位，排在吉安市第 6 位。新产品销售收入占主营业务收入比 12.30%，排在全省二类县（市、区）第 15 位，排在吉安市第 7 位。万人财政收入 0.39 亿元，排在全省二类县（市、区）第 21 位，排在吉安市第 11 位。万人社会消费品零售额 1.09 亿元，排在全省二类县（市、区）第 17 位，排在吉安市第 7 位（表 3-58）。

表 3-58　吉水县（二类）科技创新能力评价指标得分与位次

指标名称	得分（分）	全省二类县（市、区）排名		本市排名	
	2019 年	2019 年	2018 年	2019 年	2018 年
科技创新能力		4	24	3	9
创新环境		21	23	8	10
创新基础					
万人 GDP	3.85	21	22	10	10
规模以上企业数	4.22	17	18	8	6

续表

指标名称	得分（分）	全省二类县（市、区）排名		本市排名	
	2019 年	2019 年	2018 年	2019 年	2018 年
新增省级及以上人才/平台/载体	4.01	19		6	
科技意识					
万人专利申请量	3.67	23	23	10	8
开展 R&D 活动的企业占比	4.88	11	20	3	7
人均科普经费投入	3.99	22	16	8	6
创新投入		2	26	2	8
人力投入					
万人 R&D 人员数	4.35	11	19	6	11
研究人员占 R&D 人员比	3.79	28	27	11	9
R&D 人员全时当量	4.55	5	10	2	5
财力投入					
R&D 经费投入占 GDP 百分比	4.97	7	24	6	7
企业 R&D 经费投入占主营业务收入比	5.25	5	22	5	7
企业技术获取和改造费用占主营业务收入比	7.71	1	10	1	3
创新成效		17	13	9	8
技术创新					
高新技术产业增加值占规模以上工业增加值比	4.85	9	13	7	7
新增高新技术企业数	4.22	18		6	
入库科技型中小企业数	3.98	32		13	
产业化水平					
新产品销售收入占主营业务收入比	4.39	15	10	7	6
万人发明专利授权量	4.17	14	19	6	9
技术合同成交额	4.11	17	24	10	10
经济社会发展		15	5	8	4
经济增长					
GDP 较上一年增长	4.79	15	2	6	1
万人财政收入	3.81	21	23	11	11

续表

指标名称	得分（分）	全省二类县（市、区）排名		本市排名	
	2019 年	2019 年	2018 年	2019 年	2018 年
社会生活					
居民人均可支配收入	4.31	14	13	5	4
万人社会消费品零售额	4.07	17	17	7	7

如表 3-58，吉水县科技创新能力排在全省二类县（市、区）第 4 位，比上一年提升了 20 位，排在吉安市第 3 位，比上一年提升了 6 位。在一级指标中，经济社会发展排在全省二类县（市、区）第 15 位，比上一年下降了 10 位，排在吉安市第 8 位，比上一年下降了 4 位；创新投入排在全省二类县（市、区）第 2 位，比上一年提升了 24 位，排在吉安市第 2 位，比上一年提升了 6 位；创新成效排在全省二类县（市、区）第 17 位，比上一年下降了 4 位，排在吉安市第 9 位，比上一年下降了 1 位；创新环境排在全省二类县（市、区）第 21 位，排在吉安市第 8 位，都比上一年提升了 2 位。

综上所述，吉水县科技创新能力居全省二类县（市、区）前列，其中 R&D 人员全时当量、企业技术获取和改造费用占主营业务收入比、企业 R&D 经费投入占主营业务收入比等方面排名靠前，但研究人员占 R&D 人员比、入库科技型中小企业数、万人财政收入、人均科普经费投入、万人专利申请量等方面排名靠后。建议该区加强创新宣传，增加科普投入，强化企业科技创新意识，加大科技型中小企业培育力度，助推经济高质量发展。

五、峡江县

峡江县，位于江西省中部、吉安市北部，是吉安市下辖县。2019 年，该县常住人口为 18.96 万人，地区 GDP 为 74.63 亿元。居民人均可支配收入 21 640.56 元，排在全省二类县（市、区）第 25 位，排在吉安市第 10 位。万人 GDP 为 3.94 亿元，排在全省二类县（市、区）第 13 位，排在吉安市第 7 位。GDP 较上一年增长 7.70%，排在全省二类县（市、区）第 27 位，排在吉安市第 10 位。新增高新技术企业 8 家，排在全省二类县（市、区）第

26 位，排在吉安市第 11 位。万人发明专利授权量 0.26 件，排在全省二类县（市、区）第 13 位，排在吉安市第 4 位。人均科普经费投入 0.32 元，排在全省二类县（市、区）第 28 位，排在吉安市第 11 位。研究人员占 R&D 人员比为 25.48%，排在全省二类县（市、区）第 18 位，排在吉安市第 6 位。新增省级及以上人才 / 平台 / 载体 2 个，排在全省二类县（市、区）第 17 位，排在吉安市第 5 位。新产品销售收入占主营业务收入比 7.85%，排在全省二类县（市、区）第 22 位，排在吉安市第 10 位。万人财政收入 0.75 亿元，排在全省二类县（市、区）第 6 位，排在吉安市第 1 位。万人社会消费品零售额 1.05 亿元，排在全省二类县（市、区）第 18 位，排在吉安市第 8 位（表 3-59）。

表 3-59　峡江县（二类）科技创新能力评价指标得分与位次

指标名称	得分（分）	全省二类县（市、区）排名		本市排名	
	2019 年	2019 年	2018 年	2019 年	2018 年
科技创新能力		21	27	12	12
创新环境		27	29	13	12
创新基础					
万人 GDP	4.06	13	12	7	6
规模以上企业数	4.84	6	25	3	9
新增省级及以上人才 / 平台 / 载体	4.13	17		5	
科技意识					
万人专利申请量	3.87	19	19	8	7
开展 R&D 活动的企业占比	2.46	32	30	13	13
人均科普经费投入	3.65	28	7	11	4
创新投入		5	29	5	10
人力投入					
万人 R&D 人员数	4.18	16	18	9	10
研究人员占 R&D 人员比	4.21	18	25	6	7
R&D 人员全时当量	3.96	24	25	12	12

续表

指标名称	得分（分）	全省二类县（市、区）排名		本市排名	
	2019 年	2019 年	2018 年	2019 年	2018 年
财力投入					
R&D 经费投入占 GDP 百分比	5.30	3	25	3	9
企业 R&D 经费投入占主营业务收入比	5.05	6	27	7	11
企业技术获取和改造费用占主营业务收入比	5.91	2	15	2	5
创新成效		28	29	13	12
技术创新					
高新技术产业增加值占规模以上工业增加值比	3.43	30	21	13	12
新增高新技术企业数	3.81	26		11	
入库科技型中小企业数	4.02	25		11	
产业化水平					
新产品销售收入占主营业务收入比	4.25	22	22	10	11
万人发明专利授权量	4.24	13	20	4	10
技术合同成交额	4.57	4	13	3	4
经济社会发展		18	11	10	6
经济增长					
GDP 较上一年增长	4.06	27	9	10	5
万人财政收入	4.68	6	7	1	1
社会生活					
居民人均可支配收入	3.74	25	25	10	10
万人社会消费品零售额	4.04	18	19	8	8

　　如表 3-59，峡江县科技创新能力排在全省二类县（市、区）第 21 位，比上一年提升了 6 位，排在吉安市第 12 位，与上一年位次相同。在一级指标中，经济社会发展排在全省二类县（市、区）第 18 位，比上一年下降了 7 位，排在吉安市第 10 位，比上一年下降了 4 位；创新投入排在全省二类县（市、区）第 5 位，比上一年提升了 24 位，排在吉安市第 5 位，比上一年提升了 5 位；创新成效排在全省二类县（市、区）第 28 位，比上一年提升了 1

位，排在吉安市第13位，比上一年下降了1位；创新环境排在全省二类县（市、区）第27位，比上一年提升了2位，排在吉安市第13位，比上一年下降了1位。

综上所述，峡江县科技创新能力居全省二类县（市、区）中下游，其中规模以上企业数、R&D经费投入占GDP百分比、企业技术获取和改造费用占主营业务收入比、技术合同成交额等方面排名靠前，具有一定优势，但开展R&D活动的企业占比、人均科普经费投入、R&D人员全时当量、新增高新技术企业数、高新技术产业增加值占规模以上工业增加值比等方面排名靠后。建议该县加大科普宣传力度，提高企业及民众科技意识，加大科研经费投入，鼓励企业开展科研活动，积极培育高新技术企业，加强科技成果转移转化能力，促进产业转型升级和经济可持续发展。

六、新干县

新干县，位于江西省中部、吉安市北部，是吉安市下辖县。2019年，该县常住人口为33.97万人，地区GDP为167.05亿元。居民人均可支配收入25 373.65元，排在全省二类县（市、区）第16位，排在吉安市第6位。万人GDP为4.92亿元，排在全省二类县（市、区）第7位，排在吉安市第3位。GDP较上一年增长8.30%，排在全省二类县（市、区）第8位，排在吉安市第5位。新增高新技术企业13家，排在全省二类县（市、区）第18位，排在吉安市第6位。开展R&D活动的企业占比37.87%，排在全省二类县（市、区）第25位，排在吉安市第10位。万人专利申请量15.25件，排在全省二类县（市、区）第9位，排在吉安市第4位。万人R&D人员数31.15人，排在全省二类县（市、区）第9位，排在吉安市第4位。研究人员占R&D人员比为35.44%，排在全省二类县（市、区）第3位，排在吉安市第5位。R&D人员全时当量836人·年，排在全省二类县（市、区）第8位，排在吉安市第5位。新增省级及以上人才/平台/载体9个，排在全省二类县（市、区）第7位，排在吉安市第2位。万人财政收入0.60亿元，排在全省二类县（市、区）第9位，排在吉安市第4位。万人社会消费品零售额1.32亿元，排在全省二类县（市、区）第 13 位，排在吉安市第 5 位（表 3-60）。

表 3-60　新干县（二类）科技创新能力评价指标得分与位次

指标名称	得分（分）	全省二类县（市、区）排名		本市排名	
	2019 年	2019 年	2018 年	2019 年	2018 年
科技创新能力		11	20	6	8
创新环境		10	12	1	4
创新基础					
万人 GDP	4.44	7	10	3	4
规模以上企业数	5.26	2	5	2	2
新增省级及以上人才/平台/载体	4.86	7		2	
科技意识					
万人专利申请量	4.24	9	25	4	11
开展 R&D 活动的企业占比	4.05	25	14	10	4
人均科普经费投入	5.11	7	6	1	2
创新投入		8	20	8	5
人力投入					
万人 R&D 人员数	4.54	9	12	4	6
研究人员占 R&D 人员比	5.07	3	11	5	3
R&D 人员全时当量	4.46	8	16	5	8
财力投入					
R&D 经费投入占 GDP 百分比	4.72	10	18	10	3
企业 R&D 经费投入占主营业务收入比	4.85	10	23	9	8
企业技术获取和改造费用占主营业务收入比	4.11	26	9	7	2
创新成效		23	17	11	10
技术创新					
高新技术产业增加值占规模以上工业增加值比	4.20	20	19	12	11
新增高新技术企业数	4.22	18		6	
入库科技型中小企业数	4.21	18		6	
产业化水平					

续表

指标名称	得分（分）	全省二类县（市、区）排名		本市排名	
	2019 年	2019 年	2018 年	2019 年	2018 年
新产品销售收入占主营业务收入比	4.21	24	29	11	12
万人发明专利授权量	4.06	20	18	11	8
技术合同成交额	4.30	10	11	6	3
经济社会发展		9	13	4	7
经济增长					
GDP 较上一年增长	4.94	8	11	5	6
万人财政收入	4.33	9	10	4	4
社会生活					
居民人均可支配收入	4.29	16	16	6	6
万人社会消费品零售额	4.22	13	14	5	5

如表 3-60，新干县科技创新能力排在全省二类县（市、区）第 11 位，比上一年提升了 9 位，排在吉安市第 6 位，比上一年提升了 2 位。在一级指标中，经济社会发展排在全省二类县（市、区）第 9 位，比上一年提升了 4 位，排在吉安市第 4 位，比上一年提升了 3 位；创新投入排在全省二类县（市、区）第 8 位，比上一年提升了 12 位，排在吉安市第 8 位，比上一年下降了 3 位；创新成效排在全省二类县（市、区）第 23 位，比上一年下降了 6 位，排在吉安市第 11 位，比上一年下降了 1 位；创新环境排在全省二类县（市、区）第 10 位，比上一年提升了 2 位，排在吉安市第 1 位，比上一年提升了 3 位。

综上所述，新干县科技创新能力居全省二类县（市、区）上游，其中规模以上企业数、研究人员占 R&D 人员比、万人 GDP、新增省级及以上人才 / 平台 / 载体等方面排名靠前，具有较大优势，但在开展 R&D 活动的企业占比、企业技术获取和改造费用占主营业务收入比、新产品销售收入占主营业务收入比等指标方面排名靠后。建议该县加大创新宣传力度，大力支持鼓励企业开展研发活动，增加对新技术、新产品的研发提升，促进科技经济社会融合发展。

七、永丰县

永丰县，位于江西省中部、吉安市东北面，是吉安市下辖县。2019 年，该县常住人口为 44.15 万人，地区 GDP 为 181.81 亿元。居民人均可支配收入 25 561.82 元，排在全省二类县（市、区）第 13 位，排在吉安市第 4 位。万人 GDP 为 4.12 亿元，排在全省二类县（市、区）第 10 位，排在吉安市第 6 位。GDP 较上一年增长 8.10%，排在全省二类县（市、区）第 16 位，排在吉安市第 7 位。开展 R&D 活动的企业占比 40.34%，排在全省二类县（市、区）第 20 位，排在吉安市第 8 位。万人专利申请量 12.53 件，排在全省二类县（市、区）第 13 位，排在吉安市第 6 位。万人发明专利授权量 0.16 件，排在全省二类县（市、区）第 17 位，排在吉安市第 8 位。新增高新技术企业 17 家，排在全省二类县（市、区）第 9 位，排在吉安市第 4 位。万人 R&D 人员数 18.80 人，排在全省二类县（市、区）第 17 位，排在吉安市第 10 位。R&D 人员全时当量 646 人·年，排在全省二类县（市、区）第 17 位，排在吉安市第 8 位。新增省级及以上人才 / 平台 / 载体 13 个，排在全省二类县（市、区）第 3 位，排在吉安市第 1 位。新产品销售收入占主营业务收入比 19.11%，排在全省二类县（市、区）第 5 位，排在吉安市第 5 位。万人财政收入 0.48 亿元，排在全省二类县（市、区）第 18 位，排在吉安市第 8 位。万人社会消费品零售额 1.04 亿元，排在全省二类县（市、区）第 20 位，排在吉安市第 9 位（表 3-61）。

表 3-61　永丰县（二类）科技创新能力评价指标得分与位次

指标名称	得分（分）	全省二类县（市、区）排名		本市排名	
	2019 年	2019 年	2018 年	2019 年	2018 年
科技创新能力		14	12	9	5
创新环境		14	14	2	5
创新基础					
万人 GDP	4.13	10	13	6	8
规模以上企业数	4.66	7	7	5	3

续表

指标名称	得分（分）	全省二类县（市、区）排名		本市排名	
	2019 年	2019 年	2018 年	2019 年	2018 年
新增省级及以上人才 / 平台 / 载体	5.35	3		1	
科技意识					
万人专利申请量	4.04	13	11	6	5
开展 R&D 活动的企业占比	4.28	20	17	8	5
人均科普经费投入	4.02	20	31	7	13
创新投入		17	25	12	6
人力投入					
万人 R&D 人员数	4.17	17	13	10	7
研究人员占 R&D 人员比	3.98	24	24	8	6
R&D 人员全时当量	4.29	17	13	8	6
财力投入					
R&D 经费投入占 GDP 百分比	4.47	15	20	12	6
企业 R&D 经费投入占主营业务收入比	4.64	12	18	11	5
企业技术获取和改造费用占主营业务收入比	4.15	19	21	6	8
创新成效		10	4	4	3
技术创新					
高新技术产业增加值占规模以上工业增加值比	4.92	7	6	6	4
新增高新技术企业数	4.54	9		4	
入库科技型中小企业数	4.33	10		3	
产业化水平					
新产品销售收入占主营业务收入比	4.60	5	8	5	5
万人发明专利授权量	4.11	17	12	8	6
技术合同成交额	4.18	15	22	9	9
经济社会发展		14	20	7	9
经济增长					
GDP 较上一年增长	4.65	16	15	7	10
万人财政收入	4.04	18	17	8	8

续表

指标名称	得分（分）	全省二类县（市、区）排名		本市排名	
	2019 年	2019 年	2018 年	2019 年	2018 年
社会生活					
居民人均可支配收入	4.31	13	14	4	5
万人社会消费品零售额	4.03	20	21	9	9

如表 3-61，永丰县科技创新能力排在全省二类县（市、区）第 14 位，比上一年降低了 2 位，排在吉安市第 9 位，比上一年降低了 4 位。在一级指标中，经济社会发展排在全省二类县（市、区）第 14 位，比上一年提升了 6 位，排在吉安市第 7 位，比上一年提升了 2 位；创新投入排在全省二类县（市、区）第 17 位，比上一年提升了 8 位，排在吉安市第 12 位，比上一年下降了 6 位；创新成效排在全省二类县（市、区）第 10 位，比上一年下降了 6 位，排在吉安市第 4 位，比上一年下降了 1 位；创新环境排在全省二类县（市、区）第 14 位，与上一年位次相同，排在吉安市第 2 位，比上一年上升了 3 位。

综上所述，永丰县科技创新能力居全省二类县（市、区）中上游，其中新增省级及以上人才/平台/载体、新产品销售收入占主营业务收入比、高新技术产业增加值占规模以上工业增加值比等指标排名靠前，但在研究人员占 R&D 人员比、万人社会消费品零售额、企业技术获取和改造费用占主营业务收入比、人均科普经费投入等方面排名靠后。建议该县增强创新意识，加大科技人才培养引进力度，加速企业新装备、新技术的迭代更新，提高经济增长质量。

八、泰和县

泰和县，位于江西省中南部，是吉安市下辖县。2019 年，该县常住人口为 52.79 万人，地区 GDP 为 198.75 亿元。居民人均可支配收入 24 570.75 元，排在全省二类县（市、区）第 19 位，排在吉安市第 7 位。万人 GDP 为 3.76

亿元，排在全省二类县（市、区）第 15 位，排在吉安市第 9 位。GDP 较上一年增长 7.30%，排在全省二类县（市、区）第 29 位，排在吉安市第 13 位。新增高新技术企业 18 家，排在全省二类县（市、区）第 6 位，排在吉安市第 3 位。万人 R&D 人员数 21.12 人，排在全省二类县（市、区）第 14 位，排在吉安市第 7 位。研究人员占 R&D 人员比为 39.19%，排在全省二类县（市、区）第 1 位，排在吉安市第 3 位。R&D 人员全时当量 779 人·年，排在全省二类县（市、区）第 10 位，排在吉安市第 6 位。新增省级及以上人才 / 平台 / 载体 4 个，排在全省二类县（市、区）第 19 位，排在吉安市第 6 位。新产品销售收入占主营业务收入比 38.22%，排在全省二类县（市、区）第 1 位，排在吉安市第 1 位。万人财政收入 0.47 亿元，排在全省二类县（市、区）第 20 位，排在吉安市第 9 位。万人社会消费品零售额 1.03 亿元，排在全省二类县（市、区）第 21 位，排在吉安市第 10 位（表 3-62）。

表 3-62　泰和县（二类）科技创新能力评价指标得分与位次

指标名称	得分（分）	全省二类县（市、区）排名		本市排名	
	2019 年	2019 年	2018 年	2019 年	2018 年
科技创新能力		7	1	4	2
创新环境		24	19	9	7
创新基础					
万人 GDP	4.00	15	15	9	9
规模以上企业数	4.10	20	16	10	5
新增省级及以上人才 / 平台 / 载体	4.01	19		6	
科技意识					
万人专利申请量	3.98	17	9	7	2
开展 R&D 活动的企业占比	4.42	17	23	6	9
人均科普经费投入	3.89	24	16	9	6
创新投入		6	11	6	3
人力投入					
万人 R&D 人员数	4.24	14	10	7	3
研究人员占 R&D 人员比	5.39	1	2	3	2

续表

指标名称	得分（分）	全省二类县（市、区）排名		本市排名	
	2019 年	2019 年	2018 年	2019 年	2018 年
R&D 人员全时当量	4.41	10	9	6	4
财力投入					
R&D 经费投入占 GDP 百分比	4.88	8	19	8	4
企业 R&D 经费投入占主营业务收入比	5.02	7	21	8	6
企业技术获取和改造费用占主营业务收入比	4.15	17	27	5	11
创新成效		2	1	2	1
技术创新					
高新技术产业增加值占规模以上工业增加值比	5.32	3	2	1	1
新增高新技术企业数	4.62	6		3	
入库科技型中小企业数	4.11	24		9	
产业化水平					
新产品销售收入占主营业务收入比	5.19	1	1	1	1
万人发明专利授权量	4.31	8	4	1	3
技术合同成交额	4.10	18	25	11	11
经济社会发展		28	17	11	8
经济增长					
GDP 较上一年增长	3.47	29	12	13	8
万人财政收入	4.00	20	18	9	9
社会生活					
居民人均可支配收入	4.17	19	19	7	7
万人社会消费品零售额	4.03	21	22	10	10

　　如表 3-62，泰和县科技创新能力排在全省二类县（市、区）第 7 位，比上一年下降了 6 位，排在吉安市第 4 位，比上一年下降了 2 位。在一级指标中，经济社会发展排在全省二类县（市、区）第 28 位，比上一年下降了 11位，排在吉安市第 11 位，比上一年下降了 3 位；创新投入排在全省二类县（市、区）第 6 位，比上一年提升了 5 位，排在吉安市第 6 位，比上一年下

降了 3 位；创新成效排在全省二类县（市、区）第 2 位，排在吉安市第 2 位，都比上一年下降了 1 位；创新环境排在全省二类县（市、区）第 24 位，比上一年下降了 5 位，排在吉安市第 9 位，比上一年下降了 2 位。

综上所述，泰和县科技创新能力居全省二类县（市、区）前列，其中研究人员占 R&D 人员比、高新技术产业增加值占规模以上工业增加值比、新产品销售收入占主营业务收入比、新增高新技术企业数等方面排名靠前，具有较大优势，但在人均科普经费投入、入库科技型中小企业数、GDP 较上一年增长、规模以上企业数等方面排名靠后。建议该县加大科普宣传力度，加强对科技型中小企业培育工作，积极引导企业转型升级、做大做强，不断提升经济实力。

九、遂川县

遂川县，位于江西省西南部，是吉安市下辖县。2019 年，该县常住人口为 55.26 万人，地区 GDP 为 164.52 亿元。居民人均可支配收入 20 085.64 元，排在全省三类县（市、区）第 21 位，排在吉安市第 11 位。万人 GDP 为 2.98 亿元，排在全省三类县（市、区）第 28 位，排在吉安市第 11 位。GDP 较上一年增长 8.10%，排在全省三类县（市、区）第 21 位，排在吉安市第 7 位。新增省级及以上人才 / 平台 / 载体 1 个，排在全省三类县（市、区）第 26 位，排在吉安市第 11 位。研究人员占 R&D 人员比为 24.26%，排在全省三类县（市、区）第 15 位，排在吉安市第 7 位。R&D 人员全时当量 617 人·年，排在全省三类县（市、区）第 8 位，排在吉安市第 9 位。新增高新技术企业 13 家，排在全省三类县（市、区）第 11 位，排在吉安市第 6 位。新产品销售收入占主营业务收入比 8.87%，排在全省三类县（市、区）第 21 位，排在吉安市第 9 位。万人财政收入 0.31 亿元，排在全省三类县（市、区）第 31 位，排在吉安市第 12 位。万人社会消费品零售额 0.79 亿元，排在全省三类县（市、区）第 28 位，排在吉安市第 12 位（表 3-63）。

表 3-63　遂川县（三类）科技创新能力评价指标得分与位次

指标名称	得分（分）	全省三类县（市、区）排名		本市排名	
	2019 年	2019 年	2018 年	2019 年	2018 年
科技创新能力		26	25	13	11
创新环境		31	30	11	11
创新基础					
万人 GDP	3.70	28	30	11	12
规模以上企业数	4.10	15	8	11	7
新增省级及以上人才/平台/载体	3.64	26		11	
科技意识					
万人专利申请量	3.55	29	31	12	12
开展 R&D 活动的企业占比	4.34	22	25	7	10
人均科普经费投入	4.11	26	18	5	2
创新投入		21	16	13	4
人力投入					
万人 R&D 人员数	4.05	23	18	13	8
研究人员占 R&D 人员比	4.11	15	18	7	5
R&D 人员全时当量	4.27	8	1	9	2
财力投入					
R&D 经费投入占 GDP 百分比	4.16	24	6	13	2
企业 R&D 经费投入占主营业务收入比	4.41	15	22	13	3
企业技术获取和改造费用占主营业务收入比	4.10	14	22	8	10
创新成效		17	19	8	9
技术创新					
高新技术产业增加值占规模以上工业增加值比	4.98	7	17	5	8
新增高新技术企业数	4.22	11		6	
入库科技型中小企业数	4.28	11		4	
产业化水平					
新产品销售收入占主营业务收入比	4.28	21	23	9	9
万人发明专利授权量	4.00	26	24	12	12

续表

指标名称	得分（分）	全省三类县（市、区）排名		本市排名	
	2019 年	2019 年	2018 年	2019 年	2018 年
技术合同成交额	4.07	29	32	13	13
经济社会发展		30	29	12	13
经济增长					
GDP 较上一年增长	4.65	21	15	7	8
万人财政收入	3.63	31	31	12	12
社会生活					
居民人均可支配收入	3.51	21	23	11	11
万人社会消费品零售额	3.86	28	27	12	12

如表 3-63，遂川县科技创新能力排在全省三类县（市、区）第 26 位，比上一年下降了 1 位，排在吉安市第 13 位，比上一年下降了 2 位。在一级指标中，经济社会发展排在全省三类县（市、区）第 30 位，比上一年下降了 1 位，排在吉安市第 12 位，比上一年提升了 1 位；创新投入排在全省三类县（市、区）第 21 位，比上一年下降了 5 位，排在吉安市第 13 位，比上一年下降了 9 位；创新成效排在全省三类县（市、区）第 17 位，比上一年提升了 2 位，排在吉安市第 8 位，比上一年提升了 1 位；创新环境排在全省三类县（市、区）第 31 位，比上一年下降了 1 位，排在吉安市第 11 位，与上一年位次相同。

综上所述，遂川县科技创新能力居全省三类县（市、区）中下游，其中在 R&D 人员全时当量、高新技术产业增加值占规模以上工业增加值比等方面排名相对靠前，但万人 GDP、万人专利申请量、万人发明专利授权量、人均科普经费投入、技术合同成交额、新增省级及以上人才 / 平台 / 载体等指标排名靠后。建议该县加强科普宣传，提高企业及民众科技创新意识，加速科技平台 / 载体建设，增强科技成果转移转化能力，提升科技对经济的贡献度，持续促进经济高质量发展。

十、万安县

　　万安县，位于江西省中南部、吉安市南部，是吉安市下辖县。2019 年，该县常住人口为 31.07 万人，地区 GDP 为 88.58 亿元。居民人均可支配收入 19 816.54 元，排在全省三类县（市、区）第 25 位，排在吉安市第 12 位。万人 GDP 为 2.85 亿元，排在全省三类县（市、区）第 29 位，排在吉安市第 12 位。GDP 较上一年增长 8.60%，排在全省三类县（市、区）第 7 位，排在吉安市第 2 位。开展 R&D 活动的企业占比 43.42%，排在全省三类县（市、区）第 18 位，排在吉安市第 4 位。万人专利申请量 17.90 件，排在全省三类县（市、区）第 17 位，排在吉安市第 3 位。万人 R&D 人员数 34.92 人，排在全省三类县（市、区）第 2 位，排在吉安市第 2 位。R&D 人员全时当量 854 人·年，排在全省三类县（市、区）第 3 位，排在吉安市第 4 位。新增高新技术企业 10 家，排在全省三类县（市、区）第 17 位，排在吉安市第 10 位。新产品销售收入占主营业务收入比 18.15%，排在全省三类县（市、区）第 7 位，排在吉安市第 6 位。万人财政收入 0.43 亿元，排在全省三类县（市、区）第 23 位，排在吉安市第 10 位。万人社会消费品零售额 0.71 亿元，排在全省三类县（市、区）第 30 位，排在吉安市第 13 位（表 3-64）。

表 3-64　万安县（三类）科技创新能力评价指标得分与位次

指标名称	得分（分）	全省三类县（市、区）排名		本市排名	
	2019 年	2019 年	2018 年	2019 年	2018 年
科技创新能力		13	17	11	6
创新环境		27	22	10	6
创新基础					
万人 GDP	3.65	29	29	12	11
规模以上企业数	4.17	13	11	9	11
新增省级及以上人才/平台/载体	3.52	32		13	
科技意识					
万人专利申请量	4.44	17	16	3	1

续表

指标名称	得分（分）	全省三类县（市、区）排名		本市排名	
	2019 年	2019 年	2018 年	2019 年	2018 年
开展 R&D 活动的企业占比	4.57	18	14	4	3
人均科普经费投入	3.59	32	31	12	10
创新投入		6	24	10	7
人力投入					
万人 R&D 人员数	4.66	2	7	2	4
研究人员占 R&D 人员比	3.46	29	30	13	13
R&D 人员全时当量	4.48	3	6	4	7
财力投入					
R&D 经费投入占 GDP 百分比	5.19	3	15	4	5
企业 R&D 经费投入占主营业务收入比	5.40	4	15	3	2
企业技术获取和改造费用占主营业务收入比	4.09	21	25	11	12
创新成效		13	6	6	4
技术创新					
高新技术产业增加值占规模以上工业增加值比	5.16	4	6	4	5
新增高新技术企业数	3.97	17		10	
入库科技型中小企业数	4.14	17		7	
产业化水平					
新产品销售收入占主营业务收入比	4.57	7	4	6	2
万人发明专利授权量	4.07	18	29	9	13
技术合同成交额	4.28	16	19	7	5
经济社会发展		21	28	9	12
经济增长					
GDP 较上一年增长	5.38	7	20	2	10
万人财政收入	3.92	23	23	10	10
社会生活					
居民人均可支配收入	3.47	25	26	12	12
万人社会消费品零售额	3.81	30	30	13	13

如表 3-64，万安县科技创新能力排在全省三类县（市、区）第 13 位，比上一年提升了 4 位，排在吉安市第 11 位，比上一年下降了 5 位。在一级指标中，经济社会发展排在全省三类县（市、区）第 21 位，比上一年提升了 7 位，排在吉安市第 9 位，比上一年提升了 3 位；创新投入排在全省三类县（市、区）第 6 位，比上一年提升了 18 位，排在吉安市第 10 位，比上一年下降了 3 位；创新成效排在全省三类县（市、区）第 13 位，比上一年下降了 7 位，排在吉安市第 6 位，比上一年下降了 2 位；创新环境排在全省三类县（市、区）第 27 位，比上一年下降了 5 位，排在吉安市第 10 位，比上一年下降了 4 位。

综上所述，万安县科技创新能力居全省三类县（市、区）中上游，其中万人 R&D 人员数、R&D 人员全时当量、R&D 经费投入占 GDP 百分比、企业 R&D 经费投入占主营业务收入比等方面排名靠前，具有一定优势，但在万人 GDP、新增省级及以上人才/平台/载体、人均科普经费投入、研究人员占 R&D 人员比等方面排名靠后。建议该县加大科普宣传力度，提高企业及民众科技意识，加强专业研究人才培养与引进，加快科技创新平台/载体建设，鼓励企业开展科研活动，提高企业产品科技含量水平，促进经济社会发展。

十一、安福县

安福县，位于江西省中西部、吉安市西部，是吉安市下辖县。2019 年，该县常住人口为 39.75 万人，地区 GDP 为 156.16 亿元。居民人均可支配收入 23 650.38 元，排在全省三类县（市、区）第 12 位，排在吉安市第 9 位。万人 GDP 为 3.93 亿元，排在全省三类县（市、区）第 18 位，排在吉安市第 8 位。GDP 较上一年增长 8.40%，排在全省三类县（市、区）第 12 位，排在吉安市第 4 位。开展 R&D 活动的企业占比 48.66%，排在全省三类县（市、区）第 13 位，排在吉安市第 2 位。人均科普经费投入 0.53 元，排在全省三类县（市、区）第 27 位，排在吉安市第 6 位。万人 R&D 人员数 28.53 人，排在全省三类县（市、区）第 7 位，排在吉安市第 5 位。R&D 人员全时当量869人·年，排在全省三类县（市、区）第2位，排在吉安市第3位。企业技术获取和改造费用占主营业务收入比0.06%，排在全省三类县（市、区）第5位，排在吉安市第3位。新增高新技术企业15家，排在全省三类县（市、区）第7位，排在吉安市第5位。新产品销售收入占主营业务收入比26.39%，排在全省三类县（市、区）第3位，排在吉安市第4位。万人财政收入0.50亿元，排在全省三类县（市、区）第16位，排在吉安市第7位。万人社会消费品零售额1.37亿元，排在全省三类县（市、区）第11位，排在吉安市第4位（表3-65）。

表3-65 安福县（三类）科技创新能力评价指标得分与位次

指标名称	得分（分）	全省三类县（市、区）排名		本市排名	
	2019年	2019年	2018年	2019年	2018年
科技创新能力		8	18	7	7
创新环境		19	17	7	3
创新基础					
万人GDP	4.06	18	17	8	7
规模以上企业数	4.33	8	5	7	4
新增省级及以上人才/平台/载体	3.89	19		8	
科技意识					
万人专利申请量	3.81	26	20	9	3
开展R&D活动的企业占比	5.07	13	10	2	1
人均科普经费投入	4.08	27	22	6	5
创新投入		3	30	9	11
人力投入					
万人R&D人员数	4.47	7	8	5	5
研究人员占R&D人员比	3.95	19	27	9	12
R&D人员全时当量	4.49	2	3	3	3
财力投入					
R&D经费投入占GDP百分比	5.15	4	26	5	11
企业R&D经费投入占主营业务收入比	5.25	7	30	4	10

续表

指标名称	得分（分）	全省三类县（市、区）排名		本市排名	
	2019 年	2019 年	2018 年	2019 年	2018 年
企业技术获取和改造费用占主营业务收入比	4.31	5	16	3	7
创新成效		12	12	5	6
技术创新					
高新技术产业增加值占规模以上工业增加值比	4.45	21	18	10	9
新增高新技术企业数	4.38	7		5	
入库科技型中小企业数	4.35	8		2	
产业化水平					
新产品销售收入占主营业务收入比	4.82	3	8	4	3
万人发明专利授权量	4.19	11	16	5	7
技术合同成交额	4.22	20	28	8	8
经济社会发展		11	14	5	5
经济增长					
GDP 较上一年增长	5.09	12	13	4	6
万人财政收入	4.09	16	16	7	7
社会生活					
居民人均可支配收入	4.03	12	12	9	9
万人社会消费品零售额	4.25	11	11	4	4

　　如表 3-65，安福县科技创新能力排在全省三类县（市、区）第 8 位，比上一年提升了 10 位，排在吉安市第 7 位，与上一年位次相同。在一级指标中，经济社会发展排在全省三类县（市、区）第 11 位，比上一年提升了 3 位，排在吉安市第 5 位，与上一年位次相同；创新投入排在全省三类县（市、区）第 3 位，比上一年提升了 27 位，排在吉安市第 9 位，比上一年提升了 2 位；创新成效排在全省三类县（市、区）第 12 位，与上一年位次相同，排在吉安市第 5 位，比上一年提升了 1 位；创新环境排在全省三类县（市、区）第 19位，比上一年下降了 2 位，排在吉安市第 7 位，比上一年下降了 4 位。

　　综上所述，安福县科技创新能力居全省三类县（市、区）中上游，其中在 R&D 人员全时当量、R&D 经费投入占 GDP 百分比、新产品销售收入占主营业务收入比等方面具有较大优势，但在人均科普经费投入、万人专利申请量、新增省级及以上人才/平台/载体、研究人员占 R&D 人员比、技术合同成交额等方面短板较为明显。建议该县加大科技宣传力度，强化专利意识，加强科技创新平台/载体建设，增强科技成果转移转化能力，加强人才培养与引进，不断提高科技竞争力。

十二、永新县

永新县，位于江西省西部，是吉安市下辖县。2019 年，该县常住人口为 49.01 万人，地区 GDP 为 109.08 亿元。居民人均可支配收入 19 424.65 元，排在全省三类县（市、区）第 29 位，排在吉安市第 13 位。万人 GDP 为 2.23 亿元，排在全省三类县（市、区）第 33 位，排在吉安市第 13 位。GDP 较上一年增长 7.40%，排在全省三类县（市、区）第 28 位，排在吉安市第 12 位。新增高新技术企业 4 家，排在全省三类县（市、区）第 28 位，排在吉安市第 12 位。开展 R&D 活动的企业占比 38.62%，排在全省三类县（市、区）第 26 位，排在吉安市第 9 位。万人专利申请量 5.92 件，排在全省三类县（市、区）第 30 位，排在吉安市第 13 位。万人发明专利授权量 0.04 件，排在全省三类县（市、区）第 30 位，排在吉安市第 13 位。研究人员占 R&D 人员比为 36.44%，排在全省三类县（市、区）第 4 位，排在吉安市第 4 位。新产品销售收入占主营业务收入比 32.02%，排在全省三类县（市、区）第 1 位，排在吉安市第 2 位。万人财政收入 0.25 亿元，排在全省三类县（市、区）第 33 位，排在吉安市第 13 位（表 3-66）。

表 3-66　永新县（三类）科技创新能力评价指标得分与位次

指标名称	得分（分）	全省三类县（市、区）排名		本市排名	
	2019 年	2019 年	2018 年	2019 年	2018 年
科技创新能力		12	32	10	13
创新环境		33	31	12	13

续表

指标名称	得分（分）	全省三类县（市、区）排名		本市排名	
	2019 年	2019 年	2018 年	2019 年	2018 年
创新基础					
万人 GDP	3.41	33	31	13	13
规模以上企业数	3.79	25	14	12	12
新增省级及以上人才 / 平台 / 载体	3.89	19		8	
科技意识					
万人专利申请量	3.54	30	28	13	10
开展 R&D 活动的企业占比	4.12	26	27	9	11
人均科普经费投入	4.30	23	29	4	9
创新投入		1	33	3	13
人力投入					
万人 R&D 人员数	4.07	19	32	12	13
研究人员占 R&D 人员比	5.15	4	26	4	11
R&D 人员全时当量	4.30	7	17	7	11
财力投入					
R&D 经费投入占 GDP 百分比	6.10	1	28	1	13
企业 R&D 经费投入占主营业务收入比	6.11	1	28	1	9
企业技术获取和改造费用占主营业务收入比	4.09	21	25	11	12
创新成效		22	28	10	13
技术创新					
高新技术产业增加值占规模以上工业增加值比	4.57	18	27	9	13
新增高新技术企业数	3.48	28		12	
入库科技型中小企业数	4.02	31		11	
产业化水平					
新产品销售收入占主营业务收入比	5.00	1	14	2	7
万人发明专利授权量	3.96	30	19	13	11
技术合同成交额	4.09	27	30	12	12
经济社会发展		32	26	13	11

续表

指标名称	得分（分）	全省三类县（市、区）排名		本市排名	
	2019 年	2019 年	2018 年	2019 年	2018 年
经济增长					
GDP 较上一年增长	3.62	28	22	12	13
万人财政收入	3.49	33	33	13	13
社会生活					
居民人均可支配收入	3.41	29	28	13	13
万人社会消费品零售额	3.88	26	26	11	11

如表 3-66，永新县科技创新能力排在全省三类县（市、区）第 12 位，比上一年提升了 20 位，排在吉安市第 10 位，比上一年提升了 3 位。在一级指标中，经济社会发展排在全省三类县（市、区）第 32 位，比上一年下降了 6 位，排在吉安市第 13 位，比上一年下降了 2 位；创新投入排在全省三类县（市、区）第 1 位，比上一年提升了 32 位，排在吉安市第 3 位，比上一年提升了 10 位；创新成效排在全省三类县（市、区）第 22 位，比上一年提升了 6 位，排在吉安市第 10 位，比上一年提升了 3 位；创新环境排在全省三类县（市、区）第 33 位，比上一年下降了 2 位，排在吉安市第 12 位，比上一年提升了 1 位。

综上所述，永新县科技创新能力居全省三类县（市、区）中上游，其中在研究人员占 R&D 人员比、R&D 经费投入占 GDP 百分比、企业 R&D 经费投入占主营业务收入比、新产品销售收入占主营业务收入比等方面具有较大优势，但在万人 GDP、新增高新技术企业数、入库科技型中小企业数、万人发明专利授权量、万人财政收入等方面排名靠后。建议该县强化专利意识，支持引导科技型中小企业创新发展，加强对高新技术企业的培育，增加科技整体实力，促进经济发展。

十三、井冈山市

井冈山市，位于江西省西南部，省直管县级市，由吉安市代管。2019

年，该市常住人口为 15.72 万人，地区 GDP 为 67.86 亿元。居民人均可支配收入 28 745.19 元，排在全省三类县（市、区）第 4 位，排在吉安市第 2 位。万人 GDP 为 4.32 亿元，排在全省三类县（市、区）第 10 位，排在吉安市第 4 位。GDP 较上一年增长 8.10%，排在全省三类县（市、区）第 21 位，排在吉安市第 7 位。开展 R&D 活动的企业占比 56.86%，排在全省三类县（市、区）第 3 位，排在吉安市第 1 位。万人发明专利授权量 0.13 件，排在全省三类县（市、区）第 19 位，排在吉安市第 10 位。人均科普经费投入 0.87 元，排在全省三类县（市、区）第 15 位，排在吉安市第 2 位。万人 R&D 人员数 18.00 人，排在全省三类县（市、区）第 16 位，排在吉安市第 11 位。研究人员占 R&D 人员比为 46.64%，排在全省三类县（市、区）第 1 位，排在吉安市第 1 位。R&D 人员全时当量 239 人·年，排在全省三类县（市、区）第 21 位，排在吉安市第 13 位。万人财政收入 0.64 亿元，排在全省三类县（市、区）第 10 位，排在吉安市第 2 位。万人社会消费品零售额 1.79 亿元，排在全省三类县（市、区）第 3 位，排在吉安市第 2 位（表 3-67）。

表 3-67　井冈山市（三类）科技创新能力评价指标得分与位次

指标名称	得分（分）	全省三类县（市、区）排名		本市排名	
	2019 年	2019 年	2018 年	2019 年	2018 年
科技创新能力		7	6	5	3
创新环境		16	16	5	2
创新基础					
万人 GDP	4.21	10	7	4	2
规模以上企业数	3.65	27	30	13	13
新增省级及以上人才/平台/载体	3.76	24		10	
科技意识					
万人专利申请量	3.60	27	33	11	13
开展 R&D 活动的企业占比	5.84	3	12	1	2
人均科普经费投入	4.78	15	3	2	1
创新投入		2	2	4	2

续表

指标名称	得分（分）	全省三类县（市、区）排名		本市排名	
	2019 年	2019 年	2018 年	2019 年	2018 年
人力投入					
万人 R&D 人员数	4.15	16	3	11	2
研究人员占 R&D 人员比	6.03	1	2	1	1
R&D 人员全时当量	3.92	21	11	13	9
财力投入					
R&D 经费投入占 GDP 百分比	4.84	8	25	9	10
企业 R&D 经费投入占主营业务收入比	5.65	2	4	2	1
企业技术获取和改造费用占主营业务收入比	4.10	15	15	10	6
创新成效		27	24	12	11
技术创新					
高新技术产业增加值占规模以上工业增加值比	4.27	24	20	11	10
新增高新技术企业数	3.40	32		13	
入库科技型中小企业数	4.05	28		10	
产业化水平					
新产品销售收入占主营业务收入比	4.02	30	30	13	13
万人发明专利授权量	4.07	19	8	10	4
技术合同成交额	5.24	3	8	1	1
经济社会发展		6	2	2	2
经济增长					
GDP 较上一年增长	4.65	21	6	7	2
万人财政收入	4.42	10	12	2	2
社会生活					
居民人均可支配收入	4.78	4	5	2	2
万人社会消费品零售额	4.53	3	3	2	2

如表 3-67，井冈山市科技创新能力排在全省三类县（市、区）第 7 位，比上一年下降了 1 位，排在吉安市第 5 位，比上一年下降了 2 位。在一级指标中，经济社会发展排在全省三类县（市、区）第 6 位，比上一年下降

了 4 位，排在吉安市第 2 位，与上一年位次相同；创新投入排在全省三类县（市、区）第 2 位，与上一年位次相同，排在吉安市第 4 位，比上一年下降了 2 位；创新成效排在全省三类县（市、区）第 27 位，比上一年下降了 3 位，排在吉安市第 12 位，比上一年下降了 1 位；创新环境排在全省三类县（市、区）第 16 位，与上一年位次相同，排在吉安市第 5 位，比上一年下降了 3 位。

综上所述，井冈山市科技创新能力居全省三类县（市、区）上游，其中在开展 R&D 活动的企业占比、研究人员占 R&D 人员比、企业 R&D 经费投入占主营业务收入比、技术合同成交额等方面具有较大优势，但在规模以上企业数、新增省级及以上人才/平台/载体、万人专利申请量、新增高新技术企业数、入库科技型中小企业数等方面仍存在明显短板。建议该市强化专利、科技意识，优化创新环境，鼓励企业自主研发，大力支持创新平台建设，鼓励引导高新技术企业和科技型中小企业培育发展，以科技创新促进产业转型升级，促进经济高质量发展。

第九节　宜春市

一、袁州区

袁州区，位于江西省西部，宜春市市辖区。2019 年，该区常住人口为 108.13 万人，地区 GDP 为 436.17 亿元。居民人均可支配收入 29 562.63 元，排在全省一类县（市、区）第 21 位，排在宜春市第 1 位。万人 GDP 为 4.03 亿元，排在全省一类县（市、区）第 29 位，排在宜春市第 8 位。GDP 较上一年增长 8.60%，排在全省一类县（市、区）第 7 位，排在宜春市第 1 位。新增省级及以上人才/平台/载体 8 个，排在全省一类县（市、区）第 12 位，排在宜春市第 4 位。新增高新技术企业 17 家，排在全省一类县（市、区）第 24 位，排在宜春市第 7 位。R&D 人员全时当量 1624 人·年，排在全省一类县（市、区）第 13 位，排在宜春市第 3 位。万人发明专利授权量 0.48 件，排在全省一类县（市、区）第16位，排在宜春市第3位。企业技术获取和改造费用占主营业务收入比0.08%，排在全省一类县（市、区）第14位，排在宜春市第1位。新产品销售收入占主营业务收入比17.39%，排在全省一类县（市、区）第10位，排在宜春市第4位。万人财政收入0.37亿元，排在全省一类县（市、区）第33位，排在宜春市第10位。万人社会消费品零售额2.21亿元，排在全省一类县（市、区）第17位，排在宜春市第1位（表3-68）。

表3-68 袁州区（一类）科技创新能力评价指标得分与位次

指标名称	得分（分）	全省一类县（市、区）排名		本市排名	
	2019年	2019年	2018年	2019年	2018年
科技创新能力		28	11	4	1
创新环境		21	26	5	6
创新基础					
万人GDP	4.10	29	34	8	10
规模以上企业数	5.44	8	6	1	1
新增省级及以上人才/平台/载体	4.74	12		4	
科技意识					
万人专利申请量	4.26	21	17	4	2
开展R&D活动的企业占比	4.37	15	19	7	9
人均科普经费投入	3.61	24	34	6	10
创新投入		27	20	3	4
人力投入					
万人R&D人员数	4.27	24	23	8	7
研究人员占R&D人员比	4.55	18	16	3	2
R&D人员全时当量	5.18	13	16	3	3
财力投入					
R&D经费投入占GDP百分比	4.01	29	19	10	9
企业R&D经费投入占主营业务收入比	4.28	14	6	6	4
企业技术获取和改造费用占主营业务收入比	4.39	14	23	1	4
创新成效		26	2	7	1

续表

指标名称	得分（分）	全省一类县（市、区）排名		本市排名	
	2019 年	2019 年	2018 年	2019 年	2018 年
技术创新					
高新技术产业增加值占规模以上工业增加值比	4.51	21	5	7	1
新增高新技术企业数	4.54	24		7	
入库科技型中小企业数	4.50	20		5	
产业化水平					
新产品销售收入占主营业务收入比	4.55	10	4	4	1
万人发明专利授权量	4.50	16	9	3	2
技术合同成交额	4.11	28	25	9	9
经济社会发展		23	26	1	3
经济增长					
GDP 较上一年增长	5.38	7	29	1	7
万人财政收入	3.77	33	33	10	10
社会生活					
居民人均可支配收入	4.90	21	21	1	1
万人社会消费品零售额	4.81	17	16	1	1

　　如表 3-68，袁州区科技创新能力排在全省一类县（市、区）第 28 位，比上一年下降了 17 位，排在宜春市第 4 位，比上一年下降了 3 位。在一级指标中，经济社会发展排在全省一类县（市、区）第 23 位，比上一年提升了 3 位，排在宜春市第 1 位，比上一年提升了 2 位；创新投入排在全省一类县（市、区）第 27 位，比上一年下降了 7 位，排在宜春市第 3 位，比上一年提升了 1 位；创新成效排在全省一类县（市、区）第 26 位，比上一年下降了 24 位，排在宜春市第 7 位，比上一年下降了 6 位；创新环境排在全省一类县（市、区）第 21 位，比上一年提升了 5 位，排在宜春市第 5 位，比上一年提升了 1 位。

　　综上所述，袁州区 GDP 较上一年增长、规模以上企业数排在全省一类县（市、区）前列，但在万人财政收入、人均科普经费投入、R&D 经费投入占 GDP 百分比、技术合同成交额等方面排名相对靠后。建议该区加强科普宣传，加大科研经费投入，鼓励企业开展科研活动，进一步营造良好的创新环境，为经济社会发展提供科技支撑。

二、奉新县

奉新县，位于江西省西北部，是宜春市下辖县。2019 年，该县常住人口为 32.36 万人，地区 GDP 为 185.54 亿元。居民人均可支配收入 27 515.61 元，排在全省二类县（市、区）第 9 位，排在宜春市第 4 位。万人 GDP 为 5.73 亿元，排在全省二类县（市、区）第 4 位，排在宜春市第 3 位。GDP 较上一年增长 8.00%，排在全省二类县（市、区）第 19 位，排在宜春市第 3 位。新增高新技术企业 18 家，排在全省二类县（市、区）第 6 位，排在宜春市第 6 位。万人发明专利授权量 0.56 件，排在全省二类县（市、区）第 2 位，排在宜春市第 2 位。R&D 人员全时当量 1025 人·年，排在全省二类县（市、区）第 4 位，排在宜春市第 5 位。企业技术获取和改造费用占主营业务收入比 0.03%，排在全省二类县（市、区）第 14 位，排在宜春市第 3 位。新增省级及以上人才 / 平台 / 载体 9 家，排在全省二类县（市、区）第 10 位，排在宜春市第 5 位。新产品销售收入占主营业务收入比 11.20%，排在全省二类县（市、区）第 17 位，排在宜春市第 7 位。万人财政收入 0.81 亿元，排在全省二类县（市、区）第 3 位，排在宜春市第 3 位。万人社会消费品零售额 1.60 亿元，排在全省二类县（市、区）第 7 位，排在宜春市第 3 位（表 3-69）。

表 3-69　奉新县（二类）科技创新能力评价指标得分与位次

指标名称	得分（分）	全省二类县（市、区）排名		本市排名	
	2019 年	2019 年	2018 年	2019 年	2018 年
科技创新能力		6	11	3	6
创新环境		6	17	2	8
创新基础					
万人 GDP	4.75	4	4	3	3
规模以上企业数	4.64	8	13	5	8

续表

指标名称	得分（分）	全省二类县（市、区）排名		本市排名	
	2019 年	2019 年	2018 年	2019 年	2018 年
新增省级及以上人才／平台／载体	4.62	10		5	
科技意识					
万人专利申请量	4.27	8	17	3	7
开展 R&D 活动的企业占比	4.85	12	16	2	7
人均科普经费投入	5.37	3	16	1	3
创新投入		15	18	4	10
人力投入					
万人 R&D 人员数	4.82	3	15	2	8
研究人员占 R&D 人员比	4.13	21	12	7	5
R&D 人员全时当量	4.64	4	20	5	8
财力投入					
R&D 经费投入占 GDP 百分比	4.35	16	12	3	7
企业 R&D 经费投入占主营业务收入比	4.14	24	19	8	10
企业技术获取和改造费用占主营业务收入比	4.19	14	14	3	6
创新成效		9	7	6	5
技术创新					
高新技术产业增加值占规模以上工业增加值比	4.53	12	7	6	3
新增高新技术企业数	4.62	6		6	
入库科技型中小企业数	4.38	8		7	
产业化水平					
新产品销售收入占主营业务收入比	4.35	17	19	7	7
万人发明专利授权量	4.60	2	1	2	3
技术合同成交额	4.42	5	12	3	4
经济社会发展		7	4	3	2
经济增长					
GDP 较上一年增长	4.50	19	22	3	2
万人财政收入	4.82	3	3	3	3

续表

指标名称	得分（分）	全省二类县（市、区）排名		本市排名	
	2019 年	2019 年	2018 年	2019 年	2018 年
社会生活					
居民人均可支配收入	4.60	9	9	4	4
万人社会消费品零售额	4.40	7	7	3	3

如表 3-69，奉新县科技创新能力排在全省二类县（市、区）第 6 位，比上一年提升了 5 位，排在宜春市第 3 位，比上一年提升了 3 位。在一级指标中，经济社会发展排在全省二类县（市、区）第 7 位，比上一年下降了 3 位，排在宜春市第 3 位，比上一年下降了 1 位；创新投入排在全省二类县（市、区）第 15 位，比上一年提升了 3 位，排在宜春市第 4 位，比上一年提升了 6 位；创新成效排在全省二类县（市、区）第 9 位，比上一年下降了 2 位，排在宜春市第 6 位，比上一年下降了 1 位；创新环境排在全省二类县（市、区）第 6 位，比上一年提升了 11 位，排在宜春市第 2 位，比上一年提升了 6 位。

综上所述，奉新县科技创新能力居全省二类县（市、区）前列，其中在万人 GDP、人均科普经费投入、万人 R&D 人员数、R&D 人员全时当量、万人发明专利授权量、万人财政收入等方面排名靠前，但在研究人员占 R&D 人员比、企业 R&D 经费投入占主营业务收入比、新产品销售收入占主营业务收入比等方面排名靠后。建议该县加强人才引进和培养，支持鼓励企业加大研发投入，加速对新产品的研发投产，不断提升自身科技竞争力，持续促进经济高质量发展。

三、万载县

万载县，位于江西省西北部，是宜春市下辖县。2019 年，该县常住人口为 49.39 万人，地区 GDP 为 203.27 亿元。居民人均可支配收入 20 972.57 元，排在全省二类县（市、区）第 26 位，排在宜春市第 9 位。万人 GDP 为 4.12

亿元，排在全省二类县（市、区）第 11 位，排在宜春市第 7 位。GDP 较上一年增长 7.80%，排在全省二类县（市、区）第 24 位，排在宜春市第 4 位。新增高新技术企业 8 家，排在全省二类县（市、区）第 26 位，排在宜春市第 8 位。开展 R&D 活动的企业占比 45.31%，排在全省二类县（市、区）第 14 位，排在宜春市第 3 位。万人 R&D 人员数 20.25 人，排在全省二类县（市、区）第 15 位，排在宜春市第 9 位。R&D 人员全时当量 649 人·年，排在全省二类县（市、区）第 16 位，排在宜春市第 7 位。人均科普经费投入 0.11 元，排在全省二类县（市、区）第 33 位，排在宜春市第 9 位。万人财政收入 0.57 亿元，排在全省二类县（市、区）第 12 位，排在宜春市第 8 位。新增省级及以上人才 / 平台 / 载体 4 个，排在全省二类县（市、区）第 19 位，排在宜春市第 8 位。新产品销售收入占主营业务收入比 18.58%，排在全省二类县（市、区）第 6 位，排在宜春市第 3 位。万人社会消费品零售额 0.95 亿元，排在全省二类县（市、区）第 24 位，排在宜春市第 8 位（表 3-70）。

表 3-70　万载县（二类）科技创新能力评价指标得分与位次

指标名称	得分（分）	全省二类县 （市、区）排名		本市排名	
	2019 年	2019 年	2018 年	2019 年	2018 年
科技创新能力		20	26	8	10
创新环境		20	21	7	9
创新基础					
万人 GDP	4.13	11	19	7	9
规模以上企业数	4.59	12	4	7	6
新增省级及以上人才 / 平台 / 载体	4.01	19		8	
科技意识					
万人专利申请量	3.79	21	28	9	10
开展 R&D 活动的企业占比	4.75	14	13	3	6
人均科普经费投入	3.22	33	32	9	8
创新投入		18	15	6	9
人力投入					

续表

指标名称	得分（分）	全省二类县（市、区）排名		本市排名	
	2019 年	2019 年	2018 年	2019 年	2018 年
万人 R&D 人员数	4.22	15	9	9	5
研究人员占 R&D 人员比	4.46	13	26	4	10
R&D 人员全时当量	4.30	16	5	7	5
财力投入					
R&D 经费投入占 GDP 百分比	4.17	19	10	8	4
企业 R&D 经费投入占主营业务收入比	4.37	17	16	5	8
企业技术获取和改造费用占主营业务收入比	4.15	18	8	5	3
创新成效		12	27	8	9
技术创新					
高新技术产业增加值占规模以上工业增加值比	5.27	4	29	3	9
新增高新技术企业数	3.81	26		8	
入库科技型中小企业数	4.12	22		8	
产业化水平					
新产品销售收入占主营业务收入比	4.58	6	21	3	8
万人发明专利授权量	4.06	19	5	10	5
技术合同成交额	4.25	12	20	7	6
经济社会发展		24	22	8	8
经济增长					
GDP 较上一年增长	4.20	24	15	4	1
万人财政收入	4.24	12	9	8	7
社会生活					
居民人均可支配收入	3.64	26	26	9	9
万人社会消费品零售额	3.97	24	23	8	8

如表 3-70，万载县科技创新能力排在全省二类县（市、区）第 20 位，比上一年提升了 6 位，排在宜春市第 8 位，比上一年提升了 2 位。在一级指标中，经济社会发展排在全省二类县（市、区）第 24 位，比上一年下降了 2

位，排在宜春市第 8 位，与上一年位次相同；创新投入排在全省二类县（市、区）第 18 位，比上一年下降了 3 位，排在宜春市第 6 位，比上一年提升了 3 位；创新成效排在全省二类县（市、区）第 12 位，比上一年提升了 15 位，排在宜春市第 8 位，比上一年提升了 1 位；创新环境排在全省二类县（市、区）第 20 位，比上一年提升了 1 位，排在宜春市第 7 位，比上一年提升了 2 位。

综上所述，万载县科技创新能力居全省二类县（市、区）中下游，其中高新技术产业增加值占规模以上工业增加值比、新产品销售收入占主营业务收入比等指标排名靠前，但在人均科普经费投入、新增高新技术企业数、居民人均可支配收入、入库科技型中小企业数、万人专利申请量等方面排名靠后。建议该县加大科普宣传力度，加强引导科技型中小企业入库申报工作，加强高新技术企业培育强度，强化专利意识，促进经济的高质量发展。

四、上高县

上高县，位于江西省西北部，是宜春市下辖县。2019 年，该县常住人口为 33.94 万人，地区 GDP 为 219.56 亿元。居民人均可支配收入 27 929.88 元，排在全省二类县（市、区）第 7 位，排在宜春市第 3 位。万人 GDP 为 6.47 亿元，排在全省二类县（市、区）第 3 位，排在宜春市第 2 位。GDP 较上一年增长 7.40%，排在全省二类县（市、区）第 28 位，排在宜春市第 6 位。新增高新技术企业 28 家，排在全省二类县（市、区）第 2 位，排在宜春市第 3 位。万人发明专利授权量 0.27 件，排在全省二类县（市、区）第 12 位，排在宜春市第 7 位。万人 R&D 人员数 38.48 人，排在全省二类县（市、区）第 5 位，排在宜春市第 3 位。研究人员占 R&D 人员比为 25.04%，排在全省二类县（市、区）第 19 位，排在宜春市第 6 位。R&D 人员全时当量 916 人·年，排在全省二类县（市、区）第 7 位，排在宜春市第 6 位。新增省级及以上人才/平台/载体 13 个，排在全省二类县（市、区）第 3 位，排在宜春市第 2 位。万人财政收入 0.97 亿元，排在全省二类县（市、区）第 2 位，排在宜春市第 2 位。万人社会消费品零售额 1.25 亿元，排在全省二类县（市、区）第 15 位，排在宜春市第 4 位（表 3-71）。

表 3-71　上高县（二类）科技创新能力评价指标得分与位次

指标名称	得分（分）	全省二类县（市、区）排名		本市排名	
	2019 年	2019 年	2018 年	2019 年	2018 年
科技创新能力		12	3	5	3
创新环境		7	5	3	2
创新基础					
万人 GDP	5.03	3	3	2	2
规模以上企业数	5.17	3	2	2	5
新增省级及以上人才/平台/载体	5.35	3		2	
科技意识					
万人专利申请量	4.19	11	2	6	1
开展 R&D 活动的企业占比	4.35	18	21	8	8
人均科普经费投入	3.68	26	16	5	3
创新投入		19	4	7	1
人力投入					
万人 R&D 人员数	4.76	5	1	3	1
研究人员占 R&D 人员比	4.17	19	9	6	3
R&D 人员全时当量	4.54	7	7	6	6
财力投入					
R&D 经费投入占 GDP 百分比	4.06	25	4	9	1
企业 R&D 经费投入占主营业务收入比	4.10	25	8	10	2
企业技术获取和改造费用占主营业务收入比	4.12	21	26	8	9
创新成效		8	5	4	3
技术创新					
高新技术产业增加值占规模以上工业增加值比	4.00	27	10	10	6
新增高新技术企业数	5.44	2		3	
入库科技型中小企业数	4.77	1		3	
产业化水平					

续表

指标名称	得分（分）	全省二类县（市、区）排名		本市排名	
	2019 年	2019 年	2018 年	2019 年	2018 年
新产品销售收入占主营业务收入比	4.35	19	9	8	4
万人发明专利授权量	4.24	12	7	7	7
技术合同成交额	4.37	8	14	5	5
经济社会发展		10	18	4	4
经济增长					
GDP 较上一年增长	3.62	28	31	6	8
万人财政收入	5.19	2	2	2	2
社会生活					
居民人均可支配收入	4.66	7	7	3	2
万人社会消费品零售额	4.17	15	15	4	4

如表 3-71，上高县科技创新能力排在全省二类县（市、区）第 12 位，比上一年下降了 9 位，排在宜春市第 5 位，比上一年下降了 2 位。在一级指标中，经济社会发展排在全省二类县（市、区）第 10 位，比上一年提升了 8 位，排在宜春市第 4 位，与上一年位次相同；创新投入排在全省二类县（市、区）第 19 位，比上一年下降了 15 位，排在宜春市第 7 位，比上一年下降了 6 位；创新成效排在全省二类县（市、区）第 8 位，比上一年下降了 3 位，排在宜春市第 4 位，比上一年下降了 1 位；创新环境排在全省二类县（市、区）第 7 位，比上一年下降了 2 位，排在宜春市第 3 位，比上一年下降了 1 位。

综上所述，上高县创新投入科技创新能力居全省二类县（市、区）中上游，其中万人 GDP、规模以上企业数、新增省级及以上人才 / 平台 / 载体、入库科技型中小企业数、万人财政收入等指标排名靠前，但在人均科普经费投入、R&D 经费投入占 GDP 百分比、企业 R&D 经费投入占主营业务收入比、高新技术产业增加值占规模以上工业增加值比等方面排名靠后。建议该县加大科普宣传力度，增加财政科技支出，支持引导企业增加研发投入，加速产业结构转型，提高经济发展质量。

五、宜丰县

宜丰县，位于江西省西部，是宜春市下辖县。2019 年，该县常住人口为 28.34 万人，地区 GDP 为 148.59 亿元。居民人均可支配收入 26 349.39 元，排在全省二类县（市、区）第 12 位，排在宜春市第 7 位。万人 GDP 为 5.24 亿元，排在全省二类县（市、区）第 6 位，排在宜春市第 5 位。GDP 较上一年增长 6.70%，排在全省二类县（市、区）第 33 位，排在宜春市第 10 位。新增省级及以上人才／平台／载体 2 个，排在全省二类县（市、区）第 25 位，排在宜春市第 9 位。开展 R&D 活动的企业占比 43.11%，排在全省二类县（市、区）第 15 位，排在宜春市第 6 位。万人发明专利授权量 0.46 件，排在全省二类县（市、区）第 4 位，排在宜春市第 4 位。人均科普经费投入 0.34 元，排在全省二类县（市、区）第 25 位，排在宜春市第 4 位。万人 R&D 人员数 34.47 人，排在全省二类县（市、区）第 6 位，排在宜春市第 4 位。R&D 人员全时当量 641 人·年，排在全省二类县（市、区）第 18 位，排在宜春市第 8 位。新增高新技术企业 19 家，排在全省二类县（市、区）第 5 位，排在宜春市第 5 位。万人财政收入 0.73 亿元，排在全省二类县（市、区）第 7 位，排在宜春市第 4 位。万人社会消费品零售额 0.95 亿元，排在全省二类县（市、区）第 25 位，排在宜春市第 9 位（表 3-72）。

表 3-72　宜丰县（二类）科技创新能力评价指标得分与位次

指标名称	得分（分）	全省二类县（市、区）排名		本市排名	
	2019 年	2019 年	2018 年	2019 年	2018 年
科技创新能力		22	16	9	7
创新环境		18	16	6	7
创新基础					
万人 GDP	4.56	6	7	5	4
规模以上企业数	4.59	11	9	6	7

续表

指标名称	得分（分）	全省二类县（市、区）排名		本市排名	
	2019 年	2019 年	2018 年	2019 年	2018 年
新增省级及以上人才/平台/载体	3.76	25		9	
科技意识					
万人专利申请量	4.00	15	24	7	9
开展 R&D 活动的企业占比	4.54	15	10	6	5
人均科普经费投入	3.69	25	15	4	2
创新投入		21	12	8	5
人力投入					
万人 R&D 人员数	4.64	6	5	4	3
研究人员占 R&D 人员比	3.72	29	16	9	7
R&D 人员全时当量	4.29	18	11	8	7
财力投入					
R&D 经费投入占 GDP 百分比	4.31	17	6	5	2
企业 R&D 经费投入占主营业务收入比	4.25	19	14	7	7
企业技术获取和改造费用占主营业务收入比	4.11	24	17	9	8
创新成效		14	9	9	7
技术创新					
高新技术产业增加值占规模以上工业增加值比	4.14	22	4	9	2
新增高新技术企业数	4.70	5		5	
入库科技型中小企业数	4.39	6		6	
产业化水平					
新产品销售收入占主营业务收入比	4.09	31	32	10	10
万人发明专利授权量	4.48	4	13	4	10
技术合同成交额	4.42	6	8	4	3
经济社会发展		27	27	9	9
经济增长					
GDP 较上一年增长	2.59	33	31	10	8
万人财政收入	4.63	7	6	4	4

续表

指标名称	得分（分）	全省二类县 （市、区）排名		本市排名	
	2019 年	2019 年	2018 年	2019 年	2018 年
社会生活					
居民人均可支配收入	4.43	12	12	7	7
万人社会消费品零售额	3.97	25	24	9	9

如表 3-72，宜丰县科技创新能力排在全省二类县（市、区）第 22 位，比上一年下降了 6 位，排在宜春市第 9 位，比上一年下降了 2 位。在一级指标中，经济社会发展排在全省二类县（市、区）第 27 位，排在宜春市第 9 位，都与上一年位次相同；创新投入排在全省二类县（市、区）第 21 位，比上一年下降了 9 位，排在宜春市第 8 位，比上一年下降了 3 位；创新成效排在全省二类县（市、区）第 14 位，比上一年下降了 5 位，排在宜春市第 9 位，比上一年下降了 2 位；创新环境排在全省二类县（市、区）第 18 位，比上一年下降了 2 位，排在宜春市第 6 位，比上一年提升了 1 位。

综上所述，宜丰县科技创新能力居全省二类县（市、区）中下游，其中万人 GDP、万人 R&D 人员数、新增高新技术企业数、入库科技型中小企业数、万人发明专利授权量等指标排名靠前，具有一定优势，但在 GDP 较上一年增长、新产品销售收入占主营业务收入比、研究人员占 R&D 人员比、人均科普经费投入、新增省级及以上人才／平台／载体等方面排名靠后。建议该县加强科技创新平台／载体建设、加强科普宣传，大力支持企业对新产品的研发投产，积极引进培育专业研究人员，增加科技在经济发展中的贡献度。

六、靖安县

靖安县，位于江西省西北部、宜春市北部，是宜春市下辖县。2019 年，该县常住人口为 14.98 万人，地区 GDP 为 64.25 亿元。居民人均可支配收入 24 433.04 元，排在全省三类县（市、区）第 11 位，排在宜春市第 8 位。万人 GDP 为 4.29 亿元，排在全省三类县（市、区）第 11 位，排在宜春市第 6

位。GDP 较上一年增长 8.10%，排在全省三类县（市、区）第 21 位，排在宜春市第 2 位。开展 R&D 活动的企业占比 35.87%，排在全省三类县（市、区）第 28 位，排在宜春市第 9 位。万人发明专利授权量 0.27 件，排在全省三类县（市、区）第 10 位，排在宜春市第 6 位。人均科普经费投入 0.39 元，排在全省三类县（市、区）第 29 位，排在宜春市第 2 位。万人 R&D 人员数 24.23 人，排在全省三类县（市、区）第 9 位，排在宜春市第 6 位。新增高新技术企业 5 家，排在全省三类县（市、区）第 26 位，排在宜春市第 9 位。研究人员占 R&D 人员比为 29.75%，排在全省三类县（市、区）第 8 位，排在宜春市第 2 位。新产品销售收入占主营业务收入比 8.75%，排在全省三类县（市、区）第 22 位，排在宜春市第 9 位。万人财政收入 0.69 亿元，排在全省三类县（市、区）第 7 位，排在宜春市第 5 位。万人社会消费品零售额 0.65 亿元，排在全省三类县（市、区）第 32 位，排在宜春市第 10 位（表 3-73）。

表 3-73　靖安县（三类）科技创新能力评价指标得分与位次

指标名称	得分（分）	全省三类县（市、区）排名		本市排名	
	2019 年	2019 年	2018 年	2019 年	2018 年
科技创新能力		16	21	7	9
创新环境		25	20	8	5
创新基础					
万人 GDP	4.20	11	20	6	8
规模以上企业数	4.34	7	18	9	9
新增省级及以上人才／平台／载体	4.25	10		7	
科技意识					
万人专利申请量	4.25	21	25	5	5
开展 R&D 活动的企业占比	3.86	28	11	9	2
人均科普经费投入	3.80	29	21	2	1
创新投入		10	12	5	6
人力投入					
万人 R&D 人员数	4.34	9	6	6	4
研究人员占 R&D 人员比	4.58	8	12	2	4

续表

指标名称	得分（分）	全省三类县（市、区）排名		本市排名	
	2019 年	2019 年	2018 年	2019 年	2018 年
R&D 人员全时当量	3.96	17	16	9	9
财力投入					
R&D 经费投入占 GDP 百分比	4.39	15	10	2	6
企业 R&D 经费投入占主营业务收入比	4.58	11	13	2	3
企业技术获取和改造费用占主营业务收入比	4.09	21	25	10	10
创新成效		7	25	5	10
技术创新					
高新技术产业增加值占规模以上工业增加值比	5.54	3	30	2	10
新增高新技术企业数	3.56	26		9	
入库科技型中小企业数	4.07	26		10	
产业化水平					
新产品销售收入占主营业务收入比	4.28	22	15	9	6
万人发明专利授权量	4.24	10	6	6	4
技术合同成交额	5.12	4	3	1	1
经济社会发展		13	22	5	5
经济增长					
GDP 较上一年增长	4.65	21	27	2	5
万人财政收入	4.54	7	6	5	5
社会生活					
居民人均可支配收入	4.15	11	11	8	8
万人社会消费品零售额	3.77	32	31	10	10

如表 3-73，靖安县科技创新能力排在全省三类县（市、区）第 16 位，比上一年提升了 5 位，排在宜春市第 7 位，比上一年提升了 2 位。在一级指标中，经济社会发展排在全省三类县（市、区）第 13 位，比上一年提升了 9 位，排在宜春市第 5 位，与上一年位次相同；创新投入排在全省三类县（市、区）第 10 位，比上一年提升了 2 位，排在宜春市第 5 位，比上一年提升了

1 位；创新成效排在全省三类县（市、区）第 7 位，比上一年提升了 18 位，排在宜春市第 5 位，比上一年提升了 5 位；创新环境排在全省三类县（市、区）第 25 位，比上一年下降了 5 位，排在宜春市第 8 位，比上一年下降了 3 位。

综上所述，靖安县科技创新能力居全省三类县（市、区）中游，其中在规模以上企业数、万人财政收入、技术合同成交额、高新技术产业增加值占规模以上工业增加值比、研究人员占 R&D 人员比等方面排名相对靠前，但在开展 R&D 活动的企业占比、人均科普经费投入、新增高新技术企业数、入库科技型中小企业数、万人专利申请量等方面排名靠后。建议该县加强科普宣传力度，支持引导企业开展科技创新活动，加强对高新技术企业、科技型中小企业培育支持，强化专利意识，进一步提升科技竞争力。

七、铜鼓县

铜鼓县，位于江西省西北部，是宜春市下辖县。2019 年，该县常住人口为 13.97 万人，地区 GDP 为 55.23 亿元。居民人均可支配收入 20 023.23 元，排在全省三类县（市、区）第 23 位，排在宜春市第 10 位。万人 GDP 为 3.95 亿元，排在全省三类县（市、区）第 17 位，排在宜春市第 9 位。GDP 较上一年增长 6.80%，排在全省三类县（市、区）第 32 位，排在宜春市第 9 位。开展 R&D 活动的企业占比 43.48%，排在全省三类县（市、区）第 17 位，排在宜春市第 5 位。万人 R&D 人员数 24.12 人，排在全省三类县（市、区）第 10 位，排在宜春市第 7 位。研究人员占 R&D 人员比为 23.44%，排在全省三类县（市、区）第 16 位，排在宜春市第 8 位。新增高新技术企业 4 家，排在全省三类县（市、区）第 28 位，排在宜春市第 10 位。企业技术获取和改造费用占主营业务收入比 0.01%，排在全省三类县（市、区）第 11 位，排在宜春市第 6 位。新产品销售收入占主营业务收入比 23.54%，排在全省三类县（市、区）第 4 位，排在宜春市第 1 位。万人财政收入 0.54 亿元，排在全省三类县（市、区）第 14 位，排在宜春市第 9 位。万人社会消费品零售额 0.99 亿元，排在全省三类县（市、区）第 20 位，排在宜春市第 6 位（表 3-74）。

表 3-74 铜鼓县（三类）科技创新能力评价指标得分与位次

指标名称	得分（分）	全省三类县（市、区）排名		本市排名	
	2019 年	2019 年	2018 年	2019 年	2018 年
科技创新能力		27	13	10	4
创新环境		29	19	9	4
创新基础					
万人 GDP	4.07	17	18	9	6
规模以上企业数	3.93	19	31	10	10
新增省级及以上人才 / 平台 / 载体	3.64	26		10	
科技意识					
万人专利申请量	3.85	25	19	8	4
开展 R&D 活动的企业占比	4.58	17	7	5	1
人均科普经费投入	3.59	33	25	8	3
创新投入		19	7	10	3
人力投入					
万人 R&D 人员数	4.33	10	11	7	6
研究人员占 R&D 人员比	4.04	16	19	8	9
R&D 人员全时当量	3.96	18	20	10	10
财力投入					
R&D 经费投入占 GDP 百分比	4.33	17	7	4	5
企业 R&D 经费投入占主营业务收入比	4.39	16	3	4	1
企业技术获取和改造费用占主营业务收入比	4.12	11	9	6	5
创新成效		16	10	10	4
技术创新					
高新技术产业增加值占规模以上工业增加值比	4.33	23	8	8	4
新增高新技术企业数	3.48	28		10	
入库科技型中小企业数	4.12	23		8	
产业化水平					
新产品销售收入占主营业务收入比	4.73	4	1	1	2

续表

指标名称	得分（分）	全省三类县（市、区）排名		本市排名	
	2019 年	2019 年	2018 年	2019 年	2018 年
万人发明专利授权量	4.35	8	10	5	6
技术合同成交额	5.03	5	6	2	2
经济社会发展		31	24	10	6
经济增长					
GDP 较上一年增长	2.74	32	26	9	4
万人财政收入	4.17	14	8	9	6
社会生活					
居民人均可支配收入	3.50	23	21	10	10
万人社会消费品零售额	4.00	20	20	6	6

如表 3-74，铜鼓县科技创新能力排在全省三类县（市、区）第 27 位，比上一年下降了 14 位，排在宜春市第 10 位，比上一年下降了 6 位。在一级指标中，经济社会发展排在全省三类县（市、区）第 31 位，比上一年下降了 7 位，排在宜春市第 10 位，比上一年下降了 4 位；创新投入排在全省三类县（市、区）第 19 位，比上一年下降了 12 位，排在宜春市第 10 位，比上一年下降了 7 位；创新成效排在全省三类县（市、区）第 16 位，排在宜春市第 10 位，都比上一年下降了 6 位；创新环境排在全省三类县（市、区）第 29 位，比上一年下降了 10 位，排在宜春市第 9 位，比上一年下降了 5 位。

综上所述，铜鼓县科技创新能力居全省三类县（市、区）下游，在万人 R&D 人员数、新产品销售收入占主营业务收入比、技术合同成交额、万人发明专利授权量等方面排名相对靠前，但在 GDP 较上一年增长、新增高新技术企业数、人均科普经费投入、新增省级及以上人才 / 平台 / 载体、高新技术产业增加值占规模以上工业增加值比等方面存在较大短板。建议该县依据自身情况进行产业转型升级，加强创新科普宣传，加强科技平台 / 载体建设，加大对高新技术企业培育力度，用科技带动经济高质量发展。

八、丰城市

丰城市，位于江西省中部，省试点省直管市。2019 年，该市常住人口为 136.78 万人，地区 GDP 为 517.57 亿元。居民人均可支配收入 26 658.24 元，排在全省一类县（市、区）第 29 位，排在宜春市第 6 位。万人 GDP 为 3.78 亿元，排在全省一类县（市、区）第 32 位，排在宜春市第 10 位。GDP 较上一年增长 7.30%，排在全省一类县（市、区）第 26 位，排在宜春市第 7 位。新增省级及以上人才 / 平台 / 载体 7 个，排在全省一类县（市、区）第 23 位，排在宜春市第 6 位。人均科普经费投入 0.35 元，排在全省一类县（市、区）第 22 位，排在宜春市第 3 位。开展 R&D 活动的企业占比 33.53%，排在全省一类县（市、区）第 27 位，排在宜春市第 10 位。万人 R&D 人员数 16.37 人，排在全省一类县（市、区）第 26 位，排在宜春市第 10 位。R&D 人员全时当量 1578 人·年，排在全省一类县（市、区）第 14 位，排在宜春市第 4 位。企业技术获取和改造费用占主营业务收入比 0.02%，排在全省一类县（市、区）第 23 位，排在宜春市第 4 位。新增高新技术企业 26 家，排在全省一类县（市、区）第 11 位，排在宜春市第 4 位。新产品销售收入占主营业务收入比 20.03%，排在全省一类县（市、区）第 8 位，排在宜春市第 2 位。万人财政收入 0.59 亿元，排在全省一类县（市、区）第 25 位，排在宜春市第 7 位（表 3-75）。

表 3-75　丰城市（一类）科技创新能力评价指标得分与位次

指标名称	得分（分）	全省一类县（市、区）排名		本市排名	
	2019 年	2019 年	2018 年	2019 年	2018 年
科技创新能力		31	32	6	8
创新环境		33	30	10	10
创新基础					
万人 GDP	4.01	32	28	10	5
规模以上企业数	4.50	24	8	8	2
新增省级及以上人才 / 平台 / 载体	4.37	23		6	
科技意识					

续表

指标名称	得分（分）	全省一类县（市、区）排名		本市排名	
	2019 年	2019 年	2018 年	2019 年	2018 年
万人专利申请量	3.54	33	30	10	8
开展 R&D 活动的企业占比	3.64	27	28	10	10
人均科普经费投入	3.71	22	30	3	7
创新投入		32	24	9	7
人力投入					
万人 R&D 人员数	4.10	26	24	10	9
研究人员占 R&D 人员比	3.65	30	26	10	8
R&D 人员全时当量	5.14	14	8	4	1
财力投入					
R&D 经费投入占 GDP 百分比	4.20	22	18	7	8
企业 R&D 经费投入占主营业务收入比	4.12	20	12	9	6
企业技术获取和改造费用占主营业务收入比	4.18	23	25	4	7
创新成效		8	23	1	8
技术创新					
高新技术产业增加值占规模以上工业增加值比	6.01	2	26	1	8
新增高新技术企业数	5.27	11		4	
入库科技型中小企业数	4.71	14		4	
产业化水平					
新产品销售收入占主营业务收入比	4.63	8	12	2	3
万人发明专利授权量	4.07	31	29	9	8
技术合同成交额	4.01	30	33	10	10
经济社会发展		34	32	7	7
经济增长					
GDP 较上一年增长	3.47	26	22	7	3
万人财政收入	4.28	25	25	7	9
社会生活					
居民人均可支配收入	4.47	29	29	6	6
万人社会消费品零售额	3.99	30	30	7	7

如表 3-75, 丰城市科技创新能力排在全省一类县（市、区）第 31 位，比上一年提升了 1 位，排在宜春市第 6 位，比上一年提升了 2 位。在一级指标中，经济社会发展排在全省一类县（市、区）第 34 位，比上一年下降了 2 位，排在宜春市第 7 位，与上一年位次相同；创新投入排在全省一类县（市、区）第 32 位，比上一年下降了 8 位，排在宜春市第 9 位，比上一年下降了 2 位；创新成效排在全省一类县（市、区）第 8 位，比上一年提升了 15 位，排在宜春市第 1 位，比上一年提升了 7 位；创新环境排在全省一类县（市、区）第 33 位，比上一年下降了 3 位，排在宜春市第 10 位，与上一年位次相同。

综上所述，丰城市高新技术产业增加值占规模以上工业增加值比、新产品销售收入占主营业务收入比排在全省一类县（市、区）前列，但在万人专利申请量、研究人员占 R&D 人员比、技术合同成交额、万人发明专利授权量等方面排名明显落后。建议该市加强科技人才引进和培养，营造良好科研氛围，强化专利意识，提高科技成果转移转化能力，不断提高科技竞争力，助推经济高质量发展。

九、樟树市

樟树市，位于江西省中部，是宜春市下辖县级市。2019 年，该市常住人口为 56.45 万人，地区 GDP 为 408.59 亿元。居民人均可支配收入 27 973.05 元，排在全省一类县（市、区）第 24 位，排在宜春市第 2 位。万人 GDP 为 7.24 亿元，排在全省一类县（市、区）第 16 位，排在宜春市第 1 位。GDP 较上一年增长 7.60%，排在全省一类县（市、区）第 21 位，排在宜春市第 5 位。新增省级及以上人才 / 平台 / 载体 48 个，排在全省一类县（市、区）第 1 位，排在宜春市第 1 位。开展 R&D 活动的企业占比 56.94%，排在全省一类县（市、区）第 4 位，排在宜春市第 1 位。万人专利申请量 28.61 件，排在全省一类县（市、区）第 12 位，排在宜春市第 1 位。万人发明专利授权量 0.69 件，排在全省一类县（市、区）第 10 位，排在宜春市第 1 位。万人 R&D 人员数 49.41 人，排在全省一类县（市、区）第 12 位，排在宜春市第

1 位。R&D 人员全时当量 1957 人·年，排在全省一类县（市、区）第 9 位，排在宜春市第 2 位。新增高新技术企业 36 家，排在全省一类县（市、区）第 6 位，排在宜春市第 2 位。新产品销售收入占主营业务收入比 13.86%，排在全省一类县（市、区）第 16 位，排在宜春市第 6 位。万人财政收入 1.07 亿元，排在全省一类县（市、区）第 11 位，排在宜春市第 1 位。万人社会消费品零售额 1.64 亿元，排在全省一类县（市、区）第 20 位，排在宜春市第 2 位（表 3-76）。

表 3-76　樟树市（一类）科技创新能力评价指标得分与位次

指标名称	得分（分）	全省一类县（市、区）排名		本市排名	
	2019 年	2019 年	2018 年	2019 年	2018 年
科技创新能力		8	17	1	2
创新环境		2	11	1	1
创新基础					
万人 GDP	5.33	16	14	1	1
规模以上企业数	5.17	12	9	3	3
新增省级及以上人才/平台/载体	10.60	1		1	
科技意识					
万人专利申请量	5.24	12	19	1	3
开展 R&D 活动的企业占比	5.85	4	3	1	3
人均科普经费投入	3.61	25	19	7	3
创新投入		16	25	1	8
人力投入					
万人 R&D 人员数	5.09	12	16	1	2
研究人员占 R&D 人员比	4.78	16	20	1	6
R&D 人员全时当量	5.48	9	15	2	2
财力投入					
R&D 经费投入占 GDP 百分比	4.65	13	23	1	10
企业 R&D 经费投入占主营业务收入比	4.51	10	21	3	9
企业技术获取和改造费用占主营业务收入比	4.34	17	18	2	2

续表

指标名称	得分（分）	全省一类县（市、区）排名		本市排名	
	2019年	2019年	2018年	2019年	2018年
创新成效		9	10	2	2
技术创新					
高新技术产业增加值占规模以上工业增加值比	4.65	16	15	4	5
新增高新技术企业数	6.09	6		2	
入库科技型中小企业数	4.80	9		2	
产业化水平					
新产品销售收入占主营业务收入比	4.44	16	28	6	9
万人发明专利授权量	4.76	10	8	1	1
技术合同成交额	4.27	20	21	6	7
经济社会发展		24	22	2	1
经济增长					
GDP较上一年增长	3.91	21	27	5	5
万人财政收入	5.44	11	11	1	1
社会生活					
居民人均可支配收入	4.67	24	24	2	3
万人社会消费品零售额	4.43	20	19	2	2

如表3-76，樟树市科技创新能力排在全省一类县（市、区）第8位，比上一年提升了9位，排在宜春市第1位，比上一年提升了1位。在一级指标中，经济社会发展排在全省一类县（市、区）第24位，比上一年下降了2位，排在宜春市第2位，比上一年下降了1位；创新投入排在全省一类县（市、区）第16位，比上一年提升了9位，排在宜春市第1位，比上一年提升了7位；创新成效排在全省一类县（市、区）第9位，比上一年提升了1位，排在宜春市第2位，与上一年位次相同；创新环境排在全省一类县（市、区）第2位，比上一年提升了9位，排在宜春市第1位，与上一年位次相同。

综上所述，樟树市新增省级及以上人才／平台／载体居全省一类县（市、区）首位，开展R&D活动的企业占比、新增高新技术企业数均排在全省一类县（市、区）前列，但在人均科普经费投入、居民人均可支配收入、GDP较上一年增长等方面排名相对偏后。建议该市继续加大科研经费投入，加强科普宣传，提高科技对经济的贡献度，促进经济高质量发展。

十、高安市

高安市，位于江西省中部，是宜春市代管县级市。2019年，该市常住人口为83.93万人，地区GDP为448.78亿元。居民人均可支配收入27 047.61元，排在全省一类县（市、区）第28位，排在宜春市第5位。万人GDP为5.35亿元，排在全省一类县（市、区）第23位，排在宜春市第4位。GDP较上一年增长7.20%，排在全省一类县（市、区）第28位，排在宜春市第8位。新增省级及以上人才/平台/载体9个，排在全省一类县（市、区）第10位，排在宜春市第3位。开展R&D活动的企业占比44.94%，排在全省一类县（市、区）第8位，排在宜春市第4位。万人R&D人员数32.93人，排在全省一类县（市、区）第22位，排在宜春市第5位。R&D人员全时当量2140人·年，排在全省一类县（市、区）第7位，排在宜春市第1位。新增高新技术企业41家，排在全省一类县（市、区）第4位，排在宜春市第1位。新产品销售收入占主营业务收入比16.21%，排在全省一类县（市、区）第12位，排在宜春市第5位。万人财政收入0.60亿元，排在全省一类县（市、区）第24位，排在宜春市第6位。万人社会消费品零售额1.13亿元，排在全省一类县（市、区）第28位，排在宜春市第5位（表3-77）。

表3-77　高安市（一类）科技创新能力评价指标得分与位次

指标名称	得分（分）	全省一类县（市、区）排名		本市排名	
	2019年	2019年	2018年	2019年	2018年
科技创新能力		23	26	2	5
创新环境		18	20	4	3
创新基础					
万人GDP	4.60	23	30	4	7

续表

指标名称	得分（分）	全省一类县（市、区）排名		本市排名	
	2019 年	2019 年	2018 年	2019 年	2018 年
规模以上企业数	4.97	15	10	4	4
新增省级及以上人才 / 平台 / 载体	4.86	10		3	
科技意识					
万人专利申请量	4.41	19	25	2	6
开展 R&D 活动的企业占比	4.72	8	5	4	4
人均科普经费投入	3.19	34	33	10	8
创新投入		22	15	2	2
人力投入					
万人 R&D 人员数	4.60	22	25	5	10
研究人员占 R&D 人员比	4.38	22	11	5	1
R&D 人员全时当量	5.65	7	18	1	4
财力投入					
R&D 经费投入占 GDP 百分比	4.24	19	12	6	3
企业 R&D 经费投入占主营业务收入比	4.61	7	8	1	5
企业技术获取和改造费用占主营业务收入比	4.12	27	17	7	1
创新成效		11	21	3	6
技术创新					
高新技术产业增加值占规模以上工业增加值比	4.56	20	23	5	7
新增高新技术企业数	6.50	4		1	
入库科技型中小企业数	4.84	8		1	
产业化水平					
新产品销售收入占主营业务收入比	4.51	12	15	5	5
万人发明专利授权量	4.07	29	30	8	9
技术合同成交额	4.19	24	24	8	8
经济社会发展		33	33	6	10
经济增长					
GDP 较上一年增长	3.32	28	34	8	10

续表

指标名称	得分（分）	全省一类县（市、区）排名		本市排名	
	2019 年	2019 年	2018 年	2019 年	2018 年
万人财政收入	4.31	24	24	6	8
社会生活					
居民人均可支配收入	4.53	28	28	5	5
万人社会消费品零售额	4.09	28	28	5	5

如表 3-77，高安市科技创新能力排在全省一类县（市、区）第 23 位，排在宜春市第 2 位，都比上一年提升了 3 位。在一级指标中，经济社会发展排在全省一类县（市、区）第 33 位，与上一年位次相同，排在宜春市第 6 位，比上一年提升了 4 位；创新投入排在全省一类县（市、区）第 22 位，比上一年下降了 7 位，排在宜春市第 2 位，与上一年位次相同；创新成效排在全省一类县（市、区）第 11 位，比上一年提升了 10 位，排在宜春市第 3 位，比上一年提升了 3 位；创新环境排在全省一类县（市、区）第 18 位，比上一年提升了 2 位，排在宜春市第 4 位，比上一年下降了 1 位。

综上所述，高安市新增高新技术企业数、开展 R&D 活动的企业占比、入库科技型中小企业数、R&D 人员全时当量在全省一类县（市、区）排名相对靠前，但在万人发明专利授权量、GDP 较上一年增长等方面排名相对靠后，人均科普经费投入在全省一类县（市、区）排名落后。建议该市进一步加大科普宣传力度，鼓励企业自主研发，加强科技成果转移转化能力，积极培育战略性新兴产业，促进产业转型升级和经济高质量发展。

第十节　抚州市

一、临川区

临川区，位于江西省东部，抚州市市辖区。2019 年，该区常住人口为

113.16 万人，地区 GDP 为 469.57 亿元。居民人均可支配收入 32 725.93 元，排在全省一类县（市、区）第 16 位，排在抚州市第 1 位。万人 GDP 为 4.15 亿元，排在全省一类县（市、区）第 28 位，排在抚州市第 3 位。GDP 较上一年增长 7.50%，排在全省一类县（市、区）第 23 位，排在抚州市第 10 位。新增省级及以上人才／平台／载体 4 个，排在全省一类县（市、区）第 12 位，排在抚州市第 5 位。人均科普经费投入 0.97 元，排在全省一类县（市、区）第 9 位，排在抚州市第 8 位。万人发明专利授权量 0.10 件，排在全省一类县（市、区）第 32 位，排在抚州市第 6 位。R&D 人员全时当量 2733 人·年，排在全省一类县（市、区）第 5 位，排在抚州市第 1 位。企业技术获取和改造费用占主营业务收入比 0.13%，排在全省一类县（市、区）第 10 位，排在抚州市第 4 位。新增高新技术企业 17 家，排在全省一类县（市、区）第 24 位，排在抚州市第 3 位。新产品销售收入占主营业务收入比 27.84%，排在全省一类县（市、区）第 5 位，排在抚州市第 3 位。万人财政收入 0.22 亿元，排在全省一类县（市、区）第 34 位，排在抚州市第 11 位。万人社会消费品零售额 1.94 亿元，排在全省一类县（市、区）第 18 位，排在抚州市第 1 位（表 3-78）。

表 3-78 临川区（一类）科技创新能力评价指标得分与位次

指标名称	得分（分）	全省一类县（市、区）排名		本市排名	
	2019 年	2019 年	2018 年	2019 年	2018 年
科技创新能力		17	21	2	2
创新环境		15	19	5	6
创新基础					
万人 GDP	4.15	28	26	3	3
规模以上企业数	4.72	18	11	1	1
新增省级及以上人才／平台／载体	4.74	12		5	
科技意识					
万人专利申请量	3.63	31	23	9	9
开展 R&D 活动的企业占比	5.72	5	6	6	9

续表

指标名称	得分（分）	全省一类县（市、区）排名		本市排名	
	2019 年	2019 年	2018 年	2019 年	2018 年
人均科普经费投入	4.99	9	32	8	11
创新投入		9	13	1	1
人力投入					
万人 R&D 人员数	4.69	19	18	3	2
研究人员占 R&D 人员比	4.53	19	21	2	3
R&D 人员全时当量	6.18	5	6	1	1
财力投入					
R&D 经费投入占 GDP 百分比	5.09	7	17	4	2
企业 R&D 经费投入占主营业务收入比	4.96	3	14	5	8
企业技术获取和改造费用占主营业务收入比	4.61	10	12	4	3
创新成效		21	15	1	2
技术创新					
高新技术产业增加值占规模以上工业增加值比	4.88	8	10	3	2
新增高新技术企业数	4.54	24		3	
入库科技型中小企业数	4.98	7		1	
产业化水平					
新产品销售收入占主营业务收入比	4.87	5	5	3	4
万人发明专利授权量	4.03	32	12	6	1
技术合同成交额	4.20	23	28	6	11
经济社会发展		30	30	4	5
经济增长					
GDP 较上一年增长	3.76	23	32	10	7
万人财政收入	3.42	34	34	11	11
社会生活					
居民人均可支配收入	5.36	16	17	1	1
万人社会消费品零售额	4.63	18	17	1	1

如表 3-78，临川区科技创新能力排在全省一类县（市、区）第 17 位，

比上一年提升了4位，排在抚州市第2位，与上一年位次相同。在一级指标中，经济社会发展排在全省一类县（市、区）第30位，与上一年位次相同，排在抚州市第4位，比上一年提升了1位；创新投入排在全省一类县（市、区）第9位，比上一年提升了4位，排在抚州市第1位，与上一年位次相同；创新成效排在全省一类县（市、区）第21位，比上一年下降了6位，排在抚州市第1位，比上一年提升了1位；创新环境排在全省一类县（市、区）第15位，比上一年提升了4位，排在抚州市第5位，比上一年提升了1位。

综上所述，临川区企业R&D经费投入占主营业务收入比、新产品销售收入占主营业务收入比等方面均排在全省一类县（市、区）前列，但在万人专利申请量、新增高新技术企业数、万人发明专利授权量等方面排名靠后，且万人财政收入在全省一类县（市、区）排名落后。建议该区进一步增强知识产权管理意识，加大高新技术企业培育力度，促进产业转型升级，助力经济更好更快发展。

二、东乡区

东乡区，原东乡县，2017年12月撤销东乡县设立东乡区，位于江西省东部，抚州市市辖区。2019年，该区常住人口为45.43万人，地区GDP为176.23亿元。居民人均可支配收入29 165.43元，排在全省二类县（市、区）第3位，排在抚州市第2位。万人GDP为3.88亿元，排在全省二类县（市、区）第14位，排在抚州市第4位。GDP较上一年增长8.30%，排在全省二类县（市、区）第8位，排在抚州市第3位。新增高新技术企业20家，排在全省二类县（市、区）第4位，排在抚州市第2位。万人专利申请量25.49件，排在全省二类县（市、区）第3位，排在抚州市第4位。新增省级及以上人才/平台/载体23个，排在全省二类县（市、区）第1位，排在抚州市第1位。万人发明专利授权量0.77件，排在全省二类县（市、区）第1位，排在抚州市第1位。万人R&D人员数39.56人，排在全省二类县（市、区）第4位，排在抚州市第2位。R&D人员全时当量1444人·年，排在全省二类县（市、区）第 1 位，排在抚州市第 2 位。企业技术获取和改造费用占主营业务收入比 0.25%，排在全省二类县（市、区）第 4 位，排在抚州市第 3 位。万人财政收入 0.59 亿元，排在全省二类县（市、区）第 11 位，排在抚州市第 1 位。万人社会消费品零售额 1.82 亿元，排在全省二类县（市、区）第 2 位，排在抚州市第 2 位（表 3-79）。

表 3-79 东乡区（二类）科技创新能力评价指标得分与位次

指标名称	得分（分）	全省二类县（市、区）排名		本市排名	
	2019 年	2019 年	2018 年	2019 年	2018 年
科技创新能力		1	9	1	3
创新环境		1	1	1	1
创新基础					
万人 GDP	4.04	14	14	4	5
规模以上企业数	4.39	15	19	3	2
新增省级及以上人才/平台/载体	7.30	1		1	
科技意识					
万人专利申请量	5.01	3	4	4	4
开展 R&D 活动的企业占比	6.00	3	2	3	2
人均科普经费投入	5.08	8	4	4	6
创新投入		3	23	2	6
人力投入					
万人 R&D 人员数	4.80	4	8	2	4
研究人员占 R&D 人员比	4.13	22	29	8	9
R&D 人员全时当量	5.02	1	4	2	2
财力投入					
R&D 经费投入占 GDP 百分比	5.27	4	15	2	4
企业 R&D 经费投入占主营业务收入比	5.59	2	15	1	10
企业技术获取和改造费用占主营业务收入比	5.07	4	19	3	10
创新成效		6	11	3	4
技术创新					

续表

指标名称	得分（分）	全省二类县 （市、区）排名		本市排名	
	2019 年	2019 年	2018 年	2019 年	2018 年
高新技术产业增加值占规模以上工业增加值比	4.11	24	26	9	9
新增高新技术企业数	4.79	4		2	
入库科技型中小企业数	4.50	3		2	
产业化水平					
新产品销售收入占主营业务收入比	4.56	8	7	4	9
万人发明专利授权量	4.86	1	6	1	2
技术合同成交额	4.61	3	5	2	2
经济社会发展		4	8	1	2
经济增长					
GDP 较上一年增长	4.94	8	15	3	2
万人财政收入	4.30	11	12	1	1
社会生活					
居民人均可支配收入	4.84	3	3	2	2
万人社会消费品零售额	4.55	2	2	2	2

如表 3-79，东乡区科技创新能力排在全省二类县（市、区）第 1 位，比上一年提升了 8 位，排在抚州市第 1 位，比上一年提升了 2 位。在一级指标中，经济社会发展排在全省二类县（市、区）第 4 位，比上一年提升了 4 位，排在抚州市第 1 位，比上一年提升了 1 位；创新投入排在全省二类县（市、区）第 3 位，比上一年提升了 20 位，排在抚州市第 2 位，比上一年提升了 4 位；创新成效排在全省二类县（市、区）第 6 位，比上一年提升了 5 位，排在抚州市第 3 位，比上一年提升了 1 位；创新环境排在全省二类县（市、区）第 1 位，排在抚州市第 1 位，都与上一年位次相同。

综上所述，东乡区科技创新能力居全省二类县（市、区）首位，在新增省级及以上人才 / 平台 / 载体、R&D 人员全时当量、万人发明专利授权量、企业 R&D 经费投入占主营业务收入比、万人社会消费品零售额等方面排名前列，具有较大优势，但在研究人员占 R&D 人员比、高新技术产业增加值占规模以上工业增加值比、规模以上企业数等方面仍存在短板。建议该区加大人才培养力度，特别是加强对研究人员的引进培养，大力支持引导企业通过科技创新做大做强，统筹规划高新技术产业，加大对战略性新兴产业的发展力度。

三、南城县

南城县，位于江西省东部、抚州市中部，是抚州市下辖县。2019 年，该县常住人口为 31.69 万人，地区 GDP 为 148.39 亿元。居民人均可支配收入 28 926.26 元，排在全省二类县（市、区）第 4 位，排在抚州市第 3 位。万人 GDP 为 4.68 亿元，排在全省二类县（市、区）第 8 位，排在抚州市第 1 位。GDP 较上一年增长 8.30%，排在全省二类县（市、区）第 8 位，排在抚州市第 3 位。新增高新技术企业 14 家，排在全省二类县（市、区）第 14 位，排在抚州市第 4 位。万人专利申请量 28.84 件，排在全省二类县（市、区）第 1 位，排在抚州市第 2 位。万人发明专利授权量 0.41 件，排在全省二类县（市、区）第 6 位，排在抚州市第 3 位。万人 R&D 人员数 17.73 人，排在全省二类县（市、区）第 18 位，排在抚州市第 6 位。R&D 人员全时当量 399 人·年，排在全省二类县（市、区）第 19 位，排在抚州市第 5 位。企业技术获取和改造费用占主营业务收入比 0.03%，排在全省二类县（市、区）第 15 位，排在抚州市第 9 位。新产品销售收入占主营业务收入比 11.07%，排在全省二类县（市、区）第 18 位，排在抚州市第 11 位。万人财政收入 0.54 亿元，排在全省二类县（市、区）第 14 位，排在抚州市第 2 位。万人社会消费品零售额 1.75 亿元，排在全省二类县（市、区）第 5 位，排在抚州市第 3 位（表3-80）。

表 3-80　南城县（二类）科技创新能力评价指标得分与位次

指标名称	得分（分）	全省二类县（市、区）排名		本市排名	
	2019 年	2019 年	2018 年	2019 年	2018 年
科技创新能力		13	13	5	4

续表

指标名称	得分（分）	全省二类县（市、区）排名		本市排名	
	2019 年	2019 年	2018 年	2019 年	2018 年
创新环境		3	10	4	8
创新基础					
万人 GDP	4.35	8	8	1	2
规模以上企业数	4.48	13	27	2	4
新增省级及以上人才／平台／载体	4.86	7		3	
科技意识					
万人专利申请量	5.26	1	7	2	6
开展 R&D 活动的企业占比	5.14	10	12	7	10
人均科普经费投入	5.20	6	16	2	9
创新投入		22	10	8	3
人力投入					
万人 R&D 人员数	4.14	18	17	6	6
研究人员占 R&D 人员比	4.13	20	17	7	5
R&D 人员全时当量	4.07	19	21	5	5
财力投入					
R&D 经费投入占 GDP 百分比	4.29	18	14	8	3
企业 R&D 经费投入占主营业务收入比	4.38	16	13	9	6
企业技术获取和改造费用占主营业务收入比	4.19	15	1	9	1
创新成效		16	15	6	6
技术创新					
高新技术产业增加值占规模以上工业增加值比	4.42	13	25	7	8
新增高新技术企业数	4.30	14		4	
入库科技型中小企业数	4.39	6		3	
产业化水平					
新产品销售收入占主营业务收入比	4.35	18	3	11	2
万人发明专利授权量	4.42	6	16	3	6
技术合同成交额	4.02	25	16	10	7

续表

指标名称	得分（分）	全省二类县（市、区）排名		本市排名	
	2019 年	2019 年	2018 年	2019 年	2018 年
经济社会发展		6	3	2	1
经济增长					
GDP 较上一年增长	4.94	8	22	3	4
万人财政收入	4.19	14	13	2	2
社会生活					
居民人均可支配收入	4.81	4	4	3	4
万人社会消费品零售额	4.50	5	4	3	3

如表 3-80，南城县科技创新能力排在全省二类县（市、区）第 13 位，与上一年位次相同，排在抚州市第 5 位，比上一年下降了 1 位。在一级指标中，经济社会发展排在全省二类县（市、区）第 6 位，比上一年下降了 3 位，排在抚州市第 2 位，比上一年下降了 1 位；创新投入排在全省二类县（市、区）第 22 位，比上一年下降了 12 位，排在抚州市第 8 位，比上一年降低了 5 位；创新成效排在全省二类县（市、区）第 16 位，比上一年下降了 1 位，排在抚州市第 6 位，与上一年位次相同；创新环境排在全省二类县（市、区）第 3 位，比上一年提升了 7 位，排在抚州市第 4 位，比上一年提升了 4 位。

综上所述，南城县科技创新能力居全省二类县（市、区）中上游，其中万人专利申请量、人均科普经费投入、入库科技型中小企业数、万人发明专利授权量等指标排名靠前，具有一定优势，但在研究人员占 R&D 人员比、R&D 人员全时当量、技术合同成交额、R&D 经费投入占 GDP 百分比等方面排名靠后。建议该县增加科技财政投入比重，加强人才培养，强化科技成果转移转化，促进地方经济发展。

四、黎川县

黎川县，位于江西省中部偏东，是抚州市下辖县。2019 年，该县常住人口为 23.81 万人，地区 GDP 为 82.03 亿元。居民人均可支配收入 23 427.19 元，排在全省三类县（市、区）第 13 位，排在抚州市第 6 位。万人 GDP 为 3.44 亿元，排在全省三类县（市、区）第 23 位，排在抚州市第 8 位。GDP 较上一年增长 8.50%，排在全省三类县（市、区）第 10 位，排在抚州市第 1 位。开展 R&D 活动的企业占比 46.84%，排在全省三类县（市、区）第 14 位，排在抚州市第 8 位。万人专利申请量 16.04 件，排在全省三类县（市、区）第 19 位，排在抚州市第 6 位。万人发明专利授权量 0.13 件，排在全省三类县（市、区）第 20 位，排在抚州市第 5 位。人均科普经费投入 1.09 元，排在全省三类县（市、区）第 5 位，排在抚州市第 1 位。万人 R&D 人员数 18.48 人，排在全省三类县（市、区）第 15 位，排在抚州市第 5 位。R&D 人员全时当量 303 人·年，排在全省三类县（市、区）第 15 位，排在抚州市第 6 位。新产品销售收入占主营业务收入比 15.89%，排在全省三类县（市、区）第 12 位，排在抚州市第 7 位。万人财政收入 0.48 亿元，排在全省三类县（市、区）第 19 位，排在抚州市第 4 位。万人社会消费品零售额 1.30 亿元，排在全省三类县（市、区）第 12 位，排在抚州市第 5 位（表 3-81）。

表 3-81　黎川县（三类）科技创新能力评价指标得分与位次

指标名称	得分（分）	全省三类县（市、区）排名		本市排名	
	2019 年	2019 年	2018 年	2019 年	2018 年
科技创新能力		14	20	6	6
创新环境		11	7	7	2
创新基础					
万人 GDP	3.88	23	23	8	8
规模以上企业数	3.83	23	25	7	8
新增省级及以上人才 / 平台 / 载体	4.86	4		3	
科技意识					
万人专利申请量	4.30	19	10	6	2
开展 R&D 活动的企业占比	4.90	14	8	8	6
人均科普经费投入	5.24	5	7	1	4

续表

指标名称	得分（分）	全省三类县（市、区）排名		本市排名	
	2019 年	2019 年	2018 年	2019 年	2018 年
创新投入		15	18	6	7
人力投入					
万人 R&D 人员数	4.16	15	13	5	5
研究人员占 R&D 人员比	3.56	25	31	9	11
R&D 人员全时当量	3.98	15	13	6	6
财力投入					
R&D 经费投入占 GDP 百分比	4.48	13	14	7	5
企业 R&D 经费投入占主营业务收入比	4.82	9	14	6	5
企业技术获取和改造费用占主营业务收入比	4.49	2	3	5	2
创新成效		14	21	5	8
技术创新					
高新技术产业增加值占规模以上工业增加值比	3.99	30	26	10	7
新增高新技术企业数	4.22	11		6	
入库科技型中小企业数	4.18	12		7	
产业化水平					
新产品销售收入占主营业务收入比	4.50	12	6	7	7
万人发明专利授权量	4.07	20	21	5	8
技术合同成交额	5.58	2	11	1	5
经济社会发展		10	18	3	3
经济增长					
GDP 较上一年增长	5.23	10	27	1	5
万人财政收入	4.03	19	19	4	4
社会生活					
居民人均可支配收入	4.00	13	13	6	6
万人社会消费品零售额	4.20	12	13	5	5

　　如表 3-81，黎川县科技创新能力排在全省三类县（市、区）第 14 位，比上一年提升了 6 位，排在抚州市第 6 位，与上一年位次相同。在一级指标

中，经济社会发展排在全省三类县（市、区）第 10 位，比上一年提升了 8 位，排在抚州市第 3 位，与上一年位次相同；创新投入排在全省三类县（市、区）第 15 位，比上一年提升了 3 位，排在抚州市第 6 位，比上一年提升了 1 位；创新成效排在全省三类县（市、区）第 14 位，比上一年提升了 7 位，排在抚州市第 5 位，比上一年提升了 3 位；创新环境排在全省三类县（市、区）第 11 位，比上一年下降了 4 位，排在抚州市第 7 位，比上一年下降了 5 位。

综上所述，黎川县科技创新能力居全省三类县（市、区）中游，其中在新增省级及以上人才／平台／载体、人均科普经费投入、企业技术获取和改造费用占主营业务收入比、技术合同成交额等方面排名靠前，具有一定优势，但在规模以上企业数、研究人员占 R&D 人员比、高新技术产业增加值占规模以上工业增加值比、万人发明专利授权量等方面排名靠后。建议该县加强科研人员引进培养，强化专利意识，支持企业自主创新、做大做强，积极培育战略性新兴产业，不断推进经济高质量发展。

五、南丰县

南丰县，位于江西省东南部、抚州市南部，是抚州市下辖县。2019 年，该县常住人口为 29.84 万人，地区 GDP 为 137.88 亿元。居民人均可支配收入 28 823.01 元，排在全省三类县（市、区）第 3 位，排在抚州市第 4 位。万人 GDP 为 4.62 亿元，排在全省三类县（市、区）第 6 位，排在抚州市第 2 位。GDP 较上一年增长 7.30%，排在全省三类县（市、区）第 30 位，排在抚州市第 11 位。万人专利申请量 11.96 件，排在全省三类县（市、区）第 23 位，排在抚州市第 8 位。新增省级及以上人才／平台／载体 1 个，排在全省三类县（市、区）第 26 位，排在抚州市第 9 位。人均科普经费投入 0.67 元，排在全省三类县（市、区）第 20 位，排在抚州市第 10 位。万人 R&D 人员数 11.86 人，排在全省三类县（市、区）第 26 位，排在抚州市第 7 位。企业技术获取和改造费用占主营业务收入比 0.33%，排在全省三类县（市、区）第 1 位，排在抚州市第 2 位。新产品销售收入占主营业务收入比 15.57%，排在全省三类县（市、区）第 14 位，排在抚州市第 8 位。万人财政收入 0.45 亿元，排在

全省三类县（市、区）第 22 位，排在抚州市第 6 位。万人社会消费品零售额
1.73 亿元，排在全省三类县（市、区）第 4 位，排在抚州市第 4 位（表 3-82）。

表 3-82　南丰县（三类）科技创新能力评价指标得分与位次

指标名称	得分（分）	全省三类县（市、区）排名		本市排名	
	2019 年	2019 年	2018 年	2019 年	2018 年
科技创新能力		20	23	7	8
创新环境		28	12	9	3
创新基础					
万人 GDP	4.33	6	10	2	1
规模以上企业数	3.81	24	28	8	9
新增省级及以上人才 / 平台 / 载体	3.64	26		9	
科技意识					
万人专利申请量	3.99	23	15	8	5
开展 R&D 活动的企业占比	4.27	23	2	9	4
人均科普经费投入	4.37	20	14	10	7
创新投入		4	31	4	11
人力投入					
万人 R&D 人员数	3.97	26	25	7	8
研究人员占 R&D 人员比	3.41	30	28	11	10
R&D 人员全时当量	3.93	20	21	7	7
财力投入					
R&D 经费投入占 GDP 百分比	5.36	2	31	1	11
企业 R&D 经费投入占主营业务收入比	5.58	3	16	2	7
企业技术获取和改造费用占主营业务收入比	5.36	1	7	2	6
创新成效		24	20	9	7
技术创新					
高新技术产业增加值占规模以上工业增加值比	4.66	14	22	4	6
新增高新技术企业数	3.48	28		9	
入库科技型中小企业数	4.13	20		8	
产业化水平					

续表

指标名称	得分（分）	全省三类县（市、区）排名		本市排名	
	2019 年	2019 年	2018 年	2019 年	2018 年
新产品销售收入占主营业务收入比	4.49	14	7	8	8
万人发明专利授权量	4.00	27	20	8	7
技术合同成交额	4.31	15	4	3	1
经济社会发展		20	21	5	6
经济增长					
GDP 较上一年增长	3.47	30	33	11	10
万人财政收入	3.97	22	22	6	6
社会生活					
居民人均可支配收入	4.79	3	3	4	3
万人社会消费品零售额	4.49	4	4	4	4

如表 3-82，南丰县科技创新能力排在全省三类县（市、区）第 20 位，比上一年提升了 3 位，排在抚州市第 7 位，比上一年提升了 1 位。在一级指标中，经济社会发展排在全省三类县（市、区）第 20 位，排在抚州市第 5 位，都比上一年提升了 1 位；创新投入排在全省三类县（市、区）第 4 位，比上一年提升了 27 位，排在抚州市第 4 位，比上一年提升了 7 位；创新成效排在全省三类县（市、区）第 24 位，比上一年下降了 4 位，排在抚州市第 9 位，比上一年下降了 2 位；创新环境排在全省三类县（市、区）第 28 位，比上一年下降了 16 位，排在抚州市第 9 位，比上一年下降了 6 位。

综上所述，南丰县科技创新能力居全省三类县（市、区）中下游，其中在万人 GDP、R&D 经费投入占 GDP 百分比、企业 R&D 经费投入占主营业务收入比、企业技术获取和改造费用占主营业务收入比、居民人均可支配收入等方面排名靠前，具有较大优势，但在新增省级及以上人才/平台/载体、万人 R&D 人员数、研究人员占 R&D 人员比、新增高新技术企业数、万人发明专利授权量等方面排名靠后。建议该县加强科技人才培养和引进，强化专利意识，加强科技创新平台/载体建设，加速高新技术企业培育，不断提高科技竞争力。

六、崇仁县

崇仁县，位于江西省中部偏东、抚州西部，是抚州市下辖县。2019 年，该县常住人口为 36.25 万人，地区 GDP 为 128.57 万元。居民人均可支配收入 24 735.82 元，排在全省二类县（市、区）第 17 位，排在抚州市第 5 位。万人 GDP 为 3.55 亿元，排在全省二类县（市、区）第 18 位，排在抚州市第 6 位。GDP 较上一年增长 7.90%，排在全省二类县（市、区）第 23 位，排在抚州市第 7 位。开展 R&D 活动的企业占比 61.44%，排在全省二类县（市、区）第 2 位，排在抚州市第 2 位。人均科普经费投入 0.99 元，排在全省二类县（市、区）第 10 位，排在抚州市第 6 位。万人 R&D 人员数 34.43 人，排在全省二类县（市、区）第 7 位，排在抚州市第 4 位。新增高新技术企业 14 家，排在全省二类县（市、区）第 14 位，排在抚州市第 4 位。企业技术获取和改造费用占主营业务收入比 0.45%，排在全省二类县（市、区）第 3 位，排在抚州市第 1 位。新增省级及以上人才 / 平台 / 载体 10 个，排在全省二类县（市、区）第 2 位，排在抚州市第 2 位。新产品销售收入占主营业务收入比 31.00%，排在全省二类县（市、区）第 3 位，排在抚州市第 1 位。万人财政收入 0.35 亿元，排在全省二类县（市、区）第 24 位，排在抚州市第 9 位。万人社会消费品零售额 1.03 亿元，排在全省二类县（市、区）第 22 位，排在抚州市第 10 位（表 3-83）。

表 3-83　崇仁县（二类）科技创新能力评价指标得分与位次

指标名称	得分（分）	全省二类县（市、区）排名		本市排名	
	2019 年	2019 年	2018 年	2019 年	2018 年
科技创新能力		2	2	3	1
创新环境		2	7	3	4
创新基础					
万人 GDP	3.91	18	18	6	6
规模以上企业数	4.23	16	23	5	3
新增省级及以上人才 / 平台 / 载体	5.47	2		2	

续表

指标名称	得分（分）	全省二类县（市、区）排名		本市排名	
	2019 年	2019 年	2018 年	2019 年	2018 年
科技意识					
万人专利申请量	4.54	5	3	5	3
开展 R&D 活动的企业占比	6.27	2	6	2	7
人均科普经费投入	5.04	10	1	6	1
创新投入		4	7	3	2
人力投入					
万人 R&D 人员数	4.64	7	3	4	1
研究人员占 R&D 人员比	4.53	10	21	3	6
R&D 人员全时当量	4.55	5	6	3	3
财力投入					
R&D 经费投入占 GDP 百分比	4.56	12	7	5	1
企业 R&D 经费投入占主营业务收入比	4.70	11	9	7	2
企业技术获取和改造费用占主营业务收入比	5.82	3	4	1	4
创新成效		5	2	2	1
技术创新					
高新技术产业增加值占规模以上工业增加值比	4.99	6	3	1	1
新增高新技术企业数	4.30	14		4	
入库科技型中小企业数	4.36	9		5	
产业化水平					
新产品销售收入占主营业务收入比	4.96	3	2	1	1
万人发明专利授权量	4.29	11	10	4	3
技术合同成交额	4.21	14	18	5	8
经济社会发展		21	30	7	11
经济增长					
GDP 较上一年增长	4.35	23	30	7	9
万人财政收入	3.72	24	24	9	9

续表

指标名称	得分（分）	全省二类县（市、区）排名		本市排名	
	2019 年	2019 年	2018 年	2019 年	2018 年
社会生活					
居民人均可支配收入	4.19	17	17	5	5
万人社会消费品零售额	4.03	22	20	10	10

如表 3-83，崇仁县科技创新能力排在全省二类县（市、区）第 2 位，与上一年位次相同，排在抚州市第 3 位，比上一年下降了 2 位。在一级指标中，经济社会发展排在全省二类县（市、区）第 21 位，比上一年提升了 9 位，排在抚州市第 7 位，比上一年提升了 4 位；创新投入排在全省二类县（市、区）第 4 位，比上一年提升了 3 位，排在抚州市第 3 位，比上一年下降了 1 位；创新成效排在全省二类县（市、区）第 5 位，比上一年下降了 3 位，排在抚州市第 2 位，比上一年下降了 1 位；创新环境排在全省二类县（市、区）第 2 位，比上一年提升了 5 位，排在抚州市第 3 位，比上一年提升了 1 位。

综上所述，崇仁县科技创新能力在全省二类县（市、区）前列，其中新增省级及以上人才/平台/载体、开展 R&D 活动的企业占比、企业技术获取和改造费用占主营业务收入比、新产品销售收入占主营业务收入比等方面排名靠前，但在万人 GDP、规模以上企业数、GDP 较上一年增长、万人财政收入等方面仍存在较明显短板。建议该县进一步加大创新投入，营造创新氛围，积极引导企业自主研发、做大做强，不断提升人民的生活水平。

七、乐安县

乐安县，位于江西省中部、抚州市西南部，是抚州市下辖县。2019 年，该县常住人口为 35.87 万人，地区 GDP 为 71.49 亿元。居民人均可支配收入 17 626.70 元，排在全省二类县（市、区）第 32 位，排在抚州市第 11 位。万人 GDP 为 1.99 亿元，排在全省二类县（市、区）第 32 位，排在抚州市第 11

位。GDP 较上一年增长 7.80%，排在全省二类县（市、区）第 24 位，排在抚州市第 8 位。万人发明专利授权量 0.08 件，排在全省二类县（市、区）第 22 位，排在抚州市第 7 位。万人 R&D 人员数 2.15 人，排在全省二类县（市、区）第 32 位，排在抚州市第 11 位。新增高新技术企业 9 家，排在全省二类县（市、区）第 24 位，排在抚州市第 8 位。新增省级及以上人才／平台／载体 1 个，排在全省二类县（市、区）第 31 位，排在抚州市第 9 位。新产品销售收入占主营业务收入比 13.47%，排在全省二类县（市、区）第 12 位，排在抚州市第 9 位。万人财政收入 0.26 亿元，排在全省二类县（市、区）第 28 位，排在抚州市第 10 位。万人社会消费品零售额 1.05 亿元，排在全省二类县（市、区）第 19 位，排在抚州市第 9 位（表 3-84）。

表 3-84　乐安县（二类）科技创新能力评价指标得分与位次

指标名称	得分（分）	全省二类县（市、区）排名		本市排名	
	2019 年	2019 年	2018 年	2019 年	2018 年
科技创新能力		30	21	10	7
创新环境		30	22	11	10
创新基础					
万人 GDP	3.32	32	31	11	11
规模以上企业数	3.35	33	33	11	10
新增省级及以上人才／平台／载体	3.64	31		9	
科技意识					
万人专利申请量	3.62	27	26	10	11
开展 R&D 活动的企业占比	4.13	23	1	10	1
人均科普经费投入	4.15	16	26	11	10
创新投入		20	16	7	5
人力投入					
万人 R&D 人员数	3.67	32	28	11	11
研究人员占 R&D 人员比	4.25	17	14	6	2
R&D 人员全时当量	3.76	33	30	11	10

续表

指标名称	得分（分）	全省二类县（市、区）排名		本市排名	
	2019 年	2019 年	2018 年	2019 年	2018 年
财力投入					
R&D 经费投入占 GDP 百分比	4.54	14	29	6	10
企业 R&D 经费投入占主营业务收入比	4.97	8	5	4	1
企业技术获取和改造费用占主营业务收入比	4.09	29	28	10	11
创新成效		20	14	8	5
技术创新					
高新技术产业增加值占规模以上工业增加值比	4.89	8	11	2	3
新增高新技术企业数	3.89	24		8	
入库科技型中小企业数	4.01	27		10	
产业化水平					
新产品销售收入占主营业务收入比	4.42	12	5	9	5
万人发明专利授权量	4.02	22	25	7	10
技术合同成交额	4.21	13	6	4	3
经济社会发展		32	26	11	8
经济增长					
GDP 较上一年增长	4.20	24	18	8	3
万人财政收入	3.51	28	28	10	10
社会生活					
居民人均可支配收入	3.15	32	32	11	11
万人社会消费品零售额	4.04	19	18	9	9

如表 3-84，乐安县科技创新能力排在全省二类县（市、区）第 30 位，比上一年下降了 9 位，排在抚州市第 10 位，比上一年下降了 3 位。在一级指标中，经济社会发展排在全省二类县（市、区）第 32 位，比上一年下降了 6 位，排在抚州市第 11 位，比上一年下降了 3 位；创新投入排在全省二类县（市、区）第 20 位，比上一年下降了 4 位，排在抚州市第 7 位，比上一年下降了 2 位；创新成效排在全省二类县（市、区）第 20 位，比上一年下降了

6 位，排在抚州市第 8 位，比上一年下降了 3 位；创新环境排在全省二类县（市、区）第 30 位，比上一年下降了 8 位，排在抚州市第 11 位，比上一年下降了 1 位。

综上所述，乐安县科技创新能力在全省二类县（市、区）下游，其中在企业 R&D 经费投入占主营业务收入比、高新技术产业增加值占规模以上工业增加值比、新产品销售收入占主营业务收入比、技术合同成交额等方面排名相对靠前，但万人 GDP、规模以上企业数、新增省级及以上人才/平台/载体、万人 R&D 人员数、R&D 人员全时当量等方面排名靠后。建议该县进一步强化创新意识，加强创新平台/载体建设，夯实创新基础，支持鼓励企业做大做强，加速科技人才培养，促进产业转型升级和经济高质量发展。

八、宜黄县

宜黄县，位于江西省中部偏东、抚州市南部，是抚州市下辖县。2019 年，该县常住人口为 23.24 万人，地区 GDP 为 82.13 亿万元。居民人均可支配收入 21 134.41 元，排在全省三类县（市、区）第 18 位，排在抚州市第 9 位。万人 GDP 为 3.53 亿元，排在全省三类县（市、区）第 21 位，排在抚州市第 7 位。GDP 较上一年增长 8.20%，排在全省三类县（市、区）第 16 位，排在抚州市第 5 位。新增省级及以上人才/平台/载体 5 个，排在全省三类县（市、区）第 6 位，排在抚州市第 6 位。万人专利申请量 34.04 件，排在全省三类县（市、区）第 2 位，排在抚州市第 1 位。万人发明专利授权量 0.04 件，排在全省三类县（市、区）第 28 位，排在抚州市第 9 位。人均科普经费投入 1.03 元，排在全省三类县（市、区）第 8 位，排在抚州市第 3 位。万人 R&D 人员数 44.84 人，排在全省三类县（市、区）第 1 位，排在抚州市第 1 位。新增高新技术企业 21 家，排在全省三类县（市、区）第 4 位，排在抚州市第 1 位。万人财政收入 0.46 亿元，排在全省三类县（市、区）第 20 位，排在抚州市第 5 位。万人社会消费品零售额 1.06 亿元，排在全省三类县（市、区）第 19 位，排在抚州市第 8 位（表 3-85）。

表 3-85　宜黄县（三类）科技创新能力评价指标得分与位次

指标名称	得分（分）	全省三类县（市、区）排名		本市排名	
	2019 年	2019 年	2018 年	2019 年	2018 年
科技创新能力		2	30	4	11
创新环境		2	21	2	9
创新基础					
万人 GDP	3.91	21	21	7	7
规模以上企业数	4.25	11	12	4	5
新增省级及以上人才／平台／载体	4.62	6		6	
科技意识					
万人专利申请量	5.65	2	30	1	10
开展 R&D 活动的企业占比	7.33	1	3	1	5
人均科普经费投入	5.12	8	8	3	5
创新投入		5	20	5	9
人力投入					
万人 R&D 人员数	4.95	1	4	1	3
研究人员占 R&D 人员比	3.56	26	20	10	7
R&D 人员全时当量	4.41	4	8	4	4
财力投入					
R&D 经费投入占 GDP 百分比	5.11	5	18	3	7
企业 R&D 经费投入占主营业务收入比	5.31	5	25	3	11
企业技术获取和改造费用占主营业务收入比	4.20	9	10	8	7
创新成效		8	30	4	10
技术创新					
高新技术产业增加值占规模以上工业增加值比	4.49	20	28	6	10
新增高新技术企业数	4.87	4		1	
入库科技型中小企业数	4.38	6		4	
产业化水平					
新产品销售收入占主营业务收入比	4.94	2	17	2	11
万人发明专利授权量	3.97	28	15	9	4

续表

指标名称	得分（分）	全省三类县（市、区）排名		本市排名	
	2019 年	2019 年	2018 年	2019 年	2018 年
技术合同成交额	4.09	28	24	9	9
经济社会发展		23	33	6	9
经济增长					
GDP 较上一年增长	4.79	16	30	5	6
万人财政收入	3.98	20	21	5	5
社会生活					
居民人均可支配收入	3.66	18	17	9	9
万人社会消费品零售额	4.05	19	18	8	8

如表 3-85，宜黄县科技创新能力排在全省三类县（市、区）第 2 位，比上一年提升了 28 位，排在抚州市第 4 位，比上一年提升了 7 位。在一级指标中，经济社会发展排在全省三类县（市、区）第 23 位，比上一年提升了 10 位，排在抚州市第 6 位，比上一年提升了 3 位；创新投入排在全省三类县（市、区）第 5 位，比上一年提升了 15 位，排在抚州市第 5 位，比上一年提升了 4 位；创新成效排在全省三类县（市、区）第 8 位，比上一年提升了 22 位，排在抚州市第 4 位，比上一年提升了 6 位；创新环境排在全省三类县（市、区）第 2 位，比上一年提升了 19 位，排在抚州市第 2 位，比上一年提升了 7 位。

综上所述，宜黄县科技创新能力居全省三类县（市、区）前列，较上一年进步明显。在开展 R&D 活动的企业占比、万人专利申请量、万人 R&D 人员数、新产品销售收入占主营业务收入比等方面具有明显优势，但在研究人员占 R&D 人员比、万人发明专利授权量、技术合同成交额等方面仍存在短板。建议该县加强专业研究人才的引进和培养，增强科技创新意识，提高专利质量、提升专利授权量，提升科技成果转移转化能力，持续促进经济的高质量发展。

九、金溪县

金溪县，位于江西省中部，是抚州市下辖县。2019 年，该县常住人口为 30.67 万人，地区 GDP 为 93.33 亿元。居民人均可支配收入 23 250.41 元，排在全省二类县（市、区）第 20 位，排在抚州市第 7 位。万人 GDP 为 3.04 亿元，排在全省二类县（市、区）第 24 位，排在抚州市第 10 位。GDP 较上一年增长 8.00%，排在全省二类县（市、区）第 19 位，排在抚州市第 6 位。开展 R&D 活动的企业占比 58.43%，排在全省二类县（市、区）第 4 位，排在抚州市第 4 位。万人专利申请量 27.09 件，排在全省二类县（市、区）第 2 位，排在抚州市第 3 位。万人发明专利授权量 0.55 件，排在全省二类县（市、区）第 3 位，排在抚州市第 2 位。研究人员占 R&D 人员比为 33.33%，排在全省二类县（市、区）第 6 位，排在抚州市第 1 位。R&D 人员全时当量 168 人·年，排在全省二类县（市、区）第 29 位，排在抚州市第 9 位。企业技术获取和改造费用占主营业务收入比 0.03%，排在全省二类县（市、区）第 10 位，排在抚州市第 7 位。万人财政收入 0.35 亿元，排在全省二类县（市、区）第 23 位，排在抚州市第 8 位。万人社会消费品零售额 1.12 亿元，排在全省二类县（市、区）第 16 位，排在抚州市第 7 位。新增省级及以上人才/平台/载体 5 个，排在全省二类县（市、区）第 17 位，排在抚州市第 7 位（表 3-86）。

表 3-86 金溪县（二类）科技创新能力评价指标得分与位次

指标名称	得分（分）	全省二类县（市、区）排名		本市排名	
	2019 年	2019 年	2018 年	2019 年	2018 年
科技创新能力		16	17	8	5
创新环境		8	9	6	7
创新基础					
万人 GDP	3.72	24	23	10	9
规模以上企业数	3.68	29	31	9	6
新增省级及以上人才/平台/载体	4.13	17		7	
科技意识					

续表

指标名称	得分（分）	全省二类县（市、区）排名		本市排名	
	2019 年	2019 年	2018 年	2019 年	2018 年
万人专利申请量	5.13	2	1	3	1
开展 R&D 活动的企业占比	5.99	4	9	4	8
人均科普经费投入	5.01	11	1	7	1
创新投入		25	14	10	4
人力投入					
万人 R&D 人员数	3.87	24	23	10	9
研究人员占 R&D 人员比	4.88	6	6	1	1
R&D 人员全时当量	3.86	29	26	9	8
财力投入					
R&D 经费投入占 GDP 百分比	4.02	27	23	11	6
企业 R&D 经费投入占主营业务收入比	4.21	20	10	11	3
企业技术获取和改造费用占主营业务收入比	4.22	10	16	7	9
创新成效		19	10	7	3
技术创新					
高新技术产业增加值占规模以上工业增加值比	4.35	16	14	8	4
新增高新技术企业数	4.05	21	7		
入库科技型中小企业数	4.25	17	6		
产业化水平					
新产品销售收入占主营业务收入比	4.39	14	4	10	3
万人发明专利授权量	4.59	3	15	2	5
技术合同成交额	4.12	16	7	8	4
经济社会发展		22	29	9	10
经济增长					
GDP 较上一年增长	4.50	19	31	6	11
万人财政收入	3.73	23	22	8	8
社会生活					
居民人均可支配收入	3.98	20	20	7	7
万人社会消费品零售额	4.09	16	16	7	7

如表 3-86，金溪县科技创新能力排在全省二类县（市、区）第 16 位，比上一年提升了 1 位，排在抚州市第 8 位，比上一年下降了 3 位。在一级指标中，经济社会发展排在全省二类县（市、区）第 22 位，比上一年提升了 7 位，排在抚州市第 9 位，比上一年提升了 1 位；创新投入排在全省二类县（市、区）第 25 位，比上一年下降了 11 位，排在抚州市第 10 位，比上一年下降了 6 位；创新成效排在全省二类县（市、区）第 19 位，比上一年下降了 9 位，排在抚州市第 7 位，比上一年下降了 4 位；创新环境排在全省二类县（市、区）第 8 位，排在抚州市第 6 位，都比上一年提升了 1 位。

综上所述，金溪县科技创新能力居全省二类县（市、区）中游，其中在万人专利申请量、开展 R&D 活动的企业占比、研究人员占 R&D 人员比、万人发明专利授权量等方面具有一定优势，但在规模以上企业数、R&D 人员全时当量、R&D 经费投入占 GDP 百分比、新增高新技术企业数等方面排名靠后。建议该县加大财政科技支出，积极鼓励企业自主研发、做大做强，强化对高新技术企业的培育工作，推进经济高质量发展。

十、资溪县

资溪县，位于江西省中部偏东、抚州市东部，是抚州市下辖县。2019 年，该县常住人口为 11.58 万人，地区 GDP 为 43.21 亿元。居民人均可支配收入 22 613.62 元，排在全省三类县（市、区）第 15 位，排在抚州市第 8 位。万人 GDP 为 3.73 亿元，排在全省三类县（市、区）第 20 位，排在抚州市第 5 位。GDP 较上一年增长 7.58%，排在全省三类县（市、区）第 26 位，排在抚州市第 9 位。开展 R&D 活动的企业占比 56.10%，排在全省三类县（市、区）第 4 位，排在抚州市第 5 位。万人专利申请量 4.66 件，排在全省三类县（市、区）第 33 位，排在抚州市第 11 位。人均科普经费投入 1.01 元，排在全省三类县（市、区）第 10 位，排在抚州市第 5 位。入库科技型中小企业 6 家，排在全省三类县（市、区）第 33 位，排在抚州市第 11 位。新产品销售收入占主营业务收入比 17.18%，排在全省三类县（市、区）第 8 位，排在抚州市第 5 位。万人财政收入 0.49 亿元，排在全省三类县（市、区）第 18 位，排在抚州市第 3 位。万人社会消费品零售额 1.18 亿元，排在全省三类县（市、区）第 15 位，排在抚州市第 6 位（表 3-87）。

表 3-87　资溪县（三类）科技创新能力评价指标得分与位次

指标名称	得分（分）	全省三类县（市、区）排名		本市排名	
	2019 年	2019 年	2018 年	2019 年	2018 年
科技创新能力		32	26	11	9
创新环境		20	14	8	5
创新基础					
万人 GDP	3.99	20	19	5	4
规模以上企业数	3.49	32	33	10	11
新增省级及以上人才 / 平台 / 载体	3.64	26		9	
科技意识					
万人专利申请量	3.45	33	17	11	7
开展 R&D 活动的企业占比	5.77	4	1	5	3
人均科普经费投入	5.08	10	6	5	3
创新投入		22	23	11	10
人力投入					
万人 R&D 人员数	3.93	28	31	9	10
研究人员占 R&D 人员比	4.33	12	21	4	8
R&D 人员全时当量	3.77	33	32	10	11
财力投入					
R&D 经费投入占 GDP 百分比	4.29	19	27	9	9
企业 R&D 经费投入占主营业务收入比	4.46	14	12	8	4
企业技术获取和改造费用占主营业务收入比	4.09	21	11	10	8
创新成效		33	31	11	11
技术创新					
高新技术产业增加值占规模以上工业增加值比	2.79	33	32	11	11
新增高新技术企业数	3.16	33		11	
入库科技型中小企业数	3.97	33		11	

续表

指标名称	得分（分）	全省三类县（市、区）排名		本市排名	
	2019 年	2019 年	2018 年	2019 年	2018 年
产业化水平					
新产品销售收入占主营业务收入比	4.54	8	5	5	6
万人发明专利授权量	3.91	31	30	11	11
技术合同成交额	3.88	33	14	11	6
经济社会发展		28	23	10	7
经济增长					
GDP 较上一年增长	3.88	26	32	9	8
万人财政收入	4.05	18	17	3	3
社会生活					
居民人均可支配收入	3.88	15	15	8	8
万人社会消费品零售额	4.13	15	15	6	6

　　如表 3-87，资溪县科技创新能力排在全省三类县（市、区）第 32 位，比上一年下降了 6 位，排在抚州市第 11 位，比上一年下降了 2 位。在一级指标中，经济社会发展排在全省三类县（市、区）第 28 位，比上一年下降了 5 位，排在抚州市第 10 位，比上一年下降了 3 位；创新投入排在全省三类县（市、区）第 22 位，比上一年提升了 1 位，排在抚州市第 11 位，比上一年下降了 1 位；创新成效排在全省三类县（市、区）第 33 位，比上一年下降了 2 位，排在抚州市第 11 位，与上一年位次相同；创新环境排在全省三类县（市、区）第 20 位，比上一年下降了 6 位，排在抚州市第 8 位，比上一年下降了 3 位。

　　综上所述，资溪县科技创新能力居全省三类县（市、区）下游，其中在开展 R&D 活动的企业占比、人均科普经费投入、新产品销售收入占主营业务收入比等方面排名相对靠前，但在规模以上企业数、万人专利申请量、R&D 人员全时当量、新增高新技术企业数、技术合同成交额等方面弱势明显。建议该县提高科技创新意识，加大科技创新投入，夯实科技创新基础，优化科技创新环境，支持引导企业自主研发，大力支持高新技术企业、科技型中小企业的发展培育，强化科技成果转移转化能力，推动经济高质量发展。

十一、广昌县

广昌县，位于江西省抚州市东南部，是抚州市下辖县。2019年，该县常住人口为24.46万人，地区GDP为78.10亿元。居民人均可支配收入19 774.06元，排在全省三类县（市、区）第26位，排在抚州市第10位。万人GDP为3.19亿元，排在全省三类县（市、区）第27位，排在抚州市第9位。GDP较上一年增长8.40%，排在全省三类县（市、区）第12位，排在抚州市第2位。万人发明专利授权量0.04件，排在全省三类县（市、区）第29位，排在抚州市第10位。人均科普经费投入0.72元，排在全省三类县（市、区）第19位，排在抚州市第9位。R&D人员全时当量212人·年，排在全省三类县（市、区）第26位，排在抚州市第8位。新增高新技术企业4家，排在全省三类县（市、区）第28位，排在抚州市第9位。新产品销售收入占主营业务收入比16.30%，排在全省三类县（市、区）第10位，排在抚州市第6位。万人财政收入0.41亿元，排在全省三类县（市、区）第24位，排在抚州市第7位。万人社会消费品零售额0.79亿元，排在全省三类县（市、区）第27位，排在抚州市第11位（表3-88）。

表3-88 广昌县（三类）科技创新能力评价指标得分与位次

指标名称	得分（分）	全省三类县（市、区）排名		本市排名	
	2019年	2019年	2018年	2019年	2018年
科技创新能力		29	27	9	10
创新环境		32	32	10	11
创新基础					
万人GDP	3.78	27	24	9	10
规模以上企业数	4.17	14	20	6	7
新增省级及以上人才/平台/载体	4.01	16		8	

续表

指标名称	得分（分）	全省三类县（市、区）排名		本市排名	
	2019 年	2019 年	2018 年	2019 年	2018 年
科技意识					
万人专利申请量	4.19	22	22	7	8
开展 R&D 活动的企业占比	3.27	32	30	11	11
人均科普经费投入	4.47	19	15	9	8
创新投入		20	19	9	8
人力投入					
万人 R&D 人员数	3.95	27	20	8	7
研究人员占 R&D 人员比	4.25	13	15	5	4
R&D 人员全时当量	3.90	26	27	8	9
财力投入					
R&D 经费投入占 GDP 百分比	4.29	20	24	10	8
企业 R&D 经费投入占主营业务收入比	4.28	18	20	10	9
企业技术获取和改造费用占主营业务收入比	4.44	3	5	6	5
创新成效		26	23	10	9
技术创新					
高新技术产业增加值占规模以上工业增加值比	4.63	16	21	5	5
新增高新技术企业数	3.48	28		9	
入库科技型中小企业数	4.08	24		9	
产业化水平					
新产品销售收入占主营业务收入比	4.51	10	9	6	10
万人发明专利授权量	3.96	29	22	10	9
技术合同成交额	4.15	25	25	7	10
经济社会发展		24	19	8	4
经济增长					
GDP 较上一年增长	5.09	12	15	2	1
万人财政收入	3.86	24	26	7	7
社会生活					

续表

指标名称	得分（分）	全省三类县（市、区）排名		本市排名	
	2019 年	2019 年	2018 年	2019 年	2018 年
居民人均可支配收入	3.47	26	25	10	10
万人社会消费品零售额	3.86	27	28	11	11

如表 3-88，广昌县科技创新能力排在全省三类县（市、区）第 29 位，比上一年下降了 2 位，排在抚州市第 9 位，比上一年提升了 1 位。在一级指标中，经济社会发展排在全省三类县（市、区）第 24 位，比上一年下降了 5 位，排在抚州市第 8 位，比上一年下降了 4 位；创新投入排在全省三类县（市、区）第 20 位，排在抚州市第 9 位，都比上一年下降了 1 位；创新成效排在全省三类县（市、区）第 26 位，比上一年下降了 3 位，排在抚州市第 10 位，比上一年下降了 1 位；创新环境排在全省三类县（市、区）第 32 位，与上一年位次相同，排在抚州市第 10 位，比上一年提升了 1 位。

综上所述，广昌县科技创新能力居全省三类县（市、区）下游，在 GDP 较上一年增长、新产品销售收入占主营业务收入比、企业技术获取和改造费用占主营业务收入比等方面排名相对靠前，但在开展 R&D 活动的企业占比、新增高新技术企业数、入库科技型中小企业数、万人发明专利授权量、技术合同成交额等方面排名靠后。建议该县强化科技创新意识，增强科技成果转移转化能力，大力支持引导企业开展科技创新，持续加强对高新技术企业、科技型中小企业的培育入库工作，促进经济的高质量发展。

第十一节　上饶市

一、信州区

信州区，位于江西省东北部、上饶市东南部，上饶市市辖区。2019 年，该区常住人口为 43.34 万人，地区 GDP 为 333.28 亿元。居民人均可支配收入

35 263.15 元，排在全省一类县（市、区）第 14 位，排在上饶市第 1 位。万人 GDP 为 7.69 亿元，排在全省一类县（市、区）第 14 位，排在上饶市第 1 位。GDP 较上一年增长 7.00%，排在全省一类县（市、区）第 31 位，排在上饶市第 11 位。新增省级及以上人才/平台/载体 4 个，排在全省一类县（市、区）第 29 位，排在上饶市第 4 位。万人专利申请量 52.45 件，排在全省一类县（市、区）第 3 位，排在上饶市第 1 位。万人发明专利授权量 0.95 件，排在全省一类县（市、区）第 6 位，排在上饶市第 1 位。万人 R&D 人员数 7.45 人，排在全省一类县（市、区）第 32 位，排在上饶市第 9 位。R&D 人员全时当量 229 人·年，排在全省一类县（市、区）第 33 位，排在上饶市第 8 位。新增高新技术企业 12 家，排在全省一类县（市、区）第 27 位，排在上饶市第 6 位。新产品销售收入占主营业务收入比 1.44%，排在全省一类县（市、区）第 32 位，排在上饶市第 11 位。万人财政收入 0.66 亿元，排在全省一类县（市、区）第 21 位，排在上饶市第 4 位。万人社会消费品零售额 3.73 亿元，排在全省一类县（市、区）第 10 位，排在上饶市第 1 位（表 3-89）。

表 3-89　信州区（一类）科技创新能力评价指标得分与位次

指标名称	得分（分）	全省一类县（市、区）排名		本市排名	
	2019 年	2019 年	2018 年	2019 年	2018 年
科技创新能力		27	31	2	3
创新环境		13	31	1	4
创新基础					
万人 GDP	5.50	14	16	1	1
规模以上企业数	4.26	29	30	7	12
新增省级及以上人才/平台/载体	4.01	29		4	
科技意识					
万人专利申请量	7.03	3	6	1	2
开展 R&D 活动的企业占比	4.29	17	31	4	8
人均科普经费投入	3.60	26	22	8	5
创新投入		21	33	3	9

续表

指标名称	得分（分）	全省一类县（市、区）排名		本市排名	
	2019 年	2019 年	2018 年	2019 年	2018 年
人力投入					
万人 R&D 人员数	3.83	32	32	9	8
研究人员占 R&D 人员比	6.25	5	28	1	8
R&D 人员全时当量	3.91	33	32	8	11
财力投入					
R&D 经费投入占 GDP 百分比	4.77	11	32	4	12
企业 R&D 经费投入占主营业务收入比	4.58	8	31	3	7
企业技术获取和改造费用占主营业务收入比	4.09	31	19	9	3
创新成效		34	24	8	3
技术创新					
高新技术产业增加值占规模以上工业增加值比	3.76	28	13	10	2
新增高新技术企业数	4.13	27		6	
入库科技型中小企业数	4.15	33		9	
产业化水平					
新产品销售收入占主营业务收入比	4.05	32	30	11	8
万人发明专利授权量	5.07	6	7	1	1
技术合同成交额	4.23	22	19	4	6
经济社会发展		22	7	2	1
经济增长					
GDP 较上一年增长	3.03	31	7	11	2
万人财政收入	4.45	21	22	4	4
社会生活					
居民人均可支配收入	5.74	14	14	1	1
万人社会消费品零售额	5.82	10	10	1	1

如表 3-89，信州区科技创新能力排在全省一类县（市、区）第 27 位，比上一年提升了 4 位，排在上饶市第 2 位，比上一年提升了 1 位。在一级指标中，经济社会发展排在全省一类县（市、区）第 22 位，比上一年下降了

15 位，排在上饶市第 2 位，比上一年下降了 1 位；创新投入排在全省一类县（市、区）第 21 位，比上一年提升了 12 位，排在上饶市第 3 位，比上一年提升了 6 位；创新成效排在全省一类县（市、区）第 34 位，比上一年下降了 10 位，排在上饶市第 8 位，比上一年下降了 5 位；创新环境排在全省一类县（市、区）第 13 位，比上一年提升了 18 位，排在上饶市第 1 位，比上一年提升了 3 位。

综上所述，2019 年信州区万人专利申请量、研究人员占 R&D 人员比在全省一类县（市、区）排名靠前，但在 R&D 人员全时当量、万人 R&D 人员数、入库科技型中小企业数、新产品销售收入占主营业务收入比等方面排名较靠后。建议该区加速对科技型中小企业的培育，加强人才培养力度，提高科技对经济的贡献度。

二、广丰区

广丰区，位于江西省东北部，上饶市市辖区。2019 年，该区常住人口为 78.15 万人，地区 GDP 为 438.38 亿元。居民人均可支配收入 31 321.61 元，排在全省一类县（市、区）第 19 位，排在上饶市第 2 位。万人 GDP 为 5.61 亿元，排在全省一类县（市、区）第 21 位，排在上饶市第 2 位。GDP 较上一年增长 7.20%，排在全省一类县（市、区）第 28 位，排在上饶市第 10 位。新增省级及以上人才 / 平台 / 载体 4 个，排在全省一类县（市、区）第 29 位，排在上饶市第 4 位。万人专利申请量 9.00 件，排在全省一类县（市、区）30 位，排在上饶市第 6 位。人均科普经费投入 0.38 元，排在全省一类县（市、区）第 21 位，排在上饶市第 4 位。研究人员占 R&D 人员比为 18.23%，排在全省一类县（市、区）第 32 位，排在上饶市第 12 位。R&D 人员全时当量 266 人·年，排在全省一类县（市、区）第 32 位，排在上饶市第 5 位。新增高新技术企业 39 家，排在全省一类县（市、区）第 5 位，排在上饶市第 1 位。新产品销售收入占主营业务收入比 1.86%，排在全省一类县（市、区）第 31 位，排在上饶市第 10 位。万人财政收入 0.71 亿元，排在全省一类县（市、区）第 20 位，排在上饶市第 2 位。万人社会消费品零售额 1.08 亿元，排在全省一类县（市、区）第 29 位，排在上饶市第 9 位（表 3-90）。

表 3-90 广丰区（一类）科技创新能力评价指标得分与位次

指标名称	得分（分）	全省一类县（市、区）排名		本市排名	
	2019 年	2019 年	2018 年	2019 年	2018 年
科技创新能力		34	34	9	7
创新环境		32	34	4	7
创新基础					
万人 GDP	4.70	21	20	2	2
规模以上企业数	4.71	20	14	4	3
新增省级及以上人才 / 平台 / 载体	4.01	29		4	
科技意识					
万人专利申请量	3.77	30	33	6	10
开展 R&D 活动的企业占比	3.82	23	33	6	9
人均科普经费投入	3.79	21	19	4	3
创新投入		34	32	12	8
人力投入					
万人 R&D 人员数	3.75	34	31	10	7
研究人员占 R&D 人员比	3.59	32	27	12	7
R&D 人员全时当量	3.95	32	30	5	4
财力投入					
R&D 经费投入占 GDP 百分比	3.50	34	31	12	6
企业 R&D 经费投入占主营业务收入比	3.52	34	32	12	8
企业技术获取和改造费用占主营业务收入比	4.10	30	32	6	10
创新成效		19	33	3	7
技术创新					
高新技术产业增加值占规模以上工业增加值比	4.65	15	27	4	6
新增高新技术企业数	6.33	5		1	
入库科技型中小企业数	4.49	21		2	
产业化水平					
新产品销售收入占主营业务收入比	4.07	31	32	10	11

续表

指标名称	得分（分）	全省一类县（市、区）排名		本市排名	
	2019 年	2019 年	2018 年	2019 年	2018 年
万人发明专利授权量	3.98	34	34	9	8
技术合同成交额	4.05	29	31	8	10
经济社会发展		29	16	4	3
经济增长					
GDP 较上一年增长	3.32	28	3	10	1
万人财政收入	4.58	20	20	2	2
社会生活					
居民人均可支配收入	5.16	19	19	2	2
万人社会消费品零售额	4.06	29	29	9	9

如表 3-90，广丰区科技创新能力排在全省一类县（市、区）第 34 位，与上一年位次相同，排在上饶市第 9 位，比上一年下降了 2 位。在一级指标中，经济社会发展排在全省一类县（市、区）第 29 位，比上一年下降了 13 位，排在上饶市第 4 位，比上一年下降了 1 位；创新投入排在全省一类县（市、区）第 34 位，比上一年下降了 2 位，排在上饶市第 12 位，比上一年下降了 4 位；创新成效排在全省一类县（市、区）第 19 位，比上一年提升了 14 位，排在上饶市第 3 位，比上一年提升了 4 位；创新环境排在全省一类县（市、区）第 32 位，比上一年提升了 2 位，排在上饶市第 4 位，比上一年提升了 3 位。

综上所述，广丰区新增高新技术企业数排在全省一类县（市、区）前列，开展 R&D 活动的企业占比、高新技术产业增加值占规模以上工业增加值比排名较上一年有较大提升，但在万人 R&D 人员数、R&D 经费投入占 GDP 百分比、企业 R&D 经费投入占主营业务收入比、万人发明专利授权量等方面排名落后。建议该区进一步加大科技创新投入，把科技创新摆在发展全局的核心位置，做大做强主导产业，积极培育战略性新兴产业，提升科技竞争力。

三、广信区

广信区,原上饶县,2019年7月撤销上饶县设立上饶市广信区,位于江西省东北部。2019年,该区常住人口为72.70万人,地区GDP为278.89亿元。居民人均可支配收入21 733.97元,排在全省一类县(市、区)第34位,排在上饶市第8位。万人GDP为3.84亿元,排在全省一类县(市、区)第31位,排在上饶市第7位。GDP较上一年增长8.70%,排在全省一类县(市、区)第6位,排在上饶市第1位。新增省级及以上人才/平台/载体1个,排在全省一类县(市、区)第34位,排在上饶市第10位。开展R&D活动的企业占比30.50%,排在全省一类县(市、区)第30位,排在上饶市第10位。万人R&D人员数32.32人,排在全省一类县(市、区)第23位,排在上饶市第1位。研究人员占R&D人员比为40.81%,排在全省一类县(市、区)第9位,排在上饶市第2位。R&D人员全时当量1837人·年,排在全省一类县(市、区)第10位,排在上饶市第1位。新增高新技术企业11家,排在全省一类县(市、区)第29位,排在上饶市第7位。新产品销售收入占主营业务收入比52.22%,排在全省一类县(市、区)第2位,排在上饶市第1位。万人财政收入0.39亿元,排在全省一类县(市、区)第32位,排在上饶市第10位(表3-91)。

表3-91　广信区(一类)科技创新能力评价指标得分与位次

指标名称	得分(分)	全省一类县(市、区)排名		本市排名	
	2019年	2019年	2018年	2019年	2018年
科技创新能力		24	8	1	1
创新环境		34	29	8	3
创新基础					
万人GDP	4.03	31	33	7	6
规模以上企业数	4.73	17	13	3	2
新增省级及以上人才/平台/载体	3.64	34		10	
科技意识					

续表

指标名称	得分（分）	全省一类县（市、区）排名		本市排名	
	2019 年	2019 年	2018 年	2019 年	2018 年
万人专利申请量	4.01	28	29	4	5
开展 R&D 活动的企业占比	3.35	30	21	10	5
人均科普经费投入	3.54	29	26	9	9
创新投入		11	6	2	1
人力投入					
万人 R&D 人员数	4.58	23	19	1	1
研究人员占 R&D 人员比	5.53	9	5	2	1
R&D 人员全时当量	5.37	10	9	1	1
财力投入					
R&D 经费投入占 GDP 百分比	5.52	5	5	2	1
企业 R&D 经费投入占主营业务收入比	4.48	11	5	4	1
企业技术获取和改造费用占主营业务收入比	4.16	24	7	4	2
创新成效		16	4	1	1
技术创新					
高新技术产业增加值占规模以上工业增加值比	5.13	6	2	3	1
新增高新技术企业数	4.05	29		7	
入库科技型中小企业数	4.40	23		4	
产业化水平					
新产品销售收入占主营业务收入比	5.62	2	1	1	1
万人发明专利授权量	4.13	28	32	3	5
技术合同成交额	4.28	19	29	3	9
经济社会发展		31	34	8	10
经济增长					
GDP 较上一年增长	5.53	6	8	1	3
万人财政收入	3.82	32	32	10	10
社会生活					
居民人均可支配收入	3.75	34	34	8	8
万人社会消费品零售额	3.93	32	32	10	10

如表 3-91，广信区科技创新能力排在全省一类县（市、区）第 24 位，比上一年下降了 16 位，排在上饶市第 1 位，与上一年位次相同。在一级指标中，经济社会发展排在全省一类县（市、区）第 31 位，比上一年提升了 3 位，排在上饶市第 8 位，比上一年提升了 2 位；创新投入排在全省一类县（市、区）第 11 位，比上一年下降了 5 位，排在上饶市第 2 位，比上一年下降了 1 位；创新成效排在全省一类县（市、区）第 16 位，比上一年下降了 12 位，排在上饶市第 1 位，与上一年位次相同；创新环境排在全省一类县（市、区）第 34 位，排在上饶市第 8 位，都比上一年下降了 5 位。

综上所述，广信区在新产品销售收入占主营业务收入比、高新技术产业增加值占规模以上工业增加值比、GDP 较上一年增长等方面在全省一类县（市、区）排名靠前，但在新增省级及以上人才 / 平台 / 载体、居民人均可支配收入、新增高新技术企业数、万人社会消费品零售额等方面排名较落后。建议该区提高创新意识，加强创新平台 / 载体建设，加大对高新技术企业培育发展支持力度，进一步优化创新环境，不断推进经济高质量发展。

四、玉山县

玉山县，位于江西省东北部，是上饶市下辖县。2019 年，该县常住人口为 59.67 万人，地区 GDP 为 216.28 亿元。居民人均可支配收入 26 714.01 元，排在全省二类县（市、区）第 11 位，排在上饶市第 4 位。万人 GDP 为 3.62 亿元，排在全省二类县（市、区）第 16 位，排在上饶市第 8 位。GDP 较上一年增长 8.00%，排在全省二类县（市、区）第 19 位，排在上饶市第 4 位。新增高新技术企业 14 家，排在全省二类县（市、区）第 14 位，排在上饶市第 5 位。开展 R&D 活动的企业占比 32.64%，排在全省二类县（市、区）第 27 位，排在上饶市第 7 位。万人专利申请量 7.09 件，排在全省二类县（市、区）第 26 位，排在上饶市第 8 位。R&D 人员全时当量 710 人·年，排在全省二类县（市、区）第 12 位，排在上饶市第 2 位。新增省级及以上人才 / 平台 / 载体 7 个，排在全省二类县（市、区）第 12 位，排在上饶市第 2 位。新产品销售收入占主营业务收入比 9.74%，排在全省二类县（市、区）第 20 位，排在上饶市第 5 位。万人财政收入 0.47 亿元，排在全省二类县（市、区）第 19 位，排在上饶市第 9 位。万人社会消费品零售额 1.30 亿元，排在全省二类县（市、区）第 14 位，排在上饶市第 8 位（表 3-92）。

表 3-92　玉山县（二类）科技创新能力评价指标得分与位次

指标名称	得分（分）	全省二类县（市、区）排名		本市排名	
	2019 年	2019 年	2018 年	2019 年	2018 年
科技创新能力		23	19	7	5
创新环境		23	24	5	5
创新基础					
万人 GDP	3.94	16	17	8	7
规模以上企业数	5.14	4	1	1	1
新增省级及以上人才/平台/载体	4.37	12		2	
科技意识					
万人专利申请量	3.63	26	21	8	7
开展 R&D 活动的企业占比	3.55	27	27	7	7
人均科普经费投入	4.13	17	25	2	8
创新投入		24	9	6	2
人力投入					
万人 R&D 人员数	4.04	21	14	4	3
研究人员占 R&D 人员比	4.85	8	20	3	6
R&D 人员全时当量	4.35	12	8	2	2
财力投入					
R&D 经费投入占 GDP 百分比	3.99	28	3	10	2
企业 R&D 经费投入占主营业务收入比	3.83	32	11	11	2
企业技术获取和改造费用占主营业务收入比	4.14	20	18	5	6
创新成效		22	20	7	4
技术创新					
高新技术产业增加值占规模以上工业增加值比	4.28	17	31	7	8
新增高新技术企业数	4.30	14	5		

续表

指标名称	得分（分）	全省二类县（市、区）排名		本市排名	
	2019年	2019年	2018年	2019年	2018年
入库科技型中小企业数	4.48	5		3	
产业化水平					
新产品销售收入占主营业务收入比	4.31	20	16	5	5
万人发明专利授权量	4.00	25	22	7	6
技术合同成交额	3.90	32	17	11	4
经济社会发展		12	9	6	7
经济增长					
GDP较上一年增长	4.50	19	9	4	6
万人财政收入	4.02	19	19	9	9
社会生活					
居民人均可支配收入	4.48	11	11	4	4
万人社会消费品零售额	4.20	14	13	8	8

如表3-92，玉山县科技创新能力排在全省二类县（市、区）第23位，比上一年下降了4位，排在上饶市第7位，比上一年下降了2位。在一级指标中，经济社会发展排在全省二类县（市、区）第12位，比上一年下降了3位，排在上饶市第6位，比上一年提升了1位；创新投入排在全省二类县（市、区）第24位，比上一年下降了15位，排在上饶市第6位，比上一年下降了4位；创新成效排在全省二类县（市、区）第22位，比上一年下降了2位，排在上饶市第7位，比上一年下降了3位；创新环境排在全省二类县（市、区）第23位，比上一年提升了1位，排在上饶市第5位，与上一年位次相同。

综上所述，玉山县科技创新能力处于全省二类县（市、区）中下游水平，其中规模以上企业数、研究人员占R&D人员比、入库科技型中小企业数等方面排名相对靠前，但在万人专利申请量、开展R&D活动的企业占比、R&D经费投入占GDP百分比、企业R&D经费投入占主营业务收入比、技术合同成交额等方面排名靠后。建议该县增加科技财政投入，支持引导企业加大研发投入，强化专利意识，加强科技成果转移转化，不断提升科技竞争力。

五、铅山县

铅山县，位于江西省东北部，是上饶市下辖县。2019 年，该县常住人口为 44.32 万人，地区 GDP 为 152.93 亿元。居民人均可支配收入 21 992.23 元，排在全省二类县（市、区）第 23 位，排在上饶市第 7 位。万人 GDP 为 3.45 亿元，排在全省二类县（市、区）第 19 位，排在上饶市第 9 位。GDP 较上一年增长 8.40%，排在全省二类县（市、区）第 5 位，排在上饶市第 3 位。新增高新技术企业 18 家，排在全省二类县（市、区）第 6 位，排在上饶市第 3 位。开展 R&D 活动的企业占比 30.57%，排在全省二类县（市、区）第 30 位，排在上饶市第 9 位。万人专利申请量 5.32 件，排在全省二类县（市、区）第 29 位，排在上饶市第 11 位。新增省级及以上人才 / 平台 / 载体 2 个，排在全省二类县（市、区）第 25 位，排在上饶市第 9 位。新产品销售收入占主营业务收入比 13.82%，排在全省二类县（市、区）第 11 位，排在上饶市第 4 位。万人财政收入 0.54 亿元，排在全省二类县（市、区）第 15 位，排在上饶市第 6 位。万人社会消费品零售额 1.44 亿元，排在全省二类县（市、区）第 10 位，排在上饶市第 7 位（表 3-93）。

表 3-93 铅山县（二类）科技创新能力评价指标得分与位次

指标名称	得分（分）	全省二类县（市、区）排名		本市排名	
	2019 年	2019 年	2018 年	2019 年	2018 年
科技创新能力		25	29	8	8
创新环境		28	30	9	8
创新基础					
万人 GDP	3.88	19	21	9	9
规模以上企业数	4.01	22	30	9	9
新增省级及以上人才 / 平台 / 载体	3.76	25		9	

续表

指标名称	得分（分）	全省二类县（市、区）排名		本市排名	
	2019 年	2019 年	2018 年	2019 年	2018 年
科技意识					
万人专利申请量	3.50	29	20	11	6
开展 R&D 活动的企业占比	3.36	30	19	9	2
人均科普经费投入	3.93	23	10	3	2
创新投入		32	28	11	6
人力投入					
万人 R&D 人员数	3.89	22	30	6	9
研究人员占 R&D 人员比	3.61	33	18	11	5
R&D 人员全时当量	3.94	25	31	6	9
财力投入					
R&D 经费投入占 GDP 百分比	4.15	21	26	8	5
企业 R&D 经费投入占主营业务收入比	4.05	28	24	9	5
企业技术获取和改造费用占主营业务收入比	4.09	28	11	8	4
创新成效		3	33	2	11
技术创新					
高新技术产业增加值占规模以上工业增加值比	6.03	1	32	1	10
新增高新技术企业数	4.62	6		3	
入库科技型中小企业数	4.20	19		7	
产业化水平					
新产品销售收入占主营业务收入比	4.44	11	18	4	7
万人发明专利授权量	3.97	31	33	10	11
技术合同成交额	4.08	21	21	7	7
经济社会发展		11	6	5	4
经济增长					
GDP 较上一年增长	5.09	5	6	3	4
万人财政收入	4.17	15	15	6	6
社会生活					

续表

指标名称	得分（分）	全省二类县（市、区）排名		本市排名	
	2019 年	2019 年	2018 年	2019 年	2018 年
居民人均可支配收入	3.79	23	23	7	7
万人社会消费品零售额	4.30	10	10	7	7

如表 3-93，铅山县科技创新能力排在全省二类县（市、区）第 25 位，比上一年提升了 4 位，排在上饶市第 8 位，与上一年位次相同。在一级指标中，经济社会发展排在全省二类县（市、区）第 11 位，比上一年下降了 5 位，排在上饶市第 5 位，比上一年下降了 1 位；创新投入排在全省二类县（市、区）第 32 位，比上一年下降了 4 位，排在上饶市第 11 位，比上一年下降了 5 位；创新成效排在全省二类县（市、区）第 3 位，比上一年提升了 30 位，排在上饶市第 2 位，比上一年提升了 9 位；创新环境排在全省二类县（市、区）第 28 位，比上一年提升了 2 位，排在上饶市第 9 位，比上一年下降了 1 位。

综上所述，铅山县科技创新能力居全省二类县（市、区）中下游，其中高新技术产业增加值占规模以上工业增加值比、新增高新技术企业数、GDP 较上一年增长、万人社会消费品零售额等方面具有一定优势，但在万人专利申请量、开展 R&D 活动的企业占比、研究人员占 R&D 人员比、企业 R&D 经费投入占主营业务收入比、万人发明专利授权量等方面排名靠后。建议该县强化创新意识，鼓励企业加大创新研发投入，加大对新技术改造经费支出，加强人才培养，提升科技竞争实力。

六、横峰县

横峰县，位于江西省东北部，是上饶市下辖县。2019 年，该县常住人口为 19.19 万人，地区 GDP 为 77.48 亿元。居民人均可支配收入 19 918.83 元，排在全省三类县（市、区）第 24 位，排在上饶市第 10 位。万人 GDP 为 4.04 亿元，排在全省三类县（市、区）第 15 位，排在上饶市第 5 位。GDP 较上一年增长 7.40%，排在全省三类县（市、区）第 28 位，排在上饶市第 8 位。新增高新技术企业6家，排在全省三类县（市、区）第24位，排在上饶市第11位。入库科技型中小企业数15家，排在全省三类县（市、区）第26位，排在上饶市第10位。开展R&D活动的企业占比50.00%，排在全省三类县（市、区）第11位，排在上饶市第1位。万人发明专利授权量0.16件，排在全省三类县（市、区）第15位，排在上饶市第5位。R&D人员全时当量144人·年，排在全省三类县（市、区）第30位，排在上饶市第12位。万人财政收入0.71亿元，排在全省三类县（市、区）第6位，排在上饶市第3位。万人社会消费品零售额1.64亿元，排在全省三类县（市、区）第5位，排在上饶市第5位（表3-94）。

表3-94 横峰县（三类）科技创新能力评价指标得分与位次

指标名称	得分（分）	全省三类县（市、区）排名		本市排名	
	2019年	2019年	2018年	2019年	2018年
科技创新能力		31	33	11	10
创新环境		26	33	6	10
创新基础					
万人GDP	4.10	15	14	5	5
规模以上企业数	4.04	17	20	8	11
新增省级及以上人才/平台/载体	3.52	32		12	
科技意识					
万人专利申请量	3.53	31	27	10	8
开展R&D活动的企业占比	5.19	11	28	1	6
人均科普经费投入	3.70	30	31	5	5
创新投入		26	28	7	7
人力投入					
万人R&D人员数	3.91	30	28	5	5
研究人员占R&D人员比	3.84	23	11	9	4
R&D人员全时当量	3.84	30	31	12	8
财力投入					
R&D经费投入占GDP百分比	4.49	11	29	5	7

续表

指标名称	得分（分）	全省三类县（市、区）排名		本市排名	
	2019 年	2019 年	2018 年	2019 年	2018 年
企业 R&D 经费投入占主营业务收入比	4.30	17	33	6	11
企业技术获取和改造费用占主营业务收入比	4.10	17	18	7	9
创新成效		32	33	10	12
技术创新					
高新技术产业增加值占规模以上工业增加值比	4.26	25	33	8	12
新增高新技术企业数	3.65	24		11	
入库科技型中小企业数	4.07	26		10	
产业化水平					
新产品销售收入占主营业务收入比	4.02	31	33	12	12
万人发明专利授权量	4.10	15	11	5	2
技术合同成交额	4.03	30	16	9	3
经济社会发展		26	27	10	9
经济增长					
GDP 较上一年增长	3.62	28	17	8	8
万人财政收入	4.57	6	9	3	3
社会生活					
居民人均可支配收入	3.49	24	24	10	10
万人社会消费品零售额	4.43	5	5	5	5

如表 3-94，横峰县科技创新能力排在全省三类县（市、区）第 31 位，比上一年提升了 2 位，排在上饶市第 11 位，比上一年下降了 1 位。在一级指标中，经济社会发展排在全省三类县（市、区）第 26 位，比上一年提升了 1 位，排在上饶市第 10 位，比上一年下降了 1 位；创新投入排在全省三类县（市、区）第 26 位，比上一年提升了 2 位，排在上饶市第 7 位，与上一年位次相同；创新成效排在全省三类县（市、区）第 32 位，比上一年提升了 1 位，排在上饶市第 10 位，比上一年提升了 2 位；创新环境排在全省三类县（市、区）第 26 位，比上一年提高了 7 位，排在上饶市第 6 位，比上一年提

升了 4 位。

综上所述，横峰县科技创新能力居全省三类县（市、区）下游，其中万人社会消费品零售额、万人财政收入、R&D 经费投入占 GDP 百分比等方面排名相对靠前，但在新增省级及以上人才 / 平台 / 载体、万人专利申请量、人均科普经费投入、万人 R&D 人员数、技术合同成交额等方面排名靠后，存在明显短板。建议该县加强科普宣传，加快人才培养和引进步伐，加速科技创新平台 / 载体建设，强化科技成果转移转化能力，持续促进经济的高质量发展。

七、弋阳县

弋阳县，位于江西省东北部，是上饶市下辖县。2019 年，该县常住人口为 36.67 万人，地区 GDP 为 121.87 亿元。居民人均可支配收入 24 640.31 元，排在全省二类县（市、区）第 18 位，排在上饶市第 6 位。万人 GDP 为 3.32 亿元，排在全省二类县（市、区）第 22 位，排在上饶市第 10 位。GDP 较上一年增长 7.30%，排在全省二类县（市、区）第 29 位，排在上饶市第 9 位。开展 R&D 活动的企业占比 22.87%，排在全省二类县（市、区）第 31 位，排在上饶市第 11 位。万人专利申请量 12.00 件，排在全省二类县（市、区）第 16 位，排在上饶市第 5 位。万人发明专利授权量 0.11 件，排在全省二类县（市、区）第 21 位，排在上饶市第 6 位。万人 R&D 人员数 8.78 人，排在全省二类县（市、区）第 23 位，排在上饶市第 7 位。R&D 人员全时当量 244 人·年，排在全省二类县（市、区）第 26 位，排在上饶市第 7 位。新产品销售收入占主营业务收入比 7.63%，排在全省二类县（市、区）第 23 位，排在上饶市第 7 位。万人财政收入 0.51 亿元，排在全省二类县（市、区）第 16 位，排在上饶市第 7 位。万人社会消费品零售额 1.47 亿元，排在全省二类县（市、区）第 9 位，排在上饶市第 6 位（表 3-95）。

表 3-95　弋阳县（二类）科技创新能力评价指标得分与位次

指标名称	得分（分）	全省二类县（市、区）排名		本市排名	
	2019 年	2019 年	2018 年	2019 年	2018 年
科技创新能力		26	31	10	9
创新环境		29	31	10	9
创新基础					
万人 GDP	3.83	22	24	10	10
规模以上企业数	4.44	14	17	6	8
新增省级及以上人才 / 平台 / 载体	4.01	19		4	
科技意识					
万人专利申请量	4.00	16	12	5	3
开展 R&D 活动的企业占比	2.63	31	33	11	12
人均科普经费投入	3.43	30	28	10	11
创新投入		12	31	4	10
人力投入					
万人 R&D 人员数	3.87	23	31	7	10
研究人员占 R&D 人员比	3.62	32	28	10	10
R&D 人员全时当量	3.93	26	33	7	12
财力投入					
R&D 经费投入占 GDP 百分比	5.40	2	31	3	9
企业 R&D 经费投入占主营业务收入比	5.37	4	32	2	10
企业技术获取和改造费用占主营业务收入比	4.19	13	28	3	10
创新成效		24	32	9	10
技术创新					
高新技术产业增加值占规模以上工业增加值比	4.36	15	33	6	11
新增高新技术企业数	4.05	21		7	
入库科技型中小企业数	4.26	14		6	
产业化水平					
新产品销售收入占主营业务收入比	4.24	23	17	7	6
万人发明专利授权量	4.05	21	30	6	9

续表

指标名称	得分（分）	全省二类县（市、区）排名		本市排名	
	2019 年	2019 年	2018 年	2019 年	2018 年
技术合同成交额	4.09	19	19	5	5
经济社会发展		25	7	9	5
经济增长					
GDP 较上一年增长	3.47	29	6	9	4
万人财政收入	4.09	16	16	7	8
社会生活					
居民人均可支配收入	4.18	18	18	6	6
万人社会消费品零售额	4.32	9	9	6	6

如表 3-95，弋阳县科技创新能力排在全省二类县（市、区）第 26 位，比上一年提升了 5 位，排在上饶市第 10 位，比上一年下降了 1 位。在一级指标中，经济社会发展排在全省二类县（市、区）第 25 位，比上一年下降了 18 位，排在上饶市第 9 位，比上一年下降了 4 位；创新投入排在全省二类县（市、区）第 12 位，比上一年提升了 19 位，排在上饶市第 4 位，比上一年提升了 6 位；创新成效排在全省二类县（市、区）第 24 位，比上一年提升了 8 位，排在上饶市第 9 位，比上一年提升了 1 位；创新环境排在全省二类县（市、区）第 29 位，比上一年提升了 2 位，排在上饶市第 10 位，比上一年下降了 1 位。

综上所述，弋阳县科技创新能力居全省二类县（市、区）中下游，其中 R&D 经费投入占 GDP 百分比、企业 R&D 经费投入占主营业务收入比、万人社会消费品零售额等方面排名靠前，但在开展 R&D 活动的企业占比、人均科普经费投入、研究人员占 R&D 人员比等方面排名靠后。建议该县加大科普宣传力度，支持引导企业开展科研活动，增加科研经费，促进经济高质量发展。

八、余干县

余干县，位于江西省东北部，是上饶市下辖县。2019 年，该县常住人口为 92.16 万人，地区 GDP 为 198.63 亿元。居民人均可支配收入 19 007.46 元，排在全省二类县（市、区）第 29 位，排在上饶市第 11 位。万人 GDP 为 2.16 亿元，排在全省二类县（市、区）第 31 位，排在上饶市第 11 位。GDP 较上一年增长 8.00%，排在全省二类县（市、区）第 19 位，排在上饶市第 4 位。新增高新技术企业 7 家，排在全省二类县（市、区）第 28 位，排在上饶市第 10 位。R&D 人员全时当量 158 人·年，排在全省二类县（市、区）第 30 位，排在上饶市第 11 位。新产品销售收入占主营业务收入比 3.77%，排在全省二类县（市、区）第 29 位，排在上饶市第 8 位。新增省级及以上人才 / 平台 / 载体 1 个，排在全省二类县（市、区）第 31 位，排在上饶市第 10 位。万人财政收入 0.21 亿元，排在全省二类县（市、区）第 30 位，排在上饶市第 11 位。万人社会消费品零售额 0.79 亿元，排在全省二类县（市、区）第 28 位，排在上饶市第 11 位（表 3-96）。

表 3-96　余干县（二类）科技创新能力评价指标得分与位次

指标名称	得分（分）	全省二类县（市、区）排名		本市排名	
	2019 年	2019 年	2018 年	2019 年	2018 年
科技创新能力		17	33	4	12
创新环境		32	33	11	12
创新基础					
万人 GDP	3.38	31	32	11	11
规模以上企业数	3.95	24	15	10	7
新增省级及以上人才 / 平台 / 载体	3.64	31		10	
科技意识					
万人专利申请量	3.39	32	32	12	12
开展 R&D 活动的企业占比	3.50	28	31	8	10
人均科普经费投入	3.27	32	30	12	12
创新投入		1	33	1	12

续表

指标名称	得分（分）	全省二类县（市、区）排名		本市排名	
	2019 年	2019 年	2018 年	2019 年	2018 年
人力投入					
万人 R&D 人员数	3.68	31	33	11	12
研究人员占 R&D 人员比	4.39	14	31	4	12
R&D 人员全时当量	3.85	30	32	11	10
财力投入					
R&D 经费投入占 GDP 百分比	7.49	1	32	1	10
企业 R&D 经费投入占主营业务收入比	7.89	1	33	1	12
企业技术获取和改造费用占主营业务收入比	4.09	29	23	9	8
创新成效		31	31	11	9
技术创新					
高新技术产业增加值占规模以上工业增加值比	3.17	31	30	11	7
新增高新技术企业数	3.73	28		10	
入库科技型中小企业数	4.01	27		11	
产业化水平					
新产品销售收入占主营业务收入比	4.13	29	27	8	10
万人发明专利授权量	3.94	32	26	11	7
技术合同成交额	3.98	27	30	10	12
经济社会发展		30	31	11	11
经济增长					
GDP 较上一年增长	4.50	19	24	4	11
万人财政收入	3.40	30	31	11	11
社会生活					
居民人均可支配收入	3.35	29	29	11	11
万人社会消费品零售额	3.87	28	27	11	11

如表 3-96，余干县科技创新能力排在全省二类县（市、区）第 17 位，比上一年提升了 16 位，排在上饶市第 4 位，比上一年提升了 8 位。在一级指标中，经济社会发展排在全省二类县（市、区）第 30 位，比上一年提升

了 1 位，排在上饶市第 11 位，与上一年位次相同；创新投入排在全省二类县
（市、区）第 1 位，比上一年提升了 32 位，排在上饶市第 1 位，比上一年提
升了 11 位；创新成效排在全省二类县（市、区）第 31 位，与上一年位次相
同，排在上饶市第 11 位，比上一年下降了 2 位；创新环境排在全省二类县
（市、区）第 32 位，排在上饶市第 11 位，都比上一年提升了 1 位。

综上所述，余干县科技创新能力居全省二类县（市、区）中游，其中
R&D 经费投入占 GDP 百分比、企业 R&D 经费投入占主营业务收入比、研
究人员占 R&D 人员比等指标排名靠前，具有一定优势，但在新增省级及以
上人才 / 平台 / 载体、人均科普经费投入、万人专利申请量、万人发明专利
授权量、万人 R&D 人员数等方面存在较大短板。建议该县加强科普宣传力
度，加速科技创新平台 / 载体建设，鼓励发明创造，强化科研人才培养，不
断提高科技竞争力。

九、鄱阳县

鄱阳县，位于江西省东北部，是省试点省直管县，上饶市代管。2019
年，该县常住人口为 134.75 万人，地区 GDP 为 243.60 亿元。居民人均可支
配收入 18 303.19 元，排在全省二类县（市、区）第 31 位，排在上饶市第 12
位。万人 GDP 为 1.81 亿元，排在全省二类县（市、区）第 33 位，排在上饶
市第 12 位。GDP 较上一年增长 6.8%，排在全省二类县（市、区）第 32 位，
排在上饶市第 12 位。新增高新技术企业 6 家，排在全省二类县（市、区）第
29 位，排在上饶市第 11 位。开展 R&D 活动的企业占比 18.67%，排在全省
二类县（市、区）第 33 位，排在上饶市第 12 位。万人专利申请量 7.50 件，
排在全省二类县（市、区）第 24 位，排在上饶市第 7 位。万人发明专利授权
量 0.05 件，排在全省二类县（市、区）第 29 位，排在上饶市第 8 位。R&D
人员全时当量 191 人·年，排在全省二类县（市、区）第 27 位，排在上饶
市第 9 位。新产品销售收入占主营业务收入比 3.71%，排在全省二类县（市、
区）第 30 位，排在上饶市第 9 位。万人社会消费品零售额 0.68 亿元，排在
全省二类县（市、区）第 31 位，排在上饶市第 12 位。新增省级及以上人才 /

平台／载体4个，排在全省二类县（市、区）第19位，排在上饶市第4位（表3-97）。

表3-97　鄱阳县（二类）科技创新能力评价指标得分与位次

指标名称	得分（分）	全省二类县（市、区）排名		本市排名	
	2019年	2019年	2018年	2019年	2018年
科技创新能力		33	32	12	11
创新环境		33	32	12	11
创新基础					
万人GDP	3.25	33	33	12	12
规模以上企业数	3.89	25	11	11	5
新增省级及以上人才／平台／载体	4.01	19		4	
科技意识					
万人专利申请量	3.66	24	30	7	11
开展R&D活动的企业占比	2.23	33	32	12	11
人均科普经费投入	3.38	31	27	11	10
创新投入		28	32	9	11
人力投入					
万人R&D人员数	3.66	33	32	12	11
研究人员占R&D人员比	3.96	25	30	7	11
R&D人员全时当量	3.88	27	29	9	6
财力投入					
R&D经费投入占GDP百分比	4.10	23	33	9	11
企业R&D经费投入占主营业务收入比	4.46	15	30	5	9
企业技术获取和改造费用占主营业务收入比	4.09	29	20	9	7
创新成效		33	25	12	6
技术创新					
高新技术产业增加值占规模以上工业增加值比	3.06	33	20	12	4
新增高新技术企业数	3.65	29		11	
入库科技型中小企业数	4.01	27		11	

续表

指标名称	得分（分）	全省二类县（市、区）排名		本市排名	
	2019 年	2019 年	2018 年	2019 年	2018 年
产业化水平					
新产品销售收入占主营业务收入比	4.12	30	26	9	9
万人发明专利授权量	3.98	29	32	8	10
技术合同成交额	4.08	20	26	6	11
经济社会发展		33	33	12	12
经济增长					
GDP 较上一年增长	2.74	32	27	12	12
万人财政收入	3.25	33	33	12	12
社会生活					
居民人均可支配收入	3.25	31	31	12	12
万人社会消费品零售额	3.79	31	31	12	12

如表 3-97，鄱阳县科技创新能力排在全省二类县（市、区）第 33 位，排在上饶市第 12 位，都比上一年下降了 1 位。在一级指标中，经济社会发展排在全省二类县（市、区）第 33 位，排在上饶市第 12 位，都与上一年位次相同；创新投入排在全省二类县（市、区）第 28 位，比上一年提升了 4 位，排在上饶市第 9 位，比上一年提升了 2 位；创新成效排在全省二类县（市、区）第 33 位，比上一年下降了 8 位，排在上饶市第 12 位，比上一年下降了 6 位；创新环境排在全省二类县（市、区）第 33 位，排在上饶市第 12 位，都比上一年下降了 1 位。

作为全省人口大县，鄱阳县经济发展水平落后、总体创新水平较弱。建议该县加大科技投入，营造科技创新氛围，积极引导企业开展自主创新，加快主导产业转型，依据自身情况，抓住优势领域，打造优势产品，推动整个县的经济发展水平。

十、万年县

万年县，位于江西省东北部，是上饶市下辖县。2019年，该县常住人口为37.27万人，地区GDP为165.55亿元。居民人均可支配收入25 380.84元，排在全省二类县（市、区）第15位，排在上饶市第5位。万人GDP为4.44亿元，排在全省二类县（市、区）第9位，排在上饶市第4位。GDP较上一年增长7.80%，排在全省二类县（市、区）第24位，排在上饶市第6位。新增省级及以上人才/平台/载体12个，排在全省二类县（市、区）第6位，排在上饶市第1位。新增高新技术企业17家，排在全省二类县（市、区）第9位，排在上饶市第4位。开展R&D活动的企业占比49.53%，排在全省二类县（市、区）第9位，排在上饶市第2位。万人R&D人员数16.80人，排在全省二类县（市、区）第19位，排在上饶市第3位。研究人员占R&D人员比为21.41%，排在全省二类县（市、区）第27位，排在上饶市第8位。R&D人员全时当量385人·年，排在全省二类县（市、区）第20位，排在上饶市第4位。企业技术获取和改造费用占主营业务收入比0.05%，排在全省二类县（市、区）第7位，排在上饶市第1位。新产品销售收入占主营业务收入比13.93%，排在全省二类县（市、区）第10位，排在上饶市第3位。万人财政收入0.60亿元，排在全省二类县（市、区）第10位，排在上饶市第5位。万人社会消费品零售额1.68亿元，排在全省二类县（市、区）第6位，排在上饶市第4位（表3-98）。

表3-98　万年县（二类）科技创新能力评价指标得分与位次

指标名称	得分（分）	全省二类县（市、区）排名		本市排名	
	2019年	2019年	2018年	2019年	2018年
科技创新能力		19	18	5	4
创新环境		9	15	2	2
创新基础					
万人GDP	4.26	9	9	4	4
规模以上企业数	4.62	9	12	5	6

续表

指标名称	得分（分）	全省二类县（市、区）排名		本市排名	
	2019 年	2019 年	2018 年	2019 年	2018 年
新增省级及以上人才 / 平台 / 载体	5.23	6		1	
科技意识					
万人专利申请量	4.27	7	18	3	4
开展 R&D 活动的企业占比	5.15	9	22	2	3
人均科普经费投入	3.68	27	23	6	5
创新投入		29	24	10	4
人力投入					
万人 R&D 人员数	4.11	19	20	3	4
研究人员占 R&D 人员比	3.86	27	7	8	3
R&D 人员全时当量	4.06	20	22	4	5
财力投入					
R&D 经费投入占 GDP 百分比	3.97	29	21	11	3
企业 R&D 经费投入占主营业务收入比	3.83	31	26	10	6
企业技术获取和改造费用占主营业务收入比	4.29	7	12	1	5
创新成效		15	12	6	2
技术创新					
高新技术产业增加值占规模以上工业增加值比	4.14	23	16	9	3
新增高新技术企业数	4.54	9		4	
入库科技型中小企业数	4.29	12		5	
产业化水平					
新产品销售收入占主营业务收入比	4.44	10	13	3	3
万人发明专利授权量	4.31	9	14	2	3
技术合同成交额	4.37	7	10	2	1
经济社会发展		13	16	7	8
经济增长					
GDP 较上一年增长	4.20	24	12	6	7

续表

指标名称	得分（分）	全省二类县（市、区）排名		本市排名	
	2019 年	2019 年	2018 年	2019 年	2018 年
万人财政收入	4.30	10	11	5	5
社会生活					
居民人均可支配收入	4.29	15	15	5	5
万人社会消费品零售额	4.46	6	6	4	4

如表 3-98，万年县科技创新能力排在全省二类县（市、区）第 19 位，排在上饶市第 5 位，都比上一年下降了 1 位。在一级指标中，经济社会发展排在全省二类县（市、区）第 13 位，比上一年提升了 3 位，排在上饶市第 7 位，比上一年提升了 1 位；创新投入排在全省二类县（市、区）第 29 位，比上一年下降了 5 位，排在上饶市第 10 位，比上一年下降了 6 位；创新成效排在全省二类县（市、区）第 15 位，比上一年下降了 3 位，排在上饶市第 6 位，比上一年下降了 4 位；创新环境排在全省二类县（市、区）第 9 位，比上一年提升了 6 位，排在上饶市第 2 位，与上一年位次相同。

综上所述，万年县科技创新实力位居全省中下游水平，总体来看各方面指标比较均衡，但是在人均科普经费投入、研究人员占 R&D 人员比、高新技术产业增加值占规模以上工业增加值比、R&D 经费投入占 GDP 百分比、企业 R&D 经费投入占主营业务收入比等方面排名靠后。建议该县加大科普宣传力度，提高企业及民众科技意识，营造科技创新氛围，加大科研经费投入，鼓励企业开展科研活动，加强人才培养与引进，不断提高科技竞争力。

十一、婺源县

婺源县，位于江西省东北部，是上饶市下辖县。2019 年，该县常住人口为 34.26 万人，地区 GDP 为 131.50 亿元。居民人均可支配收入 21 338.04 元，排在全省三类县（市、区）第 17 位，排在上饶市第 9 位。万人 GDP 为 3.84 亿元，排在全省三类县（市、区）第 19 位，排在上饶市第 6 位。GDP 较上一年增长 8.60%，排在全省三类县（市、区）第 7 位，排在上饶市第 2 位。新增高新技术企业 10 家，排在全省三类县（市、区）第 17 位，排在上饶市第 9 位。开展 R&D 活动的企业占比 38.73%，排在全省三类县（市、区）第 25 位，排在上饶市第 5 位。万人专利申请量 6.36 件，排在全省三类县（市、区）第 28 位，排在上饶市第 9 位。万人 R&D 人员数 7.65 人，排在全省三类县（市、区）第 32 位，排在上饶市第 8 位。R&D 人员全时当量 168 人·年，排在全省三类县（市、区）第 28 位，排在上饶市第 10 位。新产品销售收入占主营业务收入比 15.69%，排在全省三类县（市、区）第 13 位，排在上饶市第 2 位。万人财政收入 0.50 亿元，排在全省三类县（市、区）第 17 位，排在上饶市第 8 位。万人社会消费品零售额 1.83 亿元，排在全省三类县（市、区）第 2 位，排在上饶市第 3 位（表 3-99）。

表 3-99　婺源县（三类）科技创新能力评价指标得分与位次

指标名称	得分（分）	全省三类县（市、区）排名		本市排名	
	2019 年	2019 年	2018 年	2019 年	2018 年
科技创新能力		22	28	6	6
创新环境		30	28	7	6
创新基础					
万人 GDP	4.03	19	22	6	8
规模以上企业数	3.84	22	16	12	10
新增省级及以上人才 / 平台 / 载体	4.13	12		3	
科技意识					
万人专利申请量	3.57	28	29	9	9
开展 R&D 活动的企业占比	4.13	25	24	5	4
人均科普经费投入	3.66	31	29	7	4
创新投入		27	21	8	5
人力投入					
万人 R&D 人员数	3.84	32	33	8	6
研究人员占 R&D 人员比	4.25	14	10	5	2
R&D 人员全时当量	3.86	28	30	10	7

续表

指标名称	得分（分）	全省三类县（市、区）排名		本市排名	
	2019 年	2019 年	2018 年	2019 年	2018 年
财力投入					
R&D 经费投入占 GDP 百分比	4.16	23	30	7	8
企业 R&D 经费投入占主营业务收入比	4.23	22	23	7	3
企业技术获取和改造费用占主营业务收入比	4.09	21	25	9	10
创新成效		10	29	5	8
技术创新					
高新技术产业增加值占规模以上工业增加值比	5.99	2	29	2	9
新增高新技术企业数	3.97	17		9	
入库科技型中小企业数	4.15	16		8	
产业化水平					
新产品销售收入占主营业务收入比	4.49	13	12	2	2
万人发明专利授权量	3.91	31	30	12	11
技术合同成交额	3.89	32	22	12	8
经济社会发展		9	13	3	6
经济增长					
GDP 较上一年增长	5.38	7	23	2	10
万人财政收入	4.08	17	18	8	7
社会生活					
居民人均可支配收入	3.69	17	18	9	9
万人社会消费品零售额	4.56	2	2	3	3

如表 3-99，婺源县科技创新能力排在全省三类县（市、区）排名 22 位，比上一年提升了 6 位，排在上饶市第 6 位，与上一年位次相同。在一级指标中，经济社会发展排在全省三类县（市、区）第 9 位，比上一年提升了 4 位，排在上饶市第 3 位，比上一年提升了 3 位；创新投入排在全省三类县（市、区）第 27 位，比上一年下降了 6 位，排在上饶市第 8 位，比上一年下降了 3 位；创新成效排在全省三类县（市、区）第 10 位，比上一年提升了 19 位，排在上饶市第 5 位，比上一年提升了 3 位；创新环境排在全省三类县（市、

区）第 30 位，比上一年下降了 2 位，排在上饶市第 7 位，比上一年下降了 1 位。

综上近述，婺源县科技创新能力居全省三类县（市、区）中下游，其中万人社会消费品零售额、GDP 较上一年增长、高新技术产业增加值占规模以上工业增加值比等方面排名相对靠前，但在人均科普经费投入、万人 R&D 人员数、万人发明专利授权量、技术合同成交额等方面排名靠后。建议该县增强科技创新意识，加强科普宣传力度，加速科研人员引进和培养，营造良好的创新环境，强化成果转移转化能力，提高科技竞争力。

十二、德兴市

德兴市，位于江西省东北部，省直辖县级市，由上饶市代管。2019 年，该市常住人口为 30.45 万人，地区 GDP 为 154.66 亿元。居民人均可支配收入 29 266.91 元，排在全省三类县（市、区）第 2 位，排在上饶市第 3 位。万人 GDP 为 5.08 亿元，排在全省三类县（市、区）第 5 位，排在上饶市第 3 位。GDP 较上一年增长 7.50%，排在全省三类县（市、区）第 27 位，排在上饶市第 7 位。新增高新技术企业 25 家，排在全省三类县（市、区）第 1 位，排在上饶市第 2 位。开展 R&D 活动的企业占比 46.28%，排在全省三类县（市、区）第 15 位，排在上饶市第 3 位。万人专利申请量 21.12 件，排在全省三类县（市、区）第 14 位，排在上饶市第 2 位。人均科普经费投入 0.84 元，排在全省三类县（市、区）第 17 位，排在上饶市第 1 位。万人 R&D 人员数 30.31 人，排在全省三类县（市、区）第 5 位，排在上饶市第 2 位。R&D 人员全时当量 654 人·年，排在全省三类县（市、区）第 6 位，排在上饶市第 3 位。企业技术获取和改造费用占主营业务收入比 0.05%，排在全省三类县（市、区）第 6 位，排在上饶市第 2 位。新产品销售收入占主营业务收入比 8.99%，排在全省三类县（市、区）第 20 位，排在上饶市第 6 位。万人财政收入 1.34 亿元，排在全省三类县（市、区）第 2 位，排在上饶市第 1 位。万人社会消费品零售额 2.08 亿元，排在全省三类县（市、区）第 1 位，排在上饶市第 2 位（表 3-100）。

表 3-100　德兴市（三类）科技创新能力评价指标得分与位次

指标名称	得分（分）	全省三类县（市、区）排名		本市排名	
	2019 年	2019 年	2018 年	2019 年	2018 年
科技创新能力		5	12	3	2
创新环境		8	3	3	1
创新基础					
万人 GDP	4.50	5	5	3	3
规模以上企业数	5.01	2	2	2	4
新增省级及以上人才 / 平台 / 载体	4.01	16		4	
科技意识					
万人专利申请量	4.68	14	3	2	1
开展 R&D 活动的企业占比	4.84	15	21	3	1
人均科普经费投入	4.72	17	19	1	1
创新投入		16	14	5	3
人力投入					
万人 R&D 人员数	4.52	5	5	2	2
研究人员占 R&D 人员比	3.97	18	24	6	9
R&D 人员全时当量	4.30	6	4	3	3
财力投入					
R&D 经费投入占 GDP 百分比	4.30	18	20	6	4
企业 R&D 经费投入占主营业务收入比	4.07	25	26	8	4
企业技术获取和改造费用占主营业务收入比	4.28	6	1	2	1
创新成效		6	22	4	5
技术创新					
高新技术产业增加值占规模以上工业增加值比	4.58	17	24	5	5
新增高新技术企业数	5.19	1		2	
入库科技型中小企业数	4.52	2		1	
产业化水平					
新产品销售收入占主营业务收入比	4.29	20	18	6	4
万人发明专利授权量	4.11	13	17	4	4

续表

指标名称	得分（分）	全省三类县（市、区）排名		本市排名	
	2019 年	2019 年	2018 年	2019 年	2018 年
技术合同成交额	4.42	10	10	1	2
经济社会发展		2	3	1	2
经济增长					
GDP 较上一年增长	3.76	27	20	7	9
万人财政收入	6.06	2	2	1	1
社会生活					
居民人均可支配收入	4.86	2	2	3	3
万人社会消费品零售额	4.72	1	1	2	2

　　如表 3-100，德兴市科技创新能力排在全省三类县（市、区）第 5 位，比上一年提升了 7 位，排在上饶市第 3 位，比上一年下降了 1 位。在一级指标中，经济社会发展排在全省三类县（市、区）第 2 位，排在上饶市第 1 位，都比上一年提升了 1 位；创新投入排在全省三类县（市、区）第 16 位，排在上饶市第 5 位，都比上一年下降了 2 位；创新成效排在全省三类县（市、区）第 6 位，比上一年提升了 16 位，排在上饶市第 4 位，比上一年提升了 1 位；创新环境排在全省三类县（市、区）第 8 位，比上一年下降了 5 位，排在上饶市第 3 位，比上一年下降了 2 位。

　　综上所述，德兴市科技创新能力居全省三类县（市、区）前列，其中在万人 GDP、规模以上企业数、新增高新技术企业数、入库科技型中小企业数等方面具有明显优势，但在人均科普经费投入、研究人员占 R&D 人员比、企业 R&D 经费投入占主营业务收入比、新产品销售收入占主营业务收入比等方面仍存在短板。建议该市支持引导企业加大创新投入，特别是对新产品的研发投产，加强科技创新人才的培养与引进，进一步提升科技水平在经济社会发展中的贡献。

附录1

科技创新能力得分计算方法[①]

第一步，将三级指标原始数据进行标准化：

$$S_{ijk} = \frac{X_{ijk} - \overline{X}}{\sigma}$$

其中，S_{ijk} 为三级指标标准化后的数值；X_{ijk} 为第 i 个一级指标下、第 j 个二级指标下的第 k 个三级指标；$\overline{X}$ 为三级指标各区县的均值；σ 为标准差。

第二步，二级指标得分：

$$S_{ij} = \sum_{k=1}^{n_j} (S_{ijk} + \partial) W_{ijk}$$

其中，S_{ij} 为二级指标得分；∂ 为三级指标得分修正值；W_{ijk} 为各三级指标对应权重；n_j 为第 j 个二级指标下设的三级指标个数。

第三步，一级指标得分：

$$S_i = \sum_{j=1}^{n_i} S_{ij} W_{ij}$$

其中，S_i 为一级指标得分；W_{ij} 为各二级指标对应权重；n_i 为第 i 个一级指标下设的二级指标个数。

第四步，综合得分：

---

① 陈勇，李政刚，张欣. 2014 年度重庆市区县科技竞争力评价报告. 重庆：重庆出版集团，2016. 各级指标权重由专家打分综合确定。数值保留小数点后两位。

$$S = \sum_{i=1}^{n} S_i W_i$$

其中，S 为综合得分；W_i 为各一级指标对应权重；n 为一级指标个数。

　　第五步，百分制转换后总得分：

$$S_总 = S/t$$

其中，$S_总$ 为百分制转换后的总得分；S 为综合得分；t 为转换系数。

江西省科学院科技战略研究所

　　江西省科学院科技战略研究所（简称战略所）成立于 2013 年 12 月，直属于江西省科学院，是江西省首个集科技战略研究、科技决策咨询、科技信息服务为一体的智库型科学研究机构。研究领域包括科技政策、创新能力评价、产业技术预测、产业发展规划、知识产权分析等方向，制作内部刊物《创新驱动发展动态》。2015 年成为省级科技智库，是全国地方科技智库联盟副理事长单位；2017 年入选 CTTI（中国智库索引）来源智库；2017 年成为国际科学院协会科学与科学学委员会理事单位。

　　战略所按照"服务区域创新、支撑战略决策、促进产业发展"的定位，准确把握科技创新趋势、科技体制改革、科技创新驱动发展的规律，从科技创新的角度研究事关江西省发展全局的重大问题，开展科学评估，进行预测预判，对省委、省人民政府重大关切和江西省经济社会发展的重大问题提出前瞻性、建设性的建议，在江西省的科技战略、规划、布局和政策等方面发挥重要的决策咨询作用。

　　战略所采取靠大联强、借梯登高的方式，先后与中国科学院文献情报中心、中国科学院科技战略咨询研究院和中国科学技术发展战略研究院签订合作协议，在国内一流智库的支持帮助下，组建了一支多学科专业研究团队和国内外专家库；搭建了 2 个国家级平台、4 个省级平台和 3 个与中科院共建平台；构建了多个海量情报信息的专业数据库；推出了一批应用对策性研究成果并得到实施，先后获得江西省委、省人民政府领导重要批示 120 次，为省领导、省直部门、地方政府的决策咨询发挥了科技支撑作用。

战略所先后完成了《全国地方科学院科技竞争力分析》《中部六省科技竞争力比较分析报告》《与中科院共建的五个省科学院科技竞争力报告》《江西省科技竞争力分析及提升的对策建议》《江西省科技进步监测报告》等报告，得到省领导和相关部门的肯定，在科技创新评价领域形成了自己的优势和特色，发挥了"思想库""智囊团"作用。